KB152028

개정판

대한민국 병원 사용 설명서

대한민국 병원 사용 설명서(개정판)

초판 1쇄 펴낸 날 / 2007년 11월 12일
초판 3쇄 펴낸 날 / 2007년 12월 24일
개정판 1쇄 펴낸 날 / 2015년 8월 28일
개정판 2쇄 펴낸 날 / 2020년 11월 16일

지은이 • 강주성 | 펴낸이 • 임형욱 | 디자인 • 예민
펴낸곳 • 행복한책읽기 | 주소 • 서울시 종로구 창신11길 4, 1층 3호
전화 • 02-2277-9217 | 팩스 • 02-2277-8283 | E-mail • happysf@naver.com
CTP출력 • 동양인쇄주식회사 | 인쇄 제본 • 동양인쇄주식회사 | 배본처 • 뱅크북
등록 • 2001년 2월 5일 제2014-000027호 | ISBN 978-89-89571-90-2 03300 값 • 15,000원

개정판

의료의 중심은 환자!
환자의 눈으로 보고 말하는

대한민국
병원
사용설명서

강주성(건강세상네트워크 전 대표) 지음

행복한책읽기

차례

3 우리들이 만드는 희망 의료

4 대한민국 병원 사용 설명서

나는 환자다

8년 전에 출간되었던 이 책이 다시 개정판의 이름을 빌어 재출간된다는 것은 사실 사회적으로 매우 부끄러운 일이다. 책의 내용이 여전히 유용하다는 것은 그만큼 환자와 시민들이 처한 보건의료환경이 그리 나아지지 않았다는 반증이기 때문이다.

이 책의 초판이 나올 때만 하더라도 한국의 의료보장율은 약 65% 정도였었다. 그리고 정권이 바뀌면서 중증환자의 본인부담금이 10%에서 5%로 줄고, 상급병실도 4인실까지 보험적용이 되었으며, 선택진료비도 약 반으로 줄었건만 현재의 의료보장율은 오히려 약 62%로 더 낮아졌다. 왜 이런 기이한 현상이 생긴 걸까? 그건 바로 보장성이 좋아진 만큼 어디선가 우리도 모르게 비급여 항목들이 도처에 생겼기 때문이다. 그래서 제로섬이 아니라 오히려 더 악화된 상황에 환자와 시민들이 내몰린

것이다. 나 같은 사람들이 일을 제대로 못한 것이다. 책의 재출
간이 부끄러운 이유다.

처음 책이 출간되었을 때 독자들의 반응은 극과 극이었다.
한쪽은 환자와 시민들이었고, 다른 한쪽의 극은 의료계였다.
환자와 시민들은 내게 고맙다는 인사를 수없이 보냈고, 의료계
의 어떤 인사는 내 면전에서 책을 집어 던지며 환자와 의사를
이간질시키는 나쁜 책이라고 소리 지르기도 했다.

그러나 그런 책을 이렇게 다시 출간할 수 있는 유일한 이유
는 아픈 환자들이 보여준 그간의 지지와 여전히 그들이 처해
있는 암울하고 불확실한 보건의료의 미래 때문이다.

우리의 보건의료 환경은 첨단의 장비가 들어오고 신약이 개
발되며, 경영 시스템 역시 첨단화되는 것만큼 내적으로는 그동
안 상태가 더 악화되었다. 병원들의 영리행위 영역이 더 넓어
졌을 뿐더러, 아예 특정지역에서는 영리병원 설립을 끊임없이
넘보고 있다. 이 와중에 금융자본인 민영보험은 이제 실손보험
을 내세워서 국민의료보험의 한 축으로 자신의 위치를 공고히
한듯하니 앞으로 건강한 의료로 나아갈 길에 헤쳐가야 할 장애
물들이 훨씬 더 많아진 것이다. 이 모든 것은 전적으로 정치하
는 자들의 철학적 수준이 가져온 결과물들이다.

나는 책이 출간된 이후 보건의료계를 떠났다. 3년에 걸친 백혈병 치료제 글리벡 약가인하 싸움과 한국백혈병환우회의 창립, 그리고 시민단체인 건강세상네트워크를 출범시킨 이후 한 시대에서 환자로서 내가 할 수 있는 소명은 거기까지라고 생각했기 때문이다. 그리고 8년의 시간이 흘렀다. 2년의 실업자 생활 후 4년간 중소기업 임원으로 일을 하다 다시 아프기 시작하여 하던 일을 모두 그만두었다. 이후 지금까지 2년 동안 골골한 환자 상태로 원위치하였다. 이런 상황은 내게 다시 그간의 보건의료환경을 되돌아보라는 소리 없는 질책처럼 느껴진다. 일종의 직업병일지도 모르겠다.

예전 이 책의 출간이 내 보건의료운동을 1차로 정리하는 결과물이었다면, 이번의 개정판은 그 2라운드를 시작하는 것으로 의미를 삼고 싶다.

책은 초판의 구성과 글을 대부분 그냥 두었다. 다만 원고 두어 개를 빼고, 새로 쓴 원고를 5꼭지 넣었다. 하지만 그간 8년의 시간 동안 바뀐 제도나 법령 등은 현재에 맞게 모두 다시 손을 봤다. 원고를 보면서도 슬픈 것은, 서두에 말한 것처럼 바뀐 게 별로 없었다는 것이었다.

언젠가 누군가가 말했었다. "가장 아픈 곳이 가장 중심"이라고.

의료에서 환자가 중심인 이유는 그 말대로 가장 약하고 아픈 곳이기 때문이다. 그래서 나는 여전히 '누군가는 환자의 눈으로 보고 생각하고 말해야 한다'고 굳게 믿는다. 바로 그 사람이 세상을 바꾸고 환자 중심의 의료를 만들어나가는 사람일 것이다.

나도 그런 사람, 그런 환자이고 싶다.

2015년 8월 15일
해방 70년에 강주성

머리빗과 손톱깎이 그리고 딸랑이

골수 이식 후 무균실을 나와서 아내에게 받은 선물이다. 갓 태어난 아기의 머리카락처럼 보송보송하게 자라나는 배냇머리를 빗고, 새롭게 밀고 나오는 하얀 손톱과 발톱을 깎으라고 준 것이다. 혈액도 다시 만들어지고, 이제 홍역, 볼거리, 소아마비 등의 예방접종도 갓난아이처럼 다시 해야 하니 아기들이 가지고 노는 딸랑이를 흔들며 다시 태어난 삶을 생각해보라던 선물이었다.

그러나 그 후에도 나는 죽을 고비를 또 넘겨야 했고, 심심찮게 열이 오르기 시작하면 낮이든 밤이든 짐을 싸서 병원에 입원하길 밥 먹듯 해야 했다. 이 와중에 출산의 고통에 버금간다는 대상포진이, 그것도 눈에 걸려서 한쪽 눈은 시력 측정 불가가 되어버렸고, 골수 이식의 후유증으로 안구건조가 극심하게 생겨서 지난 8년 동안 눈물을 흘려본 적이 없었다. 아무리 슬픈 영화를 봐도, 주변의 사람이 죽어도, 혹시라도 넘어지고 까져서 아프기라도 하면 눈물이 찔끔 나올 법도 한데 목소리는 울지언정 눈에서는 눈물이 나오질 않는다. 눈의 상태가 이러니 하루에 수십 번씩 인공눈물을 넣어야 한다. 이 인공눈물 약값으로만 한 달에 근 10만여 원이 들어갈 정도다.

이런 내가 오늘까지 활동을 하게 된 데에는 2001년부터 시작한 백혈병 치료제 '글리벡 약가 인하' 싸움이 가장 중요한 계기였다. 한 알에 2만 5,005원(이 약값은 추후에 2만 3,045원으로 조금 낮아졌다) 하는 약을 하루에 4알을 먹어야 하니 하루 약값만 10만 원, 한 달에 300만 원, 1년에 3,600만 원, 3년만 쳐도 1억 800만 원이 들게 생긴 것이다. 이런 약을 생명을 유지하자니 안 먹을 수도 없는데, 죽을 때까지 먹으라고 하니 환자들은 백혈병보다 화병으로 먼저 죽겠다고 하는 판이었다. 약값이 비싸서 수수료가 많이 든다고 카드도 안 받는 약국에 현금으로 300만 원을 가져다주면 사람들은 60알짜리 약 2통을 가슴에 품고 약국을 나섰다. 이런 약을 먹다가 토하면 환자들은 다시 주워 먹었고, 주워 먹을 수도 없이 다 녹아서 토하면 10만 원어치의 약을 다시 먹어야 했다. 모두 울었다. 환자도 그 옆에서 간병하던 가족도 모두 울었다. 그래서 약값을 내리고, 보험 적용을 하라고 요구했던 것은 너무도 당연한 생명에 대한 요구였다. 지금은 모두 한 푼의 자기 부담 없이 약을 먹고 있다. 이 싸움을 거의 3년 가까이 했다.

이 긴 긴 싸움은 나와 내 주변의 동료들을 보건의료의 상황과 제도에 눈 뜨게 만들었다. 약값을 어떻게 결정하는지 약가 결정 구조도 알게 되고, 그에 대한 정부와 식약청, 제약회사와 의료인들의 입장들을 보게 되었으며, 건강보험의 문제와 함께 의료 현실에서 환자의 권리가 얼마나 땅에 떨어져 있는지도 깨닫게 되었다. 이 책에는 병든 것이 계기가 되어서 활동했던 지난 7년간의 내 삶이 그대로 녹아 있다.

난 의사도 아니고, 약사도 아니다. 보건의료 정책을 전공한 전문가는 더더욱 아니다. 난 그저 백혈병에 걸린 환자일 뿐이다. 전문가가 아닌 환자였기 때문에 오히려 '환자의 처지'에서 '환자의 눈'으로 보고 말할 수 있었다. 이 책에 담은 글의 주제가 매우 전문적인 것임에도 일반인의 수준에서 이해할 수 있도록 그나마 쉽게 쓸 수 있었던 것은 내가 전문가가 아니라는 사실에 전적으로 기인한다.

이 책은 총 4부로 구성되어 있다.

1부에서는 건강을 '권리'로 이해해야 한다는 것을 말하고자 했다. 이후의 내용들 역시 이러한 관점에서 모두 쓰여졌다. 건강권과 의료를 바라보는 가치와 철학을 담고자 했다.

2부는 우리가 몰랐던 여러 이야기들을 사례를 통해 이해하기 쉽도록 쓰고자 했다. 사고나 질병으로 병원 신세를 지게 되는 사람들은 2부의 내용들을 꼭 알고 있어야 한다. 그만큼 현장에서 환자의 권리를 침해하고 있는 아주 현실적인 주제들이기 때문이다. 특히 예전에 본인이든 주변의 사람이든 간에 병원을 장기간 이용했던 사람은 꼭 읽고 내용들을 알고 계시길 바란다.

3부는 현재의 우리 의료 제도를 진단해보고 앞으로 의료 제도가 어떻게 전개되어야 하는가에 대한 이야기다. 이전의 글보다 다소 딱딱할 수도 있겠지만 꿋꿋이 읽어보시길 바란다. 특히 글 중에 '노건강 씨와 한미 FTA 이야기' 는 FTA 이후 약가와 관련하여 우리나라 의료 제도가 어떻게 바뀌고 우리는 어떤 피해를 입게 될 것인가를 알 수 있는 글이다.

4부는 의료 기관을 이용하는 법에 대해 썼다. 진료비 바로 알기는 읽어보신 후 병원을 이용하셨던 분이라면 바로 제도를 이용할 수 있도록 안내했다. 이 중 병원, 약국, 응급실 이용하기는 내가 일을 하고 있는 건강세상네트워크에서 만든 자료들이다. 이 내용들은 굳이 내가 다시 쓰고 정리한다 하여도 결국 같은 내용일 수밖에 없어서 이를 기본으로 하여 빼기도 하고 덧붙이기도 하면서 재정리하였다.

거의 모든 글은 그간 내 주변에서 일어났던 일이나 각종 자료 등을 인용해서 이야기하고자 했다. 간간이 어떤 주제는 좀 딱딱하게 전개된 것도 있으나 그것조차도 그리 어렵지는 않다. 또 주제 자체는 모두 아는 것들이겠지만, 그 속에 담긴 내용은 우리가 알고 있었던 '일반적인 상식'하고는 매우 다르다. 오히려 현실은 이 책에서 쓴 글 이상으로 더 갑갑하다.

그러나 우리는 이 갑갑함을 환자만이 아니라 의료인들 역시 느끼고 있음을 알아야 한다. 사실 이 갑갑함은 가치의 충돌로 발생한다. 의료를 건강권의 관점에서 해석하기보다는 내가 먹고 살아야 할 '시장'으로 해석하기 때문에 발생하는 충돌이다. 내가 쓴 대부분의 글은 이런 관점에 대해 칼날을 세운다. 다만 '의학적'인 어떤 사항은 다른 의견이나 나의 오류가 있을 수 있다. 하지만 그것은 내가 비전문가인 것에 연유하기 때문이니 너그러이 이해해주셨으면 하고 바란다. 모든 글에 '환자의 권리'라는 일관된 관점이 흐르고 있는지 보시다가 간혹 오류들이 발견된다면 숲에서 그저 다른 종류의 나무 하나를 보았다고 생각해주시면 고맙겠다.

이 책에서는 다룬다고는 했지만 아직 다루지 않은 주제들이 너무 많다. 최근 논란이 되고 있는 임의 비급여 문제나 약의 다른 이야기들, 제약회사 이야기, 의료 기관 평가 이야기, 지불 제도 이야기, 주치의제 이야기, 의료급여 문제, 개인 정보의 문제 그리고 치과와 한방 이야기, 간병 이야기, 임상 시험 이야기 등등이다. 혹시 살면서 다른 기회가 된다면 이야기의 주제를 다시 한 번 넓혀서 다뤄보도록 하겠다.

보건의료는 그 내용과 제도가 다른 것에 비해 매우 복잡하고 어렵다. 이런 연유로 여타의 다른 분야보다 보건의료 분야는 관련 시민단체가 겨우 다섯 손가락 안에 꼽을 정도다. 이렇게 수적으로도 적은 상황에서 그나마 보건의료의 모든 제도와 정책에 대해 전면적으로 대응하는 단체는 건강세상네트워크가 거의 유일할 정도다.

이 건강세상네트워크는 나를 키워 온 곳이다. 뒤를 돌아보면 내가 병이 걸렸던 의미이기도 한 곳이다. 이 의미는 병이 걸린 이 비전문가인 나를, 밀어주고 믿어주었던 후배들이 만들어서 내게 선물해 준 것이다. 그래서 나는 그들을 이 시민운동의 선생님으로서 또 선배님으로서 존경하고 사랑한다.

물론 내가 '살아 있음'의 근거는 아내 현민경과 별과 아람 두 딸이다. 남편으로서 아빠로서 병이 걸리고 돈도 못 벌어올 뿐더러 그나마 있는 것도 다 까먹은, 그야말로 가장으로서의 임무를 다 하지 못했지만 그들은 내가 먹고 토하고 먹고 토하고를 반복할 때도 언제나 내게 살아야 할 근거가 되어 주었다. 이 글을 빌어 사랑한다고 말하고 싶다. 사랑한다. 또한 자신의 골수를 기꺼이 오빠에게 준 착한 내 동생 주희에게는 더 이상 다른 언어적 수사가 필요 없을 것이다.

하지만 이 책은 세상의 아픈 자와 억압 받는 소수자들의 것이다. 자신의 죽음을 알고도 환자의 권리를 위해 끝까지 싸우며 일하다 죽었던 백혈병 환자인 나의 동지 김상덕과, 원폭 피해의 대물림을 세상에 알리고 반세기가 넘게 골방에서 신음하는 원폭 피해자와 그 자녀들을 살리기 위해 그리고 자신 역시 스스로 살기 위해 특별법을 발의시켰지만 30퍼센트도 가동 못하는 폐를 가지고 끝없이 기침을 하다 결국 피를 토하며 죽어간 원폭 피해자 2세 김형률의 것이다.

그들이 보고 싶다.

2007년 가을

건강세상네트워크 강주성

백혈병이 내게 하는 말

내 옆 병실의 현진이는 알고 있었다. 급성 골수성 백혈병이 걸린 그 16살의 어린 친구는 항암 치료와 재발의 과정을 4번이나 반복하면서 차츰 자신의 죽음이 다가왔다는 것을.

허리뼈에 구멍을 뚫어 골수 검사를 하고, 머리에 주사를 놓아도 눈만 깜빡거릴 뿐 이제 그런 것은 현진이, 그 어린 것이 살아가는 삶의 일부가 되어 버렸다.

만성 골수성 백혈병, 이것은 나의 병명이다. 사무실 의자에 앉아 있다 갑자기 다리 허벅지 관절의 통증이 시작되어서 양말도 혼자 못 신고 있다가 한의원에 가서 침 몇 대 맞고, 내과에 가서 엑스레이 찍어 보고, 물리치료 받길 거듭하다가 결국 알아 낸 병이었다. 몸 하나는 자신 있다고 늘 입버릇처럼 이야기하던 내가 아내의 간청을 못이기는 척하며 받은 건강검진의 최종 결과였다.

백혈구 수치 23만!(정상인은 약 4000~1만) 간단하게 혈액 검사만 해도 쉽게 알 수 있는 병을 어렵게 확인한 것이다. 확률 10만 분의 3이 내게 죽음의 그림자로 다가온 것이다.

"선생님, 혹시 오진의 확률은 없습니까?"

"거의 없습니다. 하지만 더 확실한 병명은 골수 검사를 받은 후에나 알 수 있습니다."

"아닐 수도 있다는 얘기죠?"

끝까지 무언가 다른 가능성을 확인하고 싶었던 게다. 그러나 그것마저도 이후 단 한 번의 골수 검사로 확실하게 병명을 확인하는 것에 그쳐야 했다. 이제 확실한 환자가 된 것이다.

백혈병 환자. 만성 골수성 백혈병!

아내와 나는 병원을 나와 차를 몰고 가면서 함께 울었다. 둘은 아무 이야기 없이 울기만 했다. 아내와 아이들이 불쌍했다. 죽음이 주변에서 왔다갔다 하고 있었다.

그러나 죽음을 생각했던 것은 그날의 짧은 시간뿐이었다. 적어도 그날 그 순간 이후로는 나는 죽음을 생각해 본 적이 없다. 그것은 사회가 합법적으로 병을 확인해주면서부터였다. 아주 짧은 시간에 나는 돈을 중심으로 메여 있던 모든 것으로부터 한번에 튕겨져 나와 버렸다. 그토록 빠져 나오고 싶어 해도 할 수 없었는데 이렇게 쉽게 그 쳇바퀴에서 빠져 나올 수 있다니…. 모든 사람들은 나보고 일하지 말고 쉬라고 했다. 돈은 다음에 벌라고 했다. 병이나 나으라고 했다. 복잡하게 얽혀 있었던 일의 구조도 빠르게 정리되었다. 친구들과 후배들이 나서서 병원비를 마련하기 시작했다. 그들은 나에게 쉬라고 이야기했다. 자기들이 가족을 먹여 살릴 테니 나보곤 무조건 쉬라고 했다. 이런 상황에 난 마음의 평안이 생기면서 오히려 병을 잊어 버렸다. 『작은 것이 아름답다』라는 책을 보면서 산이나 나무를 생각했다. 내가 깨달아가고 있었던 것은 '진짜 죽음은 병에 있지 않다'라는 사실이었다. 별로 여유가 없었던 내 생활. 인간을 갉아먹는 사회 구조, 나무와 풀벌레가 없는 내 마음 … 죽음은 애초에 거기서부터 자라고 있었다. 나는 병을 약으로 이기기 전에 내 마음을 먼저 다스려 가기 시작했다.

내가 병에 대해 마음을 가다듬는 동안 아내는 나보다 더 실질적으로 병에 대해 통달해 갔다. 의학 서적에 가까운 병 관련 책과 관련 자료들을 읽고 있었고, 그와 함께 의사가 최종 치료 방법으로 제안한 골수 이식에 대한 타당성과 위험성을 확인해 가고 있었다.

여동생과 골수 이식을 위한 조직적 합성항원 검사(HLA)를 했다. 형제간의 일치 확률은 1/4, 타인과의 일치 확률은 1/2만. 부모는 주고 싶어도 줄 수 없다는 골수…. 일주일 후 난 내 손금의 생명선이 왜 이리 끊어질 듯 긴가 하는 것에 대한 답을 찾았다. 여동생과 나의 검사 결과가 일치한 것이다. 작은 기적이었다. 적어도 나같이 백혈병을 앓고 있는 사람에게 형제간의 골수 일치는 작은 기적이었다.

골수 이식 일자가 잡혔다. 골수 이식을 위한 동의서도 작성했다. 골수 이식 과정 중에 사망해도 병원에 책임을 묻지 않겠다는 내용을 자필로 써서 냈다. 도장을 찍지 않고 자필로 쓴다는 것이 묘한 느낌을 갖게 했다. 병원에 입원하는 날 아침 일찍 나는 아파트 문 앞 계단에 앉아서 마지막일지도 모르는 담배를 피웠다. '이걸로 담배는 끝이구나….' 연기가 허공에 흩어졌다.

고통은 환자복으로 갈아입은 다음부터 시작되었다. 가슴 정맥에다 각종 주사 바늘을 꽂을 수 있는 도간을 연결하고, 다시 허리뼈에 구멍을 뚫고, 골수 조직을 채취하고, 척추 내에 척수 주사도 놓고 …. 고통이었다. 그러나 하느님께 감사했다. 이 고통을 오직 나에게만 주신 것을, 우리 아이들이나 아내에게 주시지 않았음을 감사했다. 내가 그 중 몸이 튼튼하다는 것을 아신 모양이다. 골수 이식을 위해 무균실로 들어갔다. 문을 열고 들어가서 손을 씻고, 다시 새로운 문을 열고 공기 샤워를 한 후 문을 하나 더 지나야 복도가 나왔다. 다시 자동문 두 개를 더 지나서야 무균실 침대에 누울 수가 있었다. 이제 문 밖으로 나올 수가 없다. 적어도 한 달은 여기 누워 있어야 한다. 모든 공기는 필터를 통해 걸러지고 온도와 습도도 맞춰진다. 면회도 되지 않는다. 1999년 7월 15일의 일이었다.

무균실에서 밥을 먹은 것은 단 이틀뿐이었다. 항암 전 처치로서 고장 나버린 내 몸 안의 골수를 약에 의해 강제로 말리기 시작한 이후로는 밥 먹기가 힘들어진 것이었다. 근 30여 알이 넘는 약을 정확히 6시간마다 먹기 시작했다. 약을 먹다 토하면 토한 만큼의 약을 다시 먹었다. 가슴으로 연결된 혈관으로도 대여섯 개의 주사 바늘이 꽂아졌다. 혈관으로 들어오는 약제를 이기지 못해 열과 함께 몸이 고장난 트랙터처럼 움직이기도 했다. 약에 적응하면서 그나마 몸이 마음과 함께 편해졌다. 진통제로 쓰던 몰핀은 이제 말을 안 듣고 마약류의 좀 더 강한 진통제를 쓰기 시작했다. 그날이 왔다.

동생이 마취실로 들어가기 전 무균실로 전화를 했다. 골수 채취를 위해서 수술실로 들어가는 것이리라. "걱정하지 말고 꼭 병을 이기라"면서 동생은 오빠를 위해 울었다. 두어 시간이 지난 후, 동생의 붉고 따뜻한 골수가 흰 백에 담겨서 무균실로 왔다. 내 가슴 정맥관에 바늘을 꽂으니 동생의 골수가 내 몸으로 흘러들기 시작했다. '생명의 빚'이 '생명의 빛'으로 오는 순간이었다. 하지만 정작 치료는 그때부터 시작이었다.

병을 알았을 때 23만이었던 백혈구 수가 100 이하에서 어물거렸다. 혈소판과 백혈구가 오르질 않았다. 남들은 보통 10팩 미만의 혈소판 수혈을 한다고 하는데 난 병원에 있는 동안 정확히 50팩의 혈소판을 수혈 받아야 했다. 혈소판은 오래 보관할 수가 없어서 그때그때 필요할 때마다 연락하면 친구나 후배들이 회사를 나와서 헌혈해주고 가곤 했다. 어떤 친구와 후배는 무려 다섯 번을 헌혈해주었다. 혈소판 헌혈은 검사를 먼저 해야 하니까 그 이상을 병원에 온 것이다. 그러나 그 와중에도 아내는 헌혈자들을 구하기 위해 이리 뛰고 저리 뛰고 하였지만 헌혈자들을 구할 수 없어서 병원 계단에서 울었다. 계속 갚을 수 없는 빚만 지고 있었다. 아내는 매일 수술복과 모자, 그리고 비닐장갑을 끼고 들어와 내가 있는 무균실을 소독약으로 전부다 닦아야 했다. 누워 있는 침대며, 바닥, 벽, 화장실의 세면대, 변기, 심지어 팔이 닿는 천장까지 모두 소독약으로 닦았다. 땀이 흘러도 모자와 마스크를 벗지 못했다. 방 하나를 소독약으로 그렇게 매일 닦아야 한다니…. 아내는 살아서 이 웬수를 다 갚으라지만 그녀는 눈물 한 방울 머리카락 한 올이라도 바닥에 떨어뜨릴까봐 울지도 못했다. 백혈구가 오르기만 기도하면서 하루하루를 그렇게 보내고 있었다.

무균실은 자신과의 싸움을 하는 장소다. 조그만 방에서 20여 일이 지나자 오히려 정신적으로 더 힘이 들기 시작했다. 문만 열면 밖으로 나갈 수 있는데, 창 밖으로 보이는 올림픽대로에는 차가 달리는데 난 나갈 수가 없었다.

정신적으로 힘든 와중에 갑자기 배에 물이 차기 시작했다. 독한 약물에 간이 손상되면서 일어난 현상이었다. 얼굴과 눈은 크레파스로 칠한 것 같이 노랗게 되고, 배는 임신한 여자처럼 커지고 있었다. 황달이었다. 아내는 일반 병실에서 이렇게 간이 나빠져서 죽은 환자들을 더러 본 모양이었다. 하지만 아내는 내게 그런 내색을 보이지 않았다. 항상 와도 웃고 있었기에 난 편했다. 여러 날이 지나자 올라 온 배는 가라앉고 눈과 얼굴엔 다시 혈색이 돌기 시작했다. 그런 와중에서도 항암제로 다죽인, 골수가 있던 빈 자리에 들어 간 동생의 골수는 몸에 생착하여 새로운 피를 만들어내고 있었다.

한 달이 지난 그해 8월 14일, 다시 못 나올 수도 있다고 생각했던 무균실을 난 다시 내 발로 걸어 나왔다. 골수를 말려 죽이는 극독한 항암 치료에 몸은 망가지고 머리는 다 빠져서 삶은 닭처럼 되어버린 몸으로 비틀거리며 걸어 나왔다. 어떻든 1차로 죽음의 강을 건너 온 것이다. 그해 10월, 퇴원을 하면서 새로운 하늘과 바람과 꽃을 보았다. 이식을 하고도 그간에 하늘나라로 간 5살짜리 꼬마 성수도, 그렇게 살려고 발버둥치며 고생을 하다가 끝내 떠나버린 20살의 세연이도 보고 싶었을 그런 하늘과 꽃이었을 텐데….

퇴원을 하고도 몸은 여전히 예전의 몸이 아니었다. 면역 기능이 약한 상태라 새로 태어난 아기같이 몸을 보살폈다. 보호하는 아내가 더 힘들었을 테지만. 아이들이 감기에 걸려도 잠을 따로 자고, 항상 방과 몸은 청결을 유지해야 했으며, 내 밥그릇 수저는 항상 삶아서 사용했다. 몇 달간은 집에서도 마스크를 하고 있었다. 아이들은 아이들 나름대로 힘들었다. 퇴원하고 1년이 될 때까지도 입이 헐어서 밥을 잘 먹지 못했다. 그나마 병원에선 영양제에 의지하면서 버틴 몸이 집에 와서는 하루하루 말라만 갔다. 보면 먹고 싶어서 입안에 침이 돌지만 먹으면 결국 토해 내거나 맛 자체를 몰랐다. 그렇게 면역 기능이 현저히 떨어진 와중에 대상포진에 걸렸다. 눈과 이마에 번지기 시작했다. 대상포진의 고통은 당해 본 사람만이 안다. 언젠가 신문에선 그 고통이 출산의 고통에 버금간다고 했던 말이 자꾸 생각났다. 더군다나 나같이 눈에 그 바이러스가 감염된 사람이라면 말이다. 입원을 했지만 고통이 사그라지지 않았다. 퇴원을 해서도 고통은 계속되었다. 고통이 심해서 잠도 못 자고 그나마 먹기 시작했던 음식도 입에 댈 수가 없었다. 몸이 10여 킬로그램이 빠지면서 더 말라갔다. 눈을 뜨고 감는 게 어려워서 한쪽 눈은 실명이 되지 않을까 염려되었다. 눈의 신경이 손상되어 눈이 사시가 되어 있었다. 초점이 맞추어지지 않았던 것이다. 거의 반년을 눈을 감다시피 하고 살았다. 눈 위로 이마와 머리에 있던 대상포진은 모조리 흉터로 변했다. 결국 오른쪽 눈의 시력을 거의 잃은 채 눈은 떴지만 시각장애인이 되었다. 그리고 시간은 흘러갔다.

백혈병 환자의 골수 이식처럼 이전과 이후의 삶을 뚜렷이 구분지어 보여주는 병도 드물다. 의사는 골수 이식일을 새로 태어난 날로 잡고 제반의 처방을 내린다. 새로운 골수 이식에 의해 혈액형이 바뀌는 것이나 피부 겉껍질이 벗겨져 나가고, 모든 딱딱한 각질이 제거되어 피부가 새로 태어난 아기와 같아지며, 손톱도 새로 나오고, 때맞춰 BCG, DPT, 소아마비, 홍역, 수두 등 제반의 예방접종을 다시 해야 한다. 나는 여동생의 골수가 들어와서 염색체도 혈액에는 X인자가 먼저 자리하게 되었다. 신체적인 변화는 이전 삶과의 구분을 요구하였다. 무언가 새롭게 살지 않으면 안 되게끔 '재발'이란 카드도 있다. 항상 깨끗하게 있어야 한다. "너 죽지 않으려면 깨끗하게 잘 살아"라고 위협하는 병이다. 버릴 것은 다 버리고 새로운 것을 채우고 만들기 위해 스스로를 비워야 한다. 무엇을 내 삶에 채워야 할까?

옆 병실에 있던 정 씨는 내가 퇴원할 때 병실 침대에서 닭똥 같은 눈물만 뚝뚝 흘렸다. 6남매 가운데 아무도 골수가 맞는 형제가 없어서 어쩌면 남몰래 죽음을 기다리는 그는 그래도 자기 발로 병실을 나가는 나를 보며 아마도 자신을 생각했으리라.

나쁜 피를 가졌던 나. 수시로 많은 사람들의 피가 필요해서 수혈도 받지만 정작 자신은 헌혈로 피를 함께 나눌 수도 없는 나. 피를 나눌 수 없다면 무엇을 나눌 수 있을까?

가족과 많은 사람에게 진 빚을 갚아야 하겠기에 결코 죽을 수 없다면 살아서 난 무엇을 이웃과 함께 나눌 수 있을까?

'피보다 진한 삶.' 이건 나눌 수 있을까?

바람과 풀과 꽃들 속에 숨어 있는 작은 것들이 부르는 사랑 노래 함께 부르며 피보다 진한 사랑의 삶, 그건 살아갈 수 있을까?

제1부

건강에도 형평이 있다

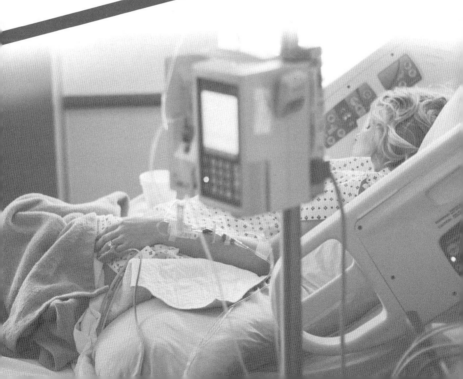

내가 만났던
두 명의 환자 이야기

예전에 백혈병 환우회 일을 하면서 가장 힘들었던 일은 죽어가는 환자들을 묵묵히 지켜보는 것이었다. 질병의 특성상, 그리고 질병에 걸린 사람들의 모임이라는 특성상 그렇게 가는 사람이 생긴다는 것이야 뭐 그리 이상한 일이겠냐마는 문제는 '아는 사람'이 그것도 '수시로' 죽음을 맞이하는 것을 보는 것은 개인적으로 매번 여간 힘든 일이 아니었다. 그래서 그런지 몰라도 요즘은 병이나 죽음에 대해 많이 무뎌진 편이다.

하지만 그 중 내가 알고 있던 두 명의 죽음은 특히 다른 의미와 아픔으로 여전히 내게 다가온다. 이 둘이 모두 5월에 이 세상을 떠났다.

■■■ 환자, 그래 그것이 나의 정체성이다 - 故 김상덕

그는 나처럼 눈물을 흘리지 못 했다. 눈물이 나오지 않았기 때문이다. 그래서 인공눈물을 항상 달고 살았다. 그나마도 눈에 넣지 않으면 눈꺼풀이 계속 각막을 긁어대서 결막염이 생긴다. 그는 이가 없었다. 침이 나오지 않았기 때문이다. 침이 나오지 않으면 이가 삭아서 부러진다는 사실을 안 것은 그를 만나고 나서다. 그리고 침이 나오지 않으면 침의 장력에 의해 잇몸에 붙어야 할 틀니를 하지 못 한다는 것도 그를 만나고서다. 그래서 그는 음식물을 씹을 수 없었기에 그 키에도 불구하고 몸무게가 45킬로그램을 맴돌았다.

어느 날 그는 자신이 골수 이식을 한 후 일반적인 부작용인 '이식편대숙주반응'이 피부로 오고 있음을 알았다. 피부가 시커멓게 변하면서 얼룩덜룩 온 전신에 백반증이 생기기 시작했다. 그래서 그는 집 밖으로 나가지 않았다. 모두들 자신을 쳐다보았기 때문이다. 머리카락도 없고 온몸이 백반증인 그를 사람들은 한센병 환자로 알고 숙덕거렸다. 나갈 일이 생기면 여름이든 겨울이든 모자에 마스크에 목까지 덮는 옷을 입고 나갔다. 슈퍼의 아주머니도 그를 피했고, 아이들은 무서워서 도망을 갔다. 그는 자신의 삶에 절망했다. 아무것도 할 수 없었던 것이다. 직장도 결혼도 몸을 굴리는 어떠한 힘든 일도 할 수 없었다.

그런 그가 어느 날, 어떻게 보면 골수 이식을 해서 자기와는 별 관련이 없었던 백혈병 치료제 '글리벡' 약가 싸움에 뛰어들면서 그는 절망의 새로운 전기를 맞았다.

그는 환자복을 입고 다국적 제약회사 노바티스 앞에서 뼈만 남은 몸으로 경찰 병력과 대치하다가 분노에 못 이겨 상의를 벗어버렸다. 온몸이 백반증으로 얼룩덜룩한 그 절망스럽다고 한 몸을 보여 준 것이다. 그리고 소리쳤다.

"자, 봐라. 이놈들아. 난 백혈병 환자다!"
"난 백혈병 환자다… 난 백혈병 환자다…."

그가 자신을 극복하기 시작한 외침이었다. "봐라. 이게 나의 정체성이다"라고 소리친 것이다. 그 이후 그는 환우회를 만들고, 적십자사의 혈액 문제, 환자들이 피를 구하러 다니는 것을 끝내겠다던 혈소판 투쟁, 선택진료비, 호텔보다 비싼 상급 병실료, 병원 밥값, 의료 기관들의 부당 청구 등등 제도를 바꿔보겠다며 많은 일을 하다가 갔다. 특히 환자 운동의 시작을 그가 알렸다는 점에서 그는 항상 특별했다. 그가 에이즈 환자들에 대해 남달리 각별한 애정을 쏟은 것은 아마 그 환자들이 사회에서 차별 받고 소외당하는 것이 자신의 처지와 그리 다르지 않음을 느꼈기 때문이리라.

그래서 그는 환자다. 그리고 그것은 그의 정체성이기도 했다. 그 이름 앞에 환자 운동가라는 수식을 붙이지 않아도 그에게는 '환자, 김상덕'이 가장 아름답다. 그런 그가 간 지 벌써 9년이 됐다.

날짜만으로는 3일 후, 그리고 김상덕보다는 1년 먼저 다른한 명의 환자가 이 세상을 등졌다. 바로 원폭 피해 2세 환자인 김형률이다.

■■■ 망가진 몸으로 나에게 왔었던 아픈 예수 - 故 김형률

내 기억으로는 아마 2002년 여름이었을 게다. 미리 전화를하고 사무실을 방문한 그는 한눈에 딱 봐도 '환자'를 떠올릴만한 사람이었다. 그는 사무실에 방문하고서는 수시로 기침을해댔다. '천식 환자인가?' 그러나 곧바로 그의 이야기를 들은나는 그의 병명이 바로 '아픈 역사'임을 알게 되었다. '선천성면역글로불린 결핍증.' 이건 그의 의학적 병명이었고, 역사적병명은 '원폭2세 피해자'다.

부끄럽게도 난 그때까지 원폭 피해자가 존재한다는 것을 알고는 있었지만 그 대물림의 피해로 인해 2세, 3세가 여전히 고통의 한가운데에 존재한다는 생각을 해 본 적이 없었다. 얼마나 부끄럽고 창피하던지! 그는 글리벡 약값을 내리라고 싸우는백혈병 환자들을 보고 이렇게 찾아왔다며, 누가 뭐래도 자신

역시 혈액질환자라고 우기면서 자기의 이야기를 하고 싶어 온 것이었다. 자신의 병명이 무엇인지, 그리고 왜 자신이 그 병으로 인해 삶의 고통이 시작되었는지를 알고 난 지금까지 그는 자신과 똑같은 환자를 단 한 명도 만나지 못 했다고 했다. 이런 그가 2005년 5월 29일, 꼭 만으로 3년의 '공생애' 시간을 보내고 우리 곁을 떴다.

공생애. 예수가 목수를 하다가 30살이 되면서 33살에 죽기까지 사랑과 구원의 삶을 살았던 3년의 시기를 우리는 그렇게 부른다.

내가 굳이 김형률의 죽음을 공생애라고 표현한 것은 반세기가 넘는 역사 속에 묻혀 있던 소수자의 생명에 오로지 그만이 구원의 손길을 내밀었기 때문이다. 게다가 그의 활동은 원폭 피해자의 문제를 단순 피해자로서가 아니라 형체도 소리도 없이 죽어가고 있던 원폭 피해자 2세 환자의 문제를 원폭의 대물림의 문제로 세상에 알리고, 이를 인권과 평화의 문제로 격상시켰다. 역사에 매장되어 있던, 그래서 가해자들은 어서 빨리 시간이 흘러서 당대의 피해자들이 모두 죽기만을 기다렸던 이 문제를 이제 죽을 수도 없고, 죽어서도 안 되는, 그야말로 역사의 햇빛 아래 끄집어 낸 것이다. '원폭 피해자 지원을 위한 특별법'을 발의시키고 일본의 원폭 피해자들과 한국의 원폭 피해자들이 원폭을 떨어뜨린 미국을 역사의 법정으로 끌어내야 한다고 그가 가르쳐 주었다. 자기 폐가 30퍼센트의 기능밖에 못 하여 계단조차 오르내리기 어려웠고, 여름에도 수시로 감기에, 폐렴에 입원을 반복했으며, 늙은 아버지가 죽을 때까지 수족과 같이 어느 곳에 가든 옆에 있지 않으면 아무 것도 하지 못할 몸을 가지고 만든 이 역사가 바로 그가 죽기 전 3년의 삶이었다.

살다가 소리 없이 우리에게 왔다가는 사람들이 있다. 내 삶에도 아주 짧았지만 불꽃처럼 살았던 두 환자의 삶은 여전히 내 삶을 되돌아보게 하는 거울이다.

내가 내일 죽더라도 잊을 수 없는, 그리고 잊어서도 안 되는 그들은 어느 날 아픈 몸을 이끌고 조용히 내 옆에 서 있었던 예수, 바로 그들이다.

너 담배 피지?
너 술 먹지?
너 운동 안 하지?

■■■ 생활습관병? 웃기고 있네

99년도에 뜬금없이 백혈병 판정을 받았을 때 누구나 그랬듯이 나도 하늘이 노랗게 되었다. 아내는 말없이 울었고, 나는 가장으로서 내가 혹시라도 병으로 죽으면 앞으로 어떻게 우리 아이들이랑 아내가 먹고 살까 하는 걱정이 밀려 왔었다. 집에서 거울을 봤다. 텔레비전에서 백혈병 걸린 환자들을 간혹 보긴 했지만 실제 백혈병 환자를 처음 본 것은 거울 속의 나였다. 10만분의 3도 안 되는 확률에 왜 내가 딱 걸린 것일까? 사람들은 아마 '저놈 그렇게 술을 쳐 먹고 담배를 퍼대더니 드디어 병이 걸렸군' 하고 생각했을지도 모르겠다. 뭐 병이 걸리면 의례히 그런 생각 한번쯤 안 해보겠냐만은, 나 역시 그런 생각에 '평소에 몸 관리 잘할 걸' 하는 후회 아닌 후회를 했다.

하지만 병원에 가서 보니 뭔가 이상했다. 내가 입원해 있던 병동은 백혈병 환자만 있는 혈액 종양 병동이었는데 그 환자들 중에는 멀리 동해에서 살다가 온 27살 먹은 여자(술도 잘 못하고 담배 역시 안 폈단다), 나주에서 좋은 공기 마시면서 농사짓다가 병에 걸린 아저씨, 이제 중학교 2학년인 속초에 사는 꼬맹이(부모 모르게 담배 피웠나?), 게다가 평소 운동 잘하고 몸 관리 확실했던 역도 선수…. 뭐 이런 사람들이 있었는데 그들은 왜 병에 걸렸을까 아무리 생각해봐도 답이 안 나왔다. 보통 이럴 때 뻔한 답은 '재수가 없어서'다. 하긴 그거 아니면 결론을 낼만한 뭐가 없긴 하다. 그 결론 아니면 나머지는 다 '네가 몸 관리 잘못해서'다. 그래서 심지어는 나중에 혹시라도 잘못되기라도 한다면 '그런 놈은 죽어도 싼 놈'이 되기 십상이다.

당사자나 주변 사람들조차도 마찬가지다. 내가 잘못해서 병이 걸렸다는 식이다. 물론 몸 관리를 하는 데 개인의 노력이 불필요하다거나 의미가 없다는 말은 절대 아니다. 문제는 병에 걸리면 그 책임을 다 개인에게 전가하기 때문에 그 해결도 개인의 문제로 되어버리는 이상한 '사회적 상식'이 자리 잡아가는 데 있다. 이런 사회는 소위 '복지'를 생각하기에 매우 척박한 사회다. 스웨덴에서 이민 온 외국인을 언어 소통이 안 된다고 한시적 장애인으로 등록하게 하고 말을 배울 때까지 통역 서비스를 제공하는 것은 꿈도 못 꾸는 것일 테고, 아예 이해 자체가 쉽지 않은 사회일 것이다.

당뇨병을 성인병으로 이야기하더니 최근에 소아 당뇨 환자가 많이 생기는 상황에서 이 표현도 그리 적당하지 않았던지 정부인가 학회인가 어딘지 모르겠지만 당뇨를 '생활 습관병'으로 고쳐 부르자는 이야기가 나온 적이 있다.

하지만 이거 참 갑갑한 이야기다. 결국 생활 습관이 안 좋아서 걸렸고, 병이 나으려면 당신의 생활 습관을 고쳐야 한다는 것이다. 애들도 그렇고, 어른도 그렇단다. 이는 사회가 병을 보는 관점이 아주 간단명료하게 표현된 예다. 이 생각의 연장선상에서는 질병과 관련한 비용도 개인의 책임이 된다. 1,000만 원이 들든 1억 원이 들든 그것 역시 개인의 책임이다. 환자와 가족은 가슴을 치며 '다 돈 없는 내 잘못이지' 하고 자신을 원망하게 된다.

■■■ 건강권에 눈을 떠야 한다

예전에 노무현 대통령이 대통령 후보 시절에 "돈이 없어서 치료를 못 받는 나라는 나라도 아니다"라는 말을 했다. 참 좋은 말이다. 당시에 나는 만성 골수성 백혈병 환자들의 혁신적인 치료제인 '글리벡' 약가 인하 싸움을 하고 있었기 때문에 그 말을 듣고 공감을 안 할래야 안 할 수가 없었다. 그 말 한마디는 한 달에 약값을 300만 원이나 내야 하는 환자들과 나 같은 환자들에게는 감동 그 자체였기 때문이다.

그러나 한참의 세월이 흐른 후 정부는 그 말과 거꾸로 갔다. 돈이 없으면 치료를 받기 힘들 상황이 올 것이 뻔한데도 의료기관의 영리법인 허용이나 민간보험 도입 등을 이야기하면서 의료도 '경쟁력 있는 산업'으로 키우자고 목소리를 높였다. 이는 건강의 문제가 개인의 문제이고 그렇기 때문에 정부보다는 민간이 '자본주의 시장 원리'로 알아서 처리하라는 말이다.

여기에 건강은 국가와 사회가 책임져야 할 사항이 아닌 것이고, 병 걸린 사람들은 자신이 걸리고 싶은 것이 아님에도 병 걸렸다고 이제 명함도 못 내밀게 되었다. 헌법에는 행복할 권리, 건강할 권리가 떡하니 있음에도 그건 다 글자에 지나지 않게 된다. 병 걸리고 싶어서 걸린 사람 있으면 나오라고 해보시라. 아무도 없다. 게다가 내 몸에 내가 좋지 않은 것을 안 먹을 자유가 있는가? 알게 모르게 이미 다 먹고 있다. 내가 안 좋은 공기를 안 들이마실 수 있는가? 세계 최고 수준의 공기 오염도를 자랑하는 이 서울에서 난 열심히 공기를 마신다. 열악한 노동 시간과 환경, 극심한 스트레스로 인해 돈 없는 사람들은 더 병에 잘 걸리고 병이 걸리면 더 많이 죽는다. 이게 우리의 잘못인가?

예전에 한국백혈병환우회를 만들 당시 수십 명의 백혈병 환자들에게 병 걸리기 전의 심리 상태를 조사해 본 적이 있었다. 놀라운 것은 약 80퍼센트 정도의 환자들이 병이 걸리기 전에 거의 '죽고 싶다' 고 할 정도의 극심한 스트레스에 시달린 것으로 나타났다. 물론 의학적인 연구나 조사는 아니지만 스트레스가 실제 사람 몸에 악영향을 미치고 있다는 사실을 생각할 수 있다. 이렇게 살 수밖에 없는 상황이기 때문에 질병은 단지 개인의 문제만이 아니다. 개인의 문제가 아니기 때문에 사회가 보호할 수 있는 방안을 마련해야 한다.

우리가 인권의 여러 가지를 어떤 가치로 등급을 매겨서는 안되지만 그 중에서도 건강권은 다른 인권의 맨 앞에 위치 지을 만하다. 건강하지 않으면 다른 여타의 권리도 지키거나 누리기가 쉽지 않기 때문이다. 그래서 건강권은 인권의 하나로 이 땅에 뿌리내려야 한다.

물론 개인의 건강을 위해서는 술, 담배 안 하고 운동도 열심히 해야겠지만, 너 담배 피지? 너 술 먹지? 너 운동 안 하지? 하면서 건강에 대한 사회의 책임을 은폐하고 그 모든 책임을 개인에게 전가하려는 그 모든 시도에 우리는 저항해야 한다.

건강 형평성,
개 풀 뜯어 먹는 소리(?)

■■■ 진짜 건강에도 형평이 있다고?

참으로 이상한 게 병원에 가보면 가난한 사람들이 큰 병에 걸려 신음하는 모습을 더 많이 볼 수 있다. 돈 없으면 아프지나 말지, 하루하루 벌어먹고 사는 사람들이 걸렸다 하면 그저 그런 병도 아니고 꼭 큰 병이다. 여유가 있는 사람들이야 조금만 아파도 바로 병원에 가고 정기적으로 건강검진이며, 몸에 좋다는 음식 먹으니 설령 병이 걸렸다 하더라도 초기에 발견하여 치료하기도 쉽다. 또 그만큼 치료율도 높은 데다가 병이 커지는 것을 막을 수 있는 거야 말하면 무엇 하리. 없는 사람들이 참고 참다가 결국 작은 병도 크게 키워서 병원을 갈 것이고, 멀쩡하다고 생각되는 몸에 비싼 건강검진한답시고 정기적으로 돈을 쏟아 부을 리는 없을 테고, 결국 그런 사람들이 막다른 절벽에 설 수밖에 없겠다는 생각은 당연히 든다.

그래서 근래 시민사회 단체에서 이야기하는 중요한 개념 가운데 하나가 '건강 형평성'이다. 경제 평등이라든가 법 앞에 만인이 평등, 뭐 이런 말들이야 그나마 이해가 가지만 건강 형평은 좀 갸웃하다. 건강이 어떻게 형평을 가질까? 살다가 걸릴 만한 사람들이 걸리는 게 병 아닌가? 거기에 뭔 놈의 형평이니 평등이니 하는 말이 합당하기나 할까?

그러나 그게 아니다. 다음의 통계 내용을 보면 병에 걸릴 만한 사람들이라는 게 전 계층에 평균적으로 있는 게 아니라 특정 계층에 몰려 있다는 사실을 알게 된다.

서울 강북구의 사망 위험률이 소위 땅값, 집값 비싸서 부자구라고 하는 강남구보다 30퍼센트가 높다고 하고, 전국에서 가장 사망률이 높다는 경남 합천의 경우 가장 낮은 서울 서초구보다 무려 사망률이 2배가 넘는다고 하니 물 맑고 산세 좋은 곳에서 살고 있기에 얻는 이득과 병에 걸린 후 치료를 해서 나을 수 있다는 것하고는 영 다른 이야기다.

소득의 하위 20퍼센트 층이 상위 20퍼센트 층보다 암 발생률이 약 1.5배가 더 높고, 암 진단 후 3년 이내 사망률은 남성이 2.06배, 여성이 1.49배가 높다고 하니, 없는 사람과 있는 사람들의 건강 형평성 격차가 우리들 눈에 보이지는 않지만 분명히 존재하는 모양이다.

서울대 김창엽 교수는 2000년대 초반에 생활보호대상자들 가운데 의료 이용을 했던 사람들을 대상으로 전체 인구 집단과 사망률을 비교해보니까 1~14세의 사망률이 전체 인구 집단의 사망률에 비해 4배 이상이 높다고 한 것을 보면 없는 사람들은 여전히 세상 살아가기가 참으로 갑갑한 상태에 있구나 하는 생각을 가지게 된다.

■■■ 건강도 권리다

앞에서 잠깐 이야기했지만 백혈병 치료제 글리벡이란 약이 나와서 국내에 시판 허가가 됐을 때만 해도 환자와 그 가족들은 정말 "이제 난 살았다" 하고 환호성을 질렀었다. 그러나 한 달에 300만 원이나 하는 약값이 문제가 되자 사람들은 "예전에는 있는 놈들이나 없는 놈들이나 거지반 다 죽어서 그나마 공평했는데 이제는 약이 있는데도 단지 돈이 없어서 죽게 생겼다. 하지만 병으로 죽기 전에 그 생각만을 하면 오히려 화병으로 먼저 죽을 것 같다"고 분통을 터트렸었다.

사람들이 약의 사용권을 제한당하는 것은 결국 경제적인 문제다. 경제 후진국인 아프리카나 동남아시아, 그리고 남미의 여러 나라들의 에이즈 환자들은 선진국의 환자들이 모두 쓰는 에이즈 치료제를 눈으로 한 번도 보지 못한 채 죽어간다. 이는 건강 형평의 문제가 한 국가를 넘어서 국가간에도 심각한 지경에 이른 상황이라는 것을 말해 준다. 우리나라의 글리벡 한 알 가격이 처음보다 낮아져서 현재는 11,077원(1정, 100mg 기준

2015년)인데 아프리카나 동남아시아에서는 이것을 1000원에 주어도 사 먹을 수 없다는 사실은 너무 슬픈 현실이다. 한 알에 1000원이라 해도 하루에 4알을 먹어야 하니까 하루에 4000원, 한 달이면 12만 원일 텐데 한 달 월급이 5만 원~10만 원 정도인 그 나라의 환자들은 턱도 없는 이야기다.

그러나 유럽의 잘사는 나라들의 환자들은 별 걱정을 안 한다. 아니 할 필요가 없다. 병이 걸려서 꼭 써야 할 치료제는 대부분 보험 재정으로 충당되어 돈이 거의 들 일이 없으니 환자들이 굳이 약값이 높다, 낮다 하는 고민을 할 필요가 없기 때문이다. 결론적으로 없는 사람들만 문제다.

영국에서 공부한 사람들이 의료 제도를 이야기할 때 하는 이야기가 있다.

"영국에서는요, 비행기 트랙에서 내릴 때 굴러 떨어져서 머리가 영국 땅바닥에 부딪혀 깨진 순간부터 치료비가 하나도 들지 않습니다."

뭐 좀 우습게 이야기했다손 치더라도 소위 NHS라는 전 국민 의료 서비스의 혜택으로 누구나 질병이 걸리면 치료의 형평성을 보장하고 있다는 얘기다. 의사들은 이런 제도를 사회주의 의료라고 공격하지만 만약 이런 게 사회주의 의료라면 나도 사회주의자일 것이다.

건강 형평성은 건강을 하나의 권리로서 인식할 때 그 실현이 가능하다. 그렇지 않는 한 건강의 문제는 모두 개인의 문제가 되기 때문이다. 어느 날 병에 딱 걸리면 '아이고, 정말 재수 되게 없네' '가진 것도 없는 사람이 병 걸렸으니 이제 어떡하나? 참 딱하구먼…' 하는 게 보통이다. 우리가 주변에서나 텔레비전 드라마에서 흔히 듣는 말이다. 건강의 문제가 누구든 다 자기의 처지에 맞게 누려야 할 권리로서 인식되어야 하는데, 그래도 요샌 쪼끔, 멸치 대가리보다 이제는 몸통만큼… 그 인식의 폭과 깊이가 성숙되고 있다. 반갑고 다행스러운 일이다.

치료 잘 받고
그러시면 곤란하죠?

■■■ 병원하고 싸우면 환자는 거의 백전백패다(?)

얼마 전, 내가 다니는 병원에서 전화가 왔다. 원무과 보험 담당자가 전화를 했는데 요지인즉슨 나의 담당 주치의가 전화 통화를 원하니 전화를 한 번 걸어줄 수 없느냐는 것이었다. 그러나 그날 담당 의사와의 전화 통화는 결국 기분 나쁜 말싸움으로 끝날 수밖에 없었다.

말싸움의 문제는 내가 낸 진료비 심사 청구 건이었다. 나는 골수 이식을 했던 당시의 진료비에 대해 3년 후, 건강보험심사평가원에 진료비 심사를 요청했고, 급기야 심평원에서는 여러 가지 부당 청구 금액이 580만여 원으로 조사되었으니 그 금액을 환급받아야 한다고 통보를 해 온 것이다.

"강주성 씨. 환자들이 계속 진료비 민원을 넣어서 나 입장 많이 곤란해졌어."

"그런데 왜 의사가 입장이 곤란하죠? 진료비 문제는 환자와 원무과(병원) 간의 문제인데."

"그러지 말고 내 입장도 좀 생각해주지. 아니 한두 명도 아니고 매번 환자들이 이렇게 민원을 넣으면… 병원 생각도 좀 해야 하지 않나?"

"선생님… 환불 받아야 되는 돈은 부당 청구 금액이에요. 보험이 되는데 보험이 안 되는 것처럼 환자를 속여서 비급여로 청구한 것이란 말입니다."

"아니 강주성 씨도 우리나라 의료 제도 잘 알고 있잖아요. 청구하면 심평원에서 의료비를 삭감한단 말입니다."

"아니 거기서 의료비를 삭감해서 병원이 손해 보는 것을 왜 우리 환자들이 메꿔줍니까?"

하지만 병원들의 부당 청구가 한두 곳에서 한두 명의 사람들에게 이루어지고 있는 게 아니어서 내가 일했던 단체인 건강세상네트워크에서는 전국의 병원에 다니고 있는 많은 환자들에게 진료비 심사 청구를 하도록 홍보를 했고, 내가 다니는 병원의 환자들에게도 마찬가지로 진료비 심사 청구를 하도록 했다. 나야 환자 권리나 의료 제도와 관련하여 일을 하는 시민단체에 있으니 매우 당연한 행위였고, 질병이 걸려 신체적으로도 경제적으로도 신음하는 환자들의 입장에서는 수만 원에서부터 수백만 원, 어떤 경우에는 1,000만 원이 넘는 돈을 환불받을 수 있는 일이니 그저 사사로운 것이라고 할 수는 없는 일이다.

그러나 환자들이 민원을 넣으면 백이면 백 며칠 후에는 해당 병원의 원무과에서 전화가 온다. 거의 협박성이다.

"○○○ 씨죠? 여기 ○○병원 원무과인데요. 심평원에 진료비 민원을 넣으셨더군요. 치료 잘 받으시고 이러시면 곤란하죠. 취하해주시면 안 될까요?"

"이러시면 ○○○ 선생님이 곤란해지십니다."(해당 주치의 이름을 들먹이는 경우)

"진료 시에 불이익을 받으셔도 괜찮으시다는 거죠?"(완전 협박하는 경우)

이렇게 전화를 받고도 환자가 버티면서 취하를 안 해주면 해당 주치의가 직접 전화를 하는 경우도 심심찮게 있다. 특히 계속 그 의사를 볼 수밖에 없는 암 등의 중증 질환에 걸린 환자들에게 자신의 담당 의사가 전화를 해서 민원을 취하해달라고 하면 어느 환자가 민원을 취하하지 않겠는가? 말하자면 이런 경우는 환자가 백전백패다.

몇 년 전에는 여의도의 모 병원에 다니는 10여 명의 환자들이 진료비 심사 청구를 하니까 병원에서 환자의 보호자들을 죽

불러놓고 담당 주치의와 면담을 통해 심평원에 넣었던 민원 10건 모두를 그날로 취하하게 만들었고, 역시 내가 다니는 병원도 마찬가지로 환자들에게 이런 민원 취하를 요구하는 전화를 했다. 실제 많은 환자들이 민원을 내면 곧바로 병원에서 환자나 그 보호자들에게 전화를 하는 게 대부분이다. 시민단체의 대표를 맡고, 병원의 부당한 행위에 대해서 변화를 요구하고 있는 나에게도 병원이 이런 전화를 하고 있다면 그저 병원만 다니면서 자신의 생명을 지키려고 하는 약자인 그 많은 환자들은 도대체 어쩌란 말인가 하는 생각이 들었다.

민원을 넣었던 한 백혈병 환자가 전화를 했던 적이 있었다. 그는 "골수이식을 포함해서 모두 1억 원 이상의 치료비를 썼는데 상당한 금액(1,000만여 원 이상)이 부당 청구 금액으로 보입니다. 하지만 민원을 넣은 후 얼마 지나지 않아 병원의 담당 의사가 전화를 했고 앞으로도 자신은 계속 병원을 다녀야 하는데 어찌해야 합니까?" 하고 걱정을 하는 전화였다. 아마 예상컨대 그 환자는 분명히 민원을 취하했을 것이다. 왜냐하면 그 병원을 계속 다녀야 하고, 담당 의사를 계속 봐야 하는 환자는 무조건 약자이기 때문이다. 지금의 현실에선 그 사람이 돈이 있건 없건, 학벌이 있건 없건, 지위가 있건 없건, 병원에서 환자라는 존재는 무조건 약자다. 이런 상황은 정도가 약간 다를지라도 세계의 수많은 나라들에서 '환자'라는 존재가 처한 공통적인 상황이다.

■■■ 누가 환자를 보호하랴. 그건 의사가 먼저 할 일이다

환자와 의사의 관계가 이렇게 가부장적인 수직 관계로 형성되어 있는 현실에서 전문가인 의사가 환자에 대한 관점을 윤리적으로 확립하지 못하면 결국 내게 전화한 의사처럼 "내가 치료해주었는데, (또는) 우리 병원에서 당신이 다 나았는데 이럴 수가 있느냐"라는 매우 심난한(?) 인식들로 환자를 대할 수밖에 없을 것이다. 병원이나 의사가 그 직업으로 살아갈 수 있는 유일한 이유는 사실 환자가 있기 때문이고, 어떻게 보면 병원, 의사를 포함한 모든 의료인들은 환자들이 돈을 내면서 자신의 질병을 치료하기 위해 사회적으로 고용한 사람들이라고 볼 수 있다. 그래서 결국 병원을 포함하는 모든 의료인을 환자가 먹여 살리고 있다고 해도 과언이 아닌데 의료계 내에서 환자들의 위치는 늘 맨 밑바닥에 있다. 이것은 모든 병원에서 환자들의 권리를 위한답시고 병실마다 만들어 걸어놓은 '환자권리장전'이라는 것이 있건 없건 상관 없는 일이다. 지키지 않는다면 그런 것은 휴지로도 못 쓸 것들이기 때문이다.

환자들은 부당 청구를 당하고 또 이것을 민원 넣고, 병원은 의사들을 동원해서 환자에게 민원을 취하하라고 요구하고…. 결국 환자들은 문제의식을 가지고 민원을 넣었지만 패배감과 상실감만 가진 채 민원을 취하할 것이다. 2012년 기준 건강보험심사평가원에 접수된 민원 가운데 약 16%의 환자들은 이러한 이유로 민원을 취하하고 있는 실정이다. 그나마 많이 나아졌다. 더 이전에는 50%가 넘었던 적도 있었다.

의료인과 병원이 의료 윤리를 확립한다는 것은 도대체 무엇인가? 아마 의료인들은 자신들도 제도의 피해자라고 항변할지 모른다. 그러나 어떤 제도와 규정으로 병원들이 피해본다고 하여 그 피해분을 규정도 알려주지 않은 채 편법적으로 또 불법적으로 환자에게 모두 덤터기 씌우는 것은 말이 안 된다. 게다가 병원은 환자와의 문제에 비도덕적으로 의사들을 동원해서 방패막이로 활용해서도 안 될 뿐더러 의사들도 그런 것에 대해 별다른 문제의식 없이 단지 병원에서 월급을 받는다는 이유만으로 환자들의 당연한 권리를 억압하는 데 앞장서서도 안 된다.

만약 어떤 제도와 규정에 문제가 있다면 의사와 병원들이 힘을 합쳐 정부에게 제도와 규정을 고치라고 싸울 일이다. 그리고 그 제도와 규정이 왜 환자들에게 피해를 주고 있는지 알려줄 일이다. 그래야만 의료인과 환자의 신뢰 관계가 수직적이 아니라 수평적으로 상호 신뢰와 존경의 관계로 구축된다. 의료인이 환자의 권리를 최대한 보장해주고 환자를 억압하는 제도와 규정에 맞서 싸워나갈 때 반대로 환자와 국민들도 의료인을 위해 목소리를 내준다.

그러나 병원과 집단의 수익만을 위하여 의료계가 단결한다면 그것은 끝없이 의료계에 대한 국민들의 단결과 저항만을 불러올 것이고, 결국 의료계는 국민들과 환자들의 심각한 저항에 직면하게 된다. 관계를 대립적으로 만드는 것은 단순히 살기 위해서 그리고 고통을 줄이기 위해서 병원에 자신의 모든 것을 다 가져다 주는 환자들이 만든 것은 분명 아니다. 따라서 의료계는 객관적으로 자신들의 모습을 볼 필요가 있다. 정말로 우리 환자들도 의사들을 마음으로부터 존경하고 싶기 때문이다. 그런 상황들을 만들려면 의료 윤리는 단지 공부해서 만들어지는 게 아니라는 사실을 의료인들이 먼저 마음으로 깨달아야 한다.

진료를 받고 나오는 환자들이 입원을 하고 적게는 수십만 원에서 수백만 원, 수천만 원을 내고는 달랑 영수증 한 장 받아가지고 오면서 '뭔가 찝찝한' 기분이 드는 것은 한두 해의 일이 아니다. 슈퍼마켓에서 단돈 만 원어치의 물건을 사더라도 콩나물 값, 두부 값이 쭉 찍혀 나오는데 몇백, 몇천만 원을 내는 환자들은 내가 왜 이 돈을 내는지 또 이 돈을 다 내야 할 돈인지 잘 모른다. 이런 환자들을 누가 보호해주랴. 국민의 건강을 보호한다는 그래서 환자를 위한다는 의료계가 먼저 할 일이고 그 중에서도 의사가 제일 먼저 할 일이다.

| 진료비 확인 제도 이용하기 |

진료비 액수와 관계없이 누구든 이용할 수 있다. 심사한 후 아무런 내용이 안 나오더라도 궁금하고 의심이 들면 청구해 본다. 돈을 어떻게 왜 냈는지 알고자 하는 건 환자의 당연한 권리다. 영수증만 있으면 된다. 영수증이 없다면? 영수증은 5년간 재발부가 되니까 해당 병원 원무과에 가서 재발부를 요구한다. 그리고 건강보험심사평가원에 전화(문의전화: 1644-2000)를 하거나 홈페이지(www.hira.or.kr)를 방문해 진료비 확인 요청칸에 신청을 하면 된다. 그런데 심사 후에 병원에서 돈을 줄 테니 취하해달라고 전화할지 모른다. 그러나 취하하는 것보다 심평원에서 진료비 심사가 끝날 때까지 기다리는 게 훨씬 더 이익이다. 환자가 개인적으로 보기 힘든 부분까지 모두 심사를 하기 때문이다. 물론 병원은 싫어한다. 그래도 그렇게 해야 한다. 이런 사실을 주변에 널리널리 알려서 반드시 하도록 하자.

이혼해야
투병이 가능하다

■■■ 병 걸린 사람들의 슬픈 자화상

이혼해야 투병이 가능하다는 이야기를 들어보신 일이 있는지 모르겠다. 각종 희귀 질환이나 백혈병 등 고액의 치료비가 뻔히 보이는 병을 가진 환자는 모두 아는 이야기다. 이는 앞서 병이 걸렸던 선배 환자들의 투병을 보면서 환자들 스스로 자구책으로 생각해낸 아이디어(?)다. 중증 질환의 환자들이 투병 과정에서 패가망신을 당했던 선배 환자들을 보면 살기 위해서 없는 방법도 만들어낼 만하지 않겠는가? 이렇게 어려운 환자들의 '위장 이혼'은 우리 시대에 병 걸린 사람들의 슬픈 자화상이다.

사람들은 일단 큰 병이 걸리면 다음의 순서로 생각하는 게 보통이다.

첫 번째, 내가 과연 살 수 있을까?

두 번째, 어느 병원 어느 의사에게 가야 하나?

세 번째, 도대체 돈이 얼마나 들까?

첫 번째, 두 번째는 요새 인터넷에서 정보를 찾아보면 된다해도 문제는 세 번째 질문에서 눈앞이 캄캄하게 된다. 나의 경우를 보면 누군 1,000~2,000만 원은 족히 든다고 하기도 하고, 누군 재수 없으면 1억도 모자랄 때가 있다고 하니 앞이 캄캄할 수밖에 없었다. 게다가 가장이 아파서 병원에 누워 있을 테니 아내든 형제든 누구라도 간병을 위해 환자 옆에 붙어 있을라치면 생계 활동은 일단 접어야 하고 그로 인해 지출해야 할 병원비 외의 생활비 역시 모두 꿔서 쓸 판이니 이건 갑갑하기 전에 한심한 상황이다.

이런 와중에 들은 정보가 '생활보호대상자' 신청을 하면 의료보호(지금은 '의료급여'로 명칭이 바뀌었다) 자격을 얻어서 치료비 가운데 일정 부분을 경감할 수 있다는 것이었다. 생활보호대상자라… 이거 가장으로서 이런 것을 신청한다는 게 영마음이 내키지 않지만 그거 아니면 뭔 방법이 있으랴. 속된 말로 아니꼬우면 돈을 왕창 벌어 놓았던지….

인터넷에 올려진 기사 하나를 보자. 현재는 그나마 많이 나아졌다지만, 몇 해 전 기사화된 신장 장애를 가진 환자들의 이야기다.

…현재 정부의 생활보호대상 선정 기준과 수급 기준을 보면 가족 단위로 설정하여 4인 가족, 6인 가족 등으로 수입 구조와 재산 규모를 파악하고 있습니다. 이런 체계다 보니 환자를 둔 가정에서는 한 사람의 환자를 위해 다른 가족들이 고통을 안고 살아야 하는 병폐가 생기게 되는 것이죠.

예를 들어 4인 가족인 경우, 아버지가 주된 수입원이었는데 신장병으로 투석 생활을 하게 되면 나머지 가족들은 자신의 고유 업무를 포기하고 아버지를 보살펴야 합니다. 자식들은 학업을 지속할 수 없게 되고 어머니는 다른 경로를 통해 생계를 유지해야 합니다. 그런데 이런 가족 상황을 보면 누구 하나의 수입이 있게 되면 현 체제에서는 보험 혜택과 생활보호를 전혀 받을 수 없기에 환자들은 자신의 병원비나 가족의 불편을 감소시키기 위해 이혼을 감행, 단독 세대를 구성하려는 것이죠. 따라서 중증 신장 장애인을 가족으로부터 분리하여 개별적인 지원 대책을 마련하여야 환자를 둔 가족들도 정상적인 생활을 할 수 있다는 것이죠.(하략)

—〈메디캐스트〉 보건의료인터넷전문지

■■■ 허구한 날 국민들에게 '삥' 뜯는 일을 중단해라

그러나 지금도 상황은 별로 달라진 게 없다. 여전히 백혈병이나 희귀난치질환자들의 일부는 이렇게 불법적인 위장 이혼을 통해서라도 패가망신의 길만은 가지 않으려고 몸부림치고 있기 때문이다. 법의 잣대만으로 보자면 모두 불법이다. 그러나 뻔히 가산 탕진이 눈앞에 보이는 상황에서 이런 위장 이혼은 거의 살아가기 위한 본능적인 행위에 가깝다고 볼 수밖에 없다.

앞에서 잠시 이야기했지만 2001년도에 만성 골수성 백혈병 치료제인 '글리벡'이라는 약이 나왔었다. 골수 이식이 아니면 거의 대부분 사망할 수밖에 없었던 환자들이 이 약을 먹고 지금까지 거의 살아 있다는 것을 생각하면 정말 '기적의 신약'이라고 불러도 좋을 만한 약이다. 게다가 주사제도 아니고 캡슐로 된 알약이다 보니 간편할 뿐더러 일상생활도 대부분 무리없이 할 수 있으니 맞는 골수가 없어서 골수 이식도 못하고 그저 죽기만을 기다렸어야 할 만성 백혈병 환자들에겐 정말 '기적' 그 자체였다.

그런데 문제는 약값이었다. 너무 억울하고 중요해서 다시 한 번 이야기한다. 당시 한 달 약값이 300만 원이었다. 이런 약을 그럼 언제까지 먹어야 할까? 죽을 때까지다. 결국 돈 없으면 죽으라는 이야기였다. 어쩔 수 없이 환자들은 집을 팔아서 약을

먹기 시작했고, 전세에서 다시 월세를 고민하였다. 일흔이 된
아버지가 아들을 붙잡고 '나는 이제 살만큼 살았는데 네게 짐
이 되고 싶지 않다' 면서 약 먹기를 거부했고, 아들은 그런 아버
지를 붙잡고 울었다. 지금이야 보험도 적용되고 암 환자들의
본인 부담금이 10퍼센트(지금은 5퍼센트다)로 떨어졌으니까
예전의 상황은 아니지만 그럼에도 불구하고 다른 고액의 중증
질환자들은 여전히 감당 못할 치료비 때문에 패가망신의 길을
가고 있는 것이다.

예전에 인터넷에 올라온 '열 받는' 기사 하나를 더 보도록
하자.

'나는 살고 싶습니다' …암 투병하며 사지마비 아들 간병 노모

40대에 직장암과 혈액암 진단을 받고 20여 년째 투병 중인 한
○○(66) 할머니.

젊은 시절은 남편의 폭력으로 몸과 마음에 깊은 상처를 남기고
노년에는 병마와 싸우며 힘겨운 하루하루를 보내고 있다. 엎친
데 덮친 격으로 할머니는 4년 전에 대장암까지 발견되어 대장을
잘라내고 오른쪽에 인공 항문을 하고 있는 상태라고 담당의는 말
했다.

할머니는 오랜 투병과 독한 항암 치료로 체력은 이미 바닥난
상황이고 하루라도 진통제를 먹지 않으면 통증을 견디기 힘들 정

도다. 당신의 몸도 감당하기 힘든, 일흔을 바라보는 할머니를 더욱 힘들게 만드는 건 막내아들 김○○(36) 씨. 그는 지난 해 2월 길바닥에 쓰러진 후 노모의 간병을 받고 있다.

김 씨는 10년 전 머리에 물이 차는 뇌수두증을 진단받고 지난 한 해 동안 무려 3차례의 뇌수술을 받았지만 나아질 기미는 보이지 않았다. 급기야 김 씨는 손가락 하나 제 힘을 움직일 수 없는 사지 마비 증상을 보이기 시작하더니 의식마저 혼미한 상황이다. 정신마저 놓아버린 아들을 바라봐야 하는 할머니의 가슴은 새카맣게 타 들어간다. 병원에서 아들의 손발 노릇을 해 주는 할머니. 그는 하루에 2번씩 버스를 타고 집 근처로 가서 재활용품 분리수거하는 일을 한다. 추운 날씨에도 진통제 한 알에 의지한 채 통증을 참아가며 일하는 할머니. 1주일 내내 일해서 번 돈은 2만 원이 전부. 아들의 병원비는커녕 당신의 진통제 하나 사 먹기에도 버거운 액수다. 아들 김 씨는 뇌에서 물을 빼는 수술을 한 차례 더 받아야하지만 수술비를 감당할 수 없는 노모는 아들의 수술을 포기했다. 그러나 정신을 잃은 상황에서도 살고 싶다는 막내아들의 외침에 노모는 하염없이 눈물을 흘린다. (하략)

－〈노컷뉴스〉 2006년

이런 것을 보며 우리보다 그리 별로 나을 것도 없는 나라인 대만의 건강보험 체계는 정말 너무너무 부러웠다. 대만에서 백혈병 환자 단체를 방문하여 나처럼 골수 이식을 한 환자 한 명을 만난 적이 있다. 그런데 그 환자의 영수증을 보니 1년을 치료(골수 이식 포함)했어도 자신이 냈던 환자 본인 부담금이 우리 돈으로 80만 원 정도밖에 안 되었다. 놀라운 일이었다. 그러기에 국민들이 건강보험(대만에서는 이를 '전민보험'이라 한다)에 대한 신뢰도와 만족도가 95퍼센트 이상인 것은 그리 놀라운 일이 아니다. 이는 모든 희귀 질환자들이 중증 질환자 등록을 하면 거의 돈을 내지 않게 하고, 일반 환자들도 연간 누적 3만 9,000대만달러(한화 약 135만 원 : 2008년 기준)를 내지 못하도록 본인 부담 상한제를 실시하고 있기 때문이다.

우리도 가능하지 않을까? 우리도 그렇게 할 수 있지 않을까? 돈이 없어서 그저 죽어가는 사람들을 보며 해야 하는 일은 공영방송까지 나서서 아픈 아이들을 내세워 눈물을 쥐어짜게 하고 ARS로 1,000원, 2,000원씩 국민들에게 허구한 날 '삥' 뜯는 일이 결코 아니다. 환자 단 한 명의 문제도 제대로 해결하지 못하는 그 짓은 정말 아니다.

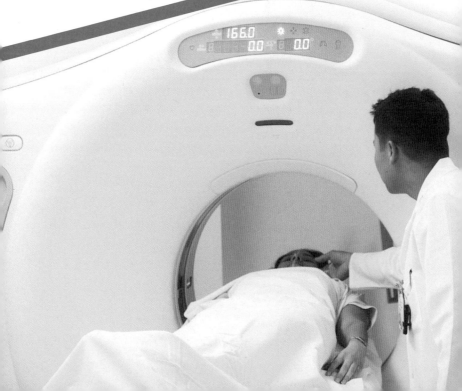

제2부

병원이
말하지 않는
불편한 진실

처방전은 두 장이다

■■■ 뭔 약을 먹고 있는지는 알아야 할 거 아녀?

"어이구, 이 양반아. 저쪽 사거리로 나가면 용한 의원이 있어."

"여태껏 약 타 먹어도 안 나았는데 거기 약 먹는다고 낫겠어요?"

"우리 동네 할마씨들은 다 거기서 약 먹고 아주 좋아졌어. 거기 한번 가봐."

우리 집에 며칠 다니러 오셨던 어머니가 옆집 할머니를 사귀셨는데 그 할머니가 어머니께 주신 정보였다. 일흔이 넘으신 어머니는 보통의 나이 드신 어른들이 그렇듯이 몇 해를 관절염에 시달리셨다. 무릎을 구부리고 생활하시는 것도 힘들지만 계단을 오르내리는 것은 더 힘드시다. 이런 양반에게 옆집 할머니가 주신 정보는 솔깃했을 법하다.

어머니는 바로 다음 날 그 용(?)하다는 의원에 진료를 받으러 가셨고, 3일을 내리 다니시더니 집이 멀다는 이유로 3주치의 약을 타가지고 오셨다. 그리고 3주 후 다시 집에 오신 어머니는 다시 한 달치의 약을 타서 드셨다.

그러던 어느 날이었다.

"애야, 거기 가서 약 먹고는 제법 좋아졌다. 그 의사가 용하긴 한가 봐."

머리에 확 스치듯 지나가는 생각 하나,

"어머니? 혹시 처방전 가지고 계세요?"

"처방전? 그거 하나만 주잖아? 하나 받아서 약국 가져다주고 난 약만 받아왔지. 왜?"

"어머니, 처방전은 법으로 두 장 주게 되어 있거든요. 두 장을 받아서 한 장은 약국에 주고 나머지 한 장은 환자가 보관하는 거예요. 그래서 환자가 내는 돈에 처방전 한 장 더 떼어주는 값이 더 붙어 있어요. 법에 있으니까 다음에 꼭 한 장 더 달라고 해서서 한 장 가져와 보세요."

"그래? 우리야 그냥 한 장만 주면 한 장만 받는 거지, 우리 같은 노인네들이 뭐 알기나 했나… 알았다. 다음에 한 장 더 달라고 해서 받아오마."

며칠 후에 어머니는 처방전을 한 장 더 받아서 가져오셨다. 처방전을 보니 모두 여섯 가지 약을 처방했다. 두 가지는 소화제, 두 가지는 관절염 치료제. 그런데 문제는 나머지 두 가지 약이였다.

스테로이드제였는데 이 약을 벌써 거의 두어 달을 복용하고 계셨던 것이다. 옆집 할머니도 같은 약이었다. 그 할머니는 같은 약을 벌써 1년 이상 복용하셨단다. '그러니까 좋아지지…'

우리 동네의 노인들이 그 의원에서 얼마나 오랫동안 스테로이드제를 복용하고 있는지는 나도 모른다. 하지만 의사가 처방하고 바로 그 의원 앞에서 그 의사의 가족인 듯한 사람이 약국을 경영하면서 자동으로 약을 타는 이야기를 듣고는 '이거 참 심각하구나' 하는 생각이 절로 들었다.

이렇게 몇 년을 자신이 어떤 약을 복용하고 있는지도 모르고 있다가 어느 날 스테로이드 부작용으로 혹시라도 고관절 괴사가 일어나기 시작하면 아마도 어머니나 그 옆집 그리고 동네의 노인네들은 곧바로 큰 병원으로 달려갈 것이다. 뼈가 썩는데 동네 의원 갈 사람은 많지 않기 때문이다.

의약분업 이전에 환자들은 자신이 먹는 약이 어떤 약인지도 몰랐다. 의원에서 곧바로 처방을 받거나 굳이 의원에 가지 않고도 약국에 가서 약사가 임의로 조제해주는 약을 사 먹었기 때문이다. 처방전은 2000년 8월 의약분업을 하면서 환자의 알 권리를 위해 발행하도록 했다. 그것도 두 장을 발행해서 한 장은 환자가 보관할 수 있게 했다. 그래서 의료법 시행규칙 제12조 2항에는 "의사나 치과의사는 환자에게 처방전 2부를 발급하여야 한다"라고 명시하고 있다(하지만 법이란 게 의무 조항이 있으면 처벌 조항도 따라 붙는 게 당연하건만, "난 못 준다, 어쩔래?" 해도 처벌할 수 있는 근거가 없으니 의사들에게 이런 의무 조항은 아마 우습게 보일 것이다).

우리가 2003년도에 실시했던 동네 의원 처방전 교부와 관련한 조사에서는 실제 의원들의 약 15퍼센트 정도만이 처방전을 두 장 교부하고 있을 뿐이었다. 이것은 나머지 의원에서 환자들이 약을 처방 받아도 어떤 항생제를 왕창 쓰는지, 동네 할머니들에게 스테로이드제를 얼마나 긴 시간을 먹이고 있는지 알 수 있는 정보가 원천적으로 차단당하고 있다는 것을 의미한다.

■■■ 메모지를 쓰든, 똥닦개로 쓰든 환자가 알아서 할 일이다

작년에 동네 의원에 가서 처방전을 두 장 떼어달라고 했더니만 간호사가 눈을 똥그랗게 뜨고 하는 말이 "우리는 처방전 한 장만 떼어주는데… 그런데 어디다 쓰실 거예요?" 하고 묻는다. 그래도 규정을 이야기하면서 두 장을 떼어달라고 요구했더니

만 위아래로 훑어보더니 진료실 의사에게 "선생님, 어떤 환자분이 처방전을 두 장 달라고 하는데 어떡할까요?" 하고 묻는다. 의사가 나오면서 얼굴에 싫은 기색이 역력하다. "한 장 더 떼어드려" 하고 퉁명스럽게 이야기하더니 다시 진료실로 들어갔다.

원래 우리는 한 장만 떼어준다? 어디다 쓸 거냐고?

아니 그걸 왜 물어봐? 내가 두 장을 받아서 불쏘시개를 쓰든, 뒤집어서 메모지로 쓰든, 아니면 똥을 닦든 그건 환자가 알아서 할 일인데….

의료계는 이렇게 말한다.

"아, 처방전이요? 그거 두 장 떼어주면 다 갖다버려요. 처방전에는 환자번호나 질병 코드 등 중요한 정보들이 있는데 그거 그냥 버리면 개인 정보 유출이 되거든요. 그리고요, 한 장만 있어도 충분해요."

그런데 환자들은 왜 그냥 버릴까? 처방전을 어떻게 보는지 또 어떻게 활용해야 하는지에 대한 교육을 받은 적이 전혀 없기 때문이다. 물론 보험 가입자를 보호하고 올바른 의료 이용을 할 수 있도록 국민들에게 홍보해야 할 국민건강보험공단이나 복지부의 임무일 수도 있지만 이는 일차적으로 환자들을 가장 가까이서 만나는 의사와 약사 등 의료인들의 책임이다. 이런 이야기를 환자들에게 전혀 하지 않기 때문에 국민들은 처방전을 두 장 떼어주든 열 장을 떼어주든 다 갖다 버릴 수밖에 없다.

환자들은 잘 모르지만 '병용 금기약'이라는 게 있다. 이 약과 저 약은 같이 쓰지 말라는 것이다. 이런 약이 복지부에서 밝힌 게 무려 수백 가지나 된다. 게다가 병용 금기약 중에는 연령에 따라 쓰면 안 되는 약이 있다. 이런 약도 역시, 수백 가지나 된다. 병용 금기약을 투약 받으면 심하게는 환자가 사망할 수도 있기 때문에 이를 병용 금지 약물로 규정하고 있는 것이다. 특히 아이들은 신체 구조상 성인과 다른 약용법을 갖는다. 단지 나이가 어리거나 신체가 성인보다 작다는 정도가 아니라 신체 구조의 완성도가 성인과 다르기에 약도 다르게 처방받는다. 그런데 의료계는 이런 병용 금기약을 매년 수천 건씩 처방하고 있다. 문제는 이 약과 저 약을 함께 쓰면 안 되는 '병용 금기약'을 처방해서 약을 먹은 우리 아이가 야밤에 거품을 물고 응급실에 가도 무슨 약을 먹었는지 보호자가 다른 의료진에게 현재의 상황을 이야기해 줄 수 있는 아무런 정보를 가지고 있지 못하다는 것이다. 스테로이드제를 장기간 복용하고 고관절 괴사가 되어도 마찬가지다. 특히 만성질환으로 약을 오랫동안 복용하고 있는 환자들 중에서도 정보에 취약한 노인 환자들 같은 경우는 더욱 이런 문제에서 취약하다.

그래서 내가 갔던 노인대학에서 이 이야기를 하니까 그날 오신 할머니들 50여 분이 이구동성으로 "애고, 나도 처방전 두 장 받아야겠네" "집에 가서 애들한테도 앞으로는 두 장씩 꼭 받으라고 이야기해야겠네" 하고 말씀하셨다.

그렇다. 환자의 알권리는 아주 기본적인 것을 지키는 것으로부터 시작된다. 주변에 소비자 운동을 하시는 분들이 있다. 소비자단체도 있고, 의료 생협 등 의료와 훨씬 더 가까운 분들도 계신다. 나는 이런 단체에서 이러한 교육을 지속적으로 실시하고 실천하고 감시를 할 필요가 있다고 생각한다.

이미 한 장을 더 떼어주라는 명목으로 여러분이 내는 의료비에서 돈을 더 받아가고 있고 여러분은 돈을 더 내고 있다. 꼭 처방전을 두 장 받으시라. 동네 의사와 싸우기 싫다고? 그럼 처방전을 스마트폰으로 찍어두시라. 그리고 이 처방전을 가족 것 모두 최소한 2년은 보관하고 계시라. 우리에게 무조건 좋은 일이다.

병원이 대부업체냐,
입원보증금

■■■ 입원보증금에 연대보증인 그리고 공증까지

　평소 알고 지내던 모 기자가 밤늦게 급히 전화를 했다. 자기 친구가 에이즈 환자인데 밤에 맹장염에 걸려서 서울의 한 대학 병원 응급실에 갔더니 보증금을 요구하면서 입원을 거부하였는데 어찌하면 좋겠냐 하는 것이었다. 에이즈 환자가 맹장염에 걸린 이런 경우에는 입원보증금이 문제가 아니라 수술을 하려고 하는 의사나 병원을 찾는 것 자체도 어려운데, 게다가 보증금? 수술을 하지 않으려는 핑계일 수도 있겠다 싶었다. 어떻든 환자가 배를 움켜쥐고 고통을 호소하고 있는 상황이라 일단 다시 구급차를 타고 에이즈 환자 병상이 있는 신촌 세브란스 병원으로 옮기라고 이야기했다. 다만 보증금 요구나 진료 거부 자체가 불법이니까 이번에는 응급실 갈 때 아예 카메라 기자 한 명을 부르라고 이야기해주었다. 아무튼 그래서 우여곡절 끝에 입원을 하긴 한 모양이었다.

그리고 다음 날 이리저리 알아보니 에이즈 환자들에 대한 입원보증금 요구는 아주 일반적인 것이었다. 그러나 이런 일은 단지 에이즈 환자들의 상황만은 아니다.

사업에 실패한 이후 2명의 자녀와 함께 월세 단칸방에 살고 있는 40대 뇌질환 환자가 사무실로 전화를 했다. 상황이 이러니 당연히 생활보호대상자이고 의료보호 1종 수급권자다. 이 환자가 예전에 서울대학병원에 뇌질환 수술을 위해 입원하려고 찾아갔다가 입원을 못하고 거절당하였는데 이유인즉슨, 입원 시에 병원에서는 연대보증인 2명을 요구하였다는 것이다. 이에 환자가 연대보증을 세울 만한 사람이 없다고 하니(하긴 누가 생활보호대상자에게 보증을 서랴! 형제간에도 안 선다는 보증을 말이다) 병원은 "그러면 보증금을 800만 원 내라"고 요구하였는데 당연히 돈이 없는 이 환자는 "현재 800만 원은 없지만 꼭 병원비를 마련하겠다"고 이야기하면서 입원을 요구하였다.

그러나 병원은 이 환자를 입원시켜주지 않았다. 이에 환자가 항의하자 서울대학병원은 자신들이 위탁 운영하고 있는 시립 보라매병원에 가보라고 하였고, 환자는 이 병원에 문의한 결과 역시 같은 답을 얻었을 뿐이었다. 천신만고 끝에 서울대학병원에 결국 입원을 하긴 하였지만 상처 난 마음은 치료 받지 못하였다.

내가 경험한 이야기 하나.

1999년, 골수 이식을 받을 당시 의료보호 1종이었던 내가 냈던 입원보증금은 1500만 원이었다. 카드도 받지 않고 오직 현금으로만 받았다. 그래서 현금을 만들기 위해 주변의 친지들에게 손을 벌릴 수밖에 없었다. 그나마 나는 의료보호 환자라고 상황이 좋은 편이었다. 일반 건강보험 환자들에게는 3000만 원을 받고 있었으니 말이다. 나중에 퇴원할 때 그간 나온 병원비를 제하거나 아니면 더 얹어서 치료비를 계산하였지만 대출을 받은 환자들은 그 몇 달간 꼬박 이자를 부담해야 했다. 물론 돈을 먼저 받아간 병원이 나중에 환자에게 그간의 이자를 계산해주지는 않는다.

중증 질환자인 경우, 당연히 치료비가 많이 나온다. 이런 경우, 대부분의 병원은 입원보증금을 알아서 요구하고 있고, 이에 더불어 보증인도 요구한다. 야밤에 아파서 응급실을 이용하셨던 분들은 응급실 수납 창구에서 입원 연대보증인 서류를 작성하라고 요구받았던 경험이 한두 번쯤은 있을 것이다. 여기까지가 일반적인 상황이고, 보증금과 보증인에 한 술 더 떠서 공증까지 요구했던 병원(하느님의 뜻에 따라 운영하는 가톨릭의 모 성모병원)도 있다. 물론 비용은 모두 환자 부담이다.

■■■ 그런데 그건 불법이거든요

현재 보증금과 관련하여 건강보험법 시행령(제19조 제3항)에는 건강보험급여나 비급여 외에 "입원보증금 등 다른 명목으로 비용을 청구하여서는 아니 된다"고 분명히 못 박고 있다. 하지만 여기에 몇 가지 문제가 있다.

규정에 보증금은 있어도 보증인에 대한 표현은 없기 때문에 병원들은 건강보험법시행령의 규정을 교묘히 피하고 있다. 이에 설령 보증금은 안 받아도 연대보증인을 세우라고 하는 것이 전국 병원에서 일종의 관행처럼 행해지고 있다. 그러니 행정기관에서도 달리 제제할 방법이 없다. 물론 입원을 안 시킨다든가 치료를 안 해준다든가 하면 '진료 거부'이기에 의료법 위반으로 처벌할 수 있지만 환자의 사회적 위치가 약자인 점을 감안하면 상대적으로 강자인 병원에 그것도 환자가 아프다고 고통을 호소하고 있는 상황에서 항의하거나 싸울 수 없음은 당연하다.

하지만 매번 환자의 이야기만 할 수도 없는 노릇이다. 실제 환자가 치료비를 안 내고 갑자기 잠적(?)해버리는 경우가 더러 있기 때문이다. 그래서 우리가 보증금을 받는 병원들에게 '윤리적 문제'를 제기하면 병원들은 "그러면 야! 시민단체, 그럼 너희들이 돈 대신 내줄래?" 하고 묻는다. 그러나 현실이 그렇다고 해서 불법이 합법이 되지는 않는다.

그렇기 때문에 나는 혹시라도 환자가 병원비를 지불하지 못했을 때 발생할 수 있는 병원의 손해에 대해 일정한 제도적 보완을 해야지만 이에 대한 금지를 더 강하게 요구할 수 있을 것이란 생각이다.

여기서 좀 다른 이야기를 하나 해보자. 혹 '응급 의료비 대불 제도'란 말을 들어 본 적이 있는가?

내가 아는 친구 가운데 경기도 안산에서 외국인 노동자들과 함께 생활하는 친구가 있다. 그런데 주변의 외국인 노동자가 직장에서 일을 하다가 손가락이 잘렸단다. 응급실에 가서 봉합 수술과 함께 치료를 받았는데 이 사람이 건강보험증이 없으니 치료비가 왕창 나올 수밖에…. 그 친구가 병원에 가서 병원비 보증을 서고 일단 퇴원을 하긴 했는데 문제는 그 다음이었다. 그 친구 집으로 날아온 병원비 청구서가 대략 1,000만 원을 넘었다니, 사는 것이나 운영 자체가 어려운 단체와 그 친구로서는 도무지 병원비 해결에 대한 답이 안 나왔던 것이다. 그래서 일일찻집을 하느니, 일일주점을 하느니 해서 간신히 몇백만 원을 모으고 주변에서 후원을 받아 또 모으고 해서 600~700만 원 정도를 갚았는데 여전히 병원비가 해결이 안 되어 병원에 가 사정사정해서 어떻든 간신히 해결을 보긴 보았단다. 그 친구가 몰랐던 것 하나! 바로 응급 의료비 대불 제도다.

응급 의료비 대불 제도는 이런 외국인 노동자, 노숙자, 행려 병자, 급작스런 사고로 신원을 당장 알 수 없는 환자 등의 응급 의료비를 위해 국가가 일정한 기금을 만들어서 대신(대불) 내주는 제도다. 병원이 환자에게 받을 수 없게 된 경우 병원은 일정 양식을 갖추어서 건강보험심사평가원에 응급 의료비 대불을 신청하면 된다. 추후 심사평가원은 해당 환자에게 금액을 청구하고 그마저도 받을 수 없는 상황이면 손실로 처리된다.

■■■ 상황이야 어떻든 국민들은 고통스럽다

이런 제도를 보증금 이야기에서도 한번 생각해 볼 필요가 있다. 응급 의료비 대불 기금과 같이 일정액의 기금을 만들어 운용하는 방안인데 이는 병원이 전체적으로 1년에 어느 정도의 악성 부채가 발생하는지를 파악한 후에 정부에서 응급 의료비 대불 기금처럼 심평원이나 건강보험공단에 일정한 기금을 만들어 위탁하여 관리하는 것이다.

또한 건강보험 환자는 연대보증인을 완전히 금지하고, 상대적으로 부실채권화 될 수 있는 가능성이 높은 의료급여 환자는 각 관할 지자체가 보증을 서고, 보증보험증권 회사와 연계하여 보증증권을 발행하는 방법(입원 전후로 발행)을 도입하면 전국의 환자 가운데 의료급여 환자가 보증인이나 보증금 등의 부담을 갖는 문제를 해결할 수 있을 것으로 생각된다. 병원도 마찬가지다.

그런데 이런 걱정이 들긴 한다. 돈을 대신 내주면 병원 이용이 늘어나거나 의료인들도 치료 행위를 늘리지 않을까 하는 걱정이다. 그리고 상습적으로 이 제도를 악용하지는 않을까 하는 걱정도 있다.

그러나 이런 걱정들은 심사를 통해서 제재를 가하는 것으로 해결할 수 있다. 제일 중요한 것은 돈이 없어서 치료를 못 받거나 적절한 시기에 받지 못해서 병을 악화시키고 죽어가는 사람들이 생기는 것을 막는 일이다. 먼저 내준 후 다시 돈을 받고자 해도 정말 돈이 없어서 그 조차도 낼 능력이 안 되는 사람들이라면 국가와 사회가 치료비를 내주는 것이 옳다. 그런 것도 불만이라면 그건 '돈이 없으면 죽어라' 라는 말과 똑같기 때문이다.

치료비보다
숙박료(?)가 더 많다

■■■ 첫 번째 이야기 - 격리실과 1인실의 오묘한 조화

누가 분신을 했다든가 건물에 불이 나서 많은 사람이 화상을 입고 병원에 실려 갔다는 기사가 나오면 나는 직업(?)이 직업인지라 다른 생각들이 먼저 든다.

'어휴, 화상은 보험이 안 되는 게 많아서 돈 엄청 들텐데' '저 정도 화상 입었으면 격리실로 가야 하는데 아마 이 눔의 병원은 1인실에다가 입원시켜 놓고 하루에 수십만 원씩 받겠지?' '내가 병원에 쫓아가서 병실과 진료비 영수증을 확인해줄까? … 뭐 대충 이런 것들이다. 이것도 병이다.

그런데 이런 생각이 들게끔 하는 이유가 있다. 골수 이식도 그렇고 각종 장기이식 환자 그리고 화상이나 전염병 환자들처럼 상호 감염의 우려가 높거나 면역력이 뚝 떨어진 환자들은 격리되어야 하는 경우가 많다. 최근의 메르스 사태를 생각해

보면 금방 알 수 있을 것이다. 이런 경우 원칙적으로는 격리실로 이동해야 하는데 문제는 격리실을 운영하는 병원이 별로 없다는 데 있다. 2010년 현재, 전체 대학병원급 42개 병원 가운데 격리실이 하나도 없는 병원이 14개이고, 그나마 있는 나머지 28개 병원도 전체 병상 수 대비하여 격리실이 약 0.5퍼센트밖에 안 되니까 거의 없다고 해도 과언이 아니다(그리고 격리실이 있다손 치더라도 환자에게 알려주지 않기 때문에 자신이 가 있는 곳이 격리실인지 1인실인지 모르는 경우가 허다하다). 그럼 병원들은 보통 어떻게 하는가? 그냥 대부분 1인실로 직행이다. 1인실과 격리실은 그럼 다른가? 물론 다르다. 1인실은 그저 혼자 쓰는 병실이고, 격리실은 원칙적으로 격리 상황에 필요한 일정한 조치(감염 등과 관련한)들을 해야 하는 병실이다.

일단 여기서 어떤 환자들이 격리실을 가야 하는지 기준(복지부장관 고시)을 살펴보자.

첫째, 혈액검사 결과 호중구(혈액검사지에 'ANC'라고 되어 있음) 수치가 500 이하면 격리실로 가야 한다. 백혈구는 호중구, 호산구, 호염기구, 림프구 등으로 구성되어 있는데, 그 중 호중구라는 놈은 세균을 쩝쩝 잡아먹는 기능을 맡고 있다. 이 때문에 호중구는 환자가 세균에 대한 저항력을 갖는 데 있어 아주 중요한 역할을 한다. 이 호중구가 혈액 mm³당 500개 이하로 감소하면 이 환자가 감염의 우려가 크다고 보고 격리를 시키는데 다른 환자들과 섞어 놓으면 다른 환자로부터 감염이 될까봐 그러는 것이다. 백혈병 환자나 각종 장기이식 환자, 그리고 면역력이 떨어진 환자들이 이런 경우에 많이 해당된다.

둘째, 에이즈, 말라리아 등 전염병 환자들은 이들에 의해 다른 환자의 감염을 우려해서 격리실로 가야 한다.

셋째, 화상 환자들이다. 화상 환자 가운데 3도의 화상으로 전신 36퍼센트 이상의 화상을 입으면 격리실로 직행하게 되어 있다. 다른 환자들로부터 화상 환자가 감염되는 것을 막기 위함이다.

넷째, 각종 장기이식 환자들은 완치로 가는 과정 가운데 이식편대 숙주반응이라는 부작용에 시달린다. 이 부작용이 '중증'이라고 판단되면 마찬가지로 곧장 격리실행이다.

그런데 문제는 격리실과 1인실의 돈 차이가 엄청나다는 사실이다.

격리실은 현재 위에 열거한 사례의 환자라면 보험이 적용되기 때문에 그 값이 정해져 있는데 2015년 기준 격리실 1인실 금액은 의원이 87,010원 대학병원은 213,410원이다. 백혈병이나 각 종 암 환자 등은 건강보험 적용해서 입원하면 5퍼센트의 비용만 부담하기 때문에 하루에 의원은 4,350, 대학병원은 10,670원 정도만 내면 된다(대학병원 기준으로 1주일 입원하면 74,340원이다). 그런데 문제는 이 환자들이 이런 사실도 모르고 1인실에 입원하여 하루에 20~30만 원 하는 병실료를 고스란히 내고 있는 것이다. S병원은 1인실이 하루에 28만여 원, 조금 좋은 데는 32만여 원, 다른 A대학병원은 30만 원 정도이니 일주일만 입원해 있으면 무려 약 200만여 원이라는 돈을 다른 치료비도 아니고 '숙박료'로만 꼼짝없이 내야 한다. 그럼 이거 사기 아니냐고? 그런데 이렇게 '사기'를 쳐도 아직 붙잡혀간 병원장이 하나도 없는 걸 보니 이것도 환자가 볼 때와 검찰이 볼 때는 다른가보다.

하지만 내 주변의 수많은 환자들은 이렇게 낸 병실료를 병원으로부터 모두 다 받아 왔다. 적게는 수십만 원에서부터 많게는 1000만 원도 넘게 말이다.

그러나 이렇게 다시 돈을 받는 것도 이제 끝났다. 하도 병실료 때문에 환자들의 민원이 폭주하다 보니까 규정을 하나 추가로 만드셨단다.

'위의 규정(위에 이야기한 4가지 규정)에도 불구하고, 격리실 입원은 환자의 상태(의사의 판단)에 따른다.'

그러나 어떻든 증상이 해당된다면 꼭 따져 보시길 바란다.

심심하다 싶으면 시민들에게 걸려오는 전화가 있다. 바로 병실 이야기다. 응급실에 며칠을 있는 중인데 병실이 안 난다, 언제까지 1인실에 있어야 하느냐, 병실료가 너무 비싸서 못 있겠다 등등…. 그런 것을 시민단체인 우리에게 전화를 해서 어찌 해결하라고 전화를 하는지는 모르겠지만 시민과 환자들은 어떻든 답답한 마음에 전화를 한다. 그런데 그도 그럴 것이 벌이도 시원찮을 분들이 하루 자는 데 30만여 원씩 내고 있자니 눈이 뒤집힐 법도 하다.

우리나라는 환자들이 병실을 사용하는 데 순서가 있다. 적어도 소위 대학병원(종합전문요양기관)에서는 그렇다. 그 순서를 보면 응급실 → 1, 2인실(보통 2인실) → 그리고 6인실의 순서로 되는데, 모 대학병원의 병실 구성을 보면 왜 그런지 단번에 알 수 있다.

1인실	2인실	3인실, 4인실, 5인실	6인실
5%	40%	모두 합쳐서 5%	50%

※서울 소재 모 대학병원 2012년도 병실 현황

위 병원은 응급실→2인실→6인실이 하나의 '코스'다. 2인실과 6인실을 중심으로 운영하고 있는 셈이다. 6인실이 50퍼센트를 차지하는 것은 병원에서야 절대로 그렇게 운영하고 싶지 않겠지만, 다인실(보험병실)을 50퍼센트 이상 유지하게끔 하는 건강보험 요양급여 기준에 관한 규칙에 의해 그렇게 할 수밖에 없다.

그런데 2005년 1월 1일부터 이 규정이 좀 바뀌었다. 전에는 보험이 되는 병상을 '6인 이상의 가입자 등이 함께 입원할 수 있는 병상'이라고 규정한 것을 '병상 중 기본 입원료만을 산정하는 병상'이라고 바꾼 것이다. 여기서 기본 입원료라는 것은 보통 6인실 병상 금액이라고 이해하면 된다. 그럼 그게 그거 아니냐고? 그런데 그게 아니다. 전에는 처음의 규정에 의거 모든 병원의 6인실은 모두 기본 병실료를 내는 보험 병상이었는데 이제는 굳이 보험 병상이 꼭 6인실이어야만 할 필요는 없게 된 것이다. 최근 4인실을 기본 병상으로 하는 병원이 생겨나는 이유다. 그럼 글을 읽는 분들은 '그럼 그거 좋은 거 아냐?' 할지 모르겠다.

문제는 이제 병원이 스스로 알려주지 않는 한 자신이 입원한 병실이 기본 병실료만 적용되는 보험 병상인지 아닌지를 알 수 없다는 데 있다. 병원이 알아서 50퍼센트만 기본 병실료를 적용하는 병상으로 운영만 하면 되니까 말이다. 큰 대형 병원들이야 이미 이 규정이 새로 만들어지기 전에 병원을 지었으니까 여전히 6인실을 기준 병상으로 운영하고 있지만 근래에 짓는 병원들의 일부는 병실 문에 '기준 보험 병상'이라고 써 놓기 전에는 의료 이용자가 알 길이 막막하다. 방법은 한두 가지 있다. 병원에 입원한 후 매일매일 자신이 몇 번째로 입원한 환자인지를 알려주는 번호표를 받거나 매일 밤 수첩을 가지고 모든 병실의 문을 열어봐서 환자가 병원에 얼마나 입원하고 있는가를 체크하면 된다. 그러나 매일 밤 그러다가는 환자나 환자 보호자가 과로로 사망할 확률이 더 클 것이다.

그러나 최근 정부는 4인실의 병상에도 보험적용을 해주었다. 상급 병실도 보험 적용을 늘릴 것이고 이에 대한 기준을 만들겠다고 약속한 것의 실천이고 대선공약의 이행으로 본다면 아주 다행스런 일인데 앞에 있었던 표를 보시면 바로 아시겠지만 그 병실 숫자가 그리 많지 않아서 실제 환자들이 얼마나 혜택을 볼지는 대충 짐작이 가시리라. 아무리 대선공약이라해도 거짓말을 밥 먹듯 하는 정부를 믿지도 않았지만 상급병실의 보험적용은 이게 쉬운 일이 아니다. 소위 밥장사와 숙박업으로 돈을 벌고 있다는 병원들의 저항이 만만치 않기 때문이다. 2006년도 중반에 병원 식대를 보험 적용할 때 보여주었던 병원의 저항을 생각하면 이를 보험 적용시키는 일이 얼마나 어려운 일인지 가늠해 볼 수 있다. 그럼에도 불구하고 병 치료하러 병원에 간 환자가 치료비용보다 병원 숙박료를 더 많이 내는 이 현실이 무조건 변해야 한다는 것은 분명하다.

불법 청구의 대명사,
선택진료비

■■■ 자신 있게 고소당했어요

예전에 MBC 라디오 〈손석희의 시선집중〉과 아침에 인터뷰를 했었는데 이날 의료 기관의 불법 청구 문제가 나와서 "병원들의 70~80퍼센트에서 불법 청구가 있다"라고 아주 자신(?)있게 이야기했다가 출근하던 중 내 인터뷰를 들었던 모 의사회 대표로부터 고소를 당하는 일이 있었다. 고소의 이유는 다름 아닌 '명예훼손'이었다. 순수하게 환자의 치료를 위해 묵묵히 일하는 여타의 의사들을 불법 청구나 하는 집단으로 세상 사람들에게 인식시켰다는 것이다. 하긴 그럴 법도 한 게, 병원의 70~80퍼센트라면 거의 대부분의 의사들이라는 이야기고 이는 대부분의 병원들이 불법을 저지르고 있다는 말이기 때문이다. 그런데 내 인터뷰는 병원을 몰아친 것이었는데 이상하게도 정작 당사자인 병원 또는 병원협회는 묵묵부답 조용히 있었다는 것이다. 왜 그랬을까?

그 답은 아주 간단하다. 병원들은 너무나 잘 알고 있기 때문이다. 하지만 난 그럼 무슨 똥배짱으로 무려 70퍼센트 이상의 환자들에게 의료 기관이 불법 청구를 하고 있다는 발언을 했을까? 바로 '선택진료비' 때문이었다. 이 선택진료제도의 한심한 상황을 너무나 잘 알고 있기에 고소를 당하든 고발을 당하든 자신 있게 당할 수 있었던 것이다.

나이 좀 드신 어른들은 '선택진료비'라고 하면 잘 모르실 수도 있겠다. 오히려 '특진료'라고 해야 이해가 쉽다. 특진제라고 명명하여 1963년 시작된 이 제도는 1991년도에 '지정진료제'라고 명칭이 바뀐 후, 의약분업이 한창이던 2000년 8월 '선택진료에 관한 규칙'이 만들어지면서 이름하여 '선택진료제'로 개칭되어 시행되었다. 대학병원 등 좀 규모가 된다 싶은 병원을 가본 일이 있는 분이라면 진료비 영수증에 선택진료비가 명시되어 있는 것을 기억하실 것이다. 그런데 이게 정말 그렇게 불법이 심각한가? 이 이야기를 하려면 우리 단체의 나이 드신 회원 한 분의 모 대학병원과의 무용담(?)을 이야기해야 될 것 같다.

■■■ 아주대병원이라고 말 못하는 A대학병원 이야기

이제 나이가 한 60되신 우리 회원 한 분이 계신다. 이 분이 허리가 안 좋으셔서(디스크) 결국 통증을 참다 참다 못 견뎌 찾아간 곳이 수원의 A대학병원이다.

"어디가 아파서 오셨어요?" 접수창구 직원의 말이다.

"허리가 아파서 왔는데… 어느 과로 가야 하나요?"

"아, 허리요? …그러면 통증클리닉과로 가시는 게 좋겠네요. 혹시 아시는 선생님 있으세요?"

"아는 의사 선생님이요? 없죠."

"그 과는 거시기 선생님이 참 잘하세요."

"그래요? 그럼 그 거시기 선생님 해주세요."

그랬더니 그 직원이 내미는 종이가 있었는데, 바로 '선택진료 신청서'였다. 무슨 과, 의사 거시기, 신청인 ○○○, 서명 꽝… 해서 끝났다. 선택진료 신청 완료!

통증클리닉을 찾아가서 자신이 선택한 교수에게 진료를 받으니, 교수 왈 "일단 검사부터 먼저 해봅시다" 하면서 타과 진료 의뢰서를 써주고 진단방사선과에 가서 CT를 찍고 오란다.

이 양반 타과 진료 의뢰서를 가지고 CT 찍고 다시 진료 받은 후 그날 진료는 잘 마쳤다.

그런데 문제는 돈을 내면서부터였다. 수납창구에서 돈을 내고 진료비 영수증을 받아보니 좀 이상했다. 맨 위에 진찰료 옆에 붙어 있는 선택진료비는 내가 의사를 선택했으니까 왜 붙어 있는지는 알겠던 중간에 있던 CT 촬영료 옆에 붙어 있는 선택진료비는 아무래도 이상했다.

"아가씨, 진찰료 옆에 있는 선택진료비는 내가 신청서까지 썼으니까 뭔지 알겠는데, CT 촬영료 옆에 붙어 있는 선택진료비는 뭐요? 내가 진단방사선과에서 선택진료 의사를 선택한 적은 없거든."

"에이, 아저씨, 병원 처음 다니세요? 다 이렇게 붙는 거예요. 우리들만 이러는 게 아니고요, 전국의 병원들이 다 마찬가진데…."

"그래요? 어떻든 이건 좀 이상한데…."

이 분은 그날로 영수증을 가지고 복지부의 해당 부서에 전화를 걸고 우편으로 민원을 신청했다. A대학 병원의 영수증에 나와 있는 진료비가 적법한지에 대한 문의였다. 얼마 후 복지부에서는 그렇게 진료비를 받으면 그것은 불법이라는 회신이 왔고, 이 양반은 A대학병원이 그렇게 장사하고 있으니 가서 조사를 한 후 조치하라고 요구했다.

하지만 웬걸, 개별 환자가 요구한다고 해서 복지부의 나리들이 조사할까?

그러나 3개월여 동안을 계속 전화하고 조사를 요구한 이 양반을 복지부의 사무관 나리가 우습게 본 게 문제였다. 심심하면 전화를 해대던 이 양반이 급기야 복지부 사무관을 직무유기로 고발하겠다고 으름장을 놓았고, 이 협박(?)을 견디다 못한 사무관이 결국 A대학병원으로 떠서(아마 실사반이 갔을 것이다) 이전 5년 치의 자료를, 그것도 모든 과도 아니고 통증클리닉과만, 그것도 MRI나 마취 등 각종 행위는 뺀 오직 CT 촬영 하나만 조사를 하여 마찬가지 케이스의 환자들을 모두 뽑아냈다. 그랬더니 그 분과 마찬가지로 선택진료비를 낸 환자가 약 1,000여 명이 나온 것이다. 물론 모두 불법이었다.

그후 1,000여 명의 환자들은 어떻게 되었을까? 모두 환불을 받았다.

그럼 MRI, CBC 등 각종 검사에 붙어 있는 선택진료비도 볼까? 마취에 붙어 있는 것도 볼까? 통증클리닉만 아니라 다른 과도 다 볼까? A대학병원만이 아니라 다른 전국의 3차 의료 기관도 모두 볼까? 그러면 과연 어느 정도의 불법 징수가 발견될까? 아마 연간 선택진료비 규모가 2011년 기준으로 1조 1천억 원 이상이라고 하니 그 중 50퍼센트만 잡아도 5천 5백억 원이고, 나머지 그간의 불법 징수 총액은 읽는 분들의 상상에 맡기겠다.

그나저나 위에 쓴 바대로 아주대학병원과 열심히 싸우신 우리 회원이 1년을 소송해서 받으신 선택진료비 환불금이 얼마인줄 아시는가? 단돈 10만 원이었다. 10만 원을 받기 위해 1년을 소송하며 싸운 것이다. 그러나 정말 10만 원을 받기 위해 싸웠을까? 아마 삶의 가치를 지키기 위해 싸웠을 것이다. 학력은 겨우 초등학교를 졸업하신 이 분이 병원과의 소송을 위해 정부에 각종 질의서를 보내면서 병원들의 행위에 대한 정부의 입장과 판단을 먼저 확인하고, 병원을 상대로 직접 소장을 썼으며, 소송 전에 관련 법·규칙과 고시를 다 찾았다. 정말 존경스러운 분이다. 살다보면 간혹(정말 아주 간혹이다) 이렇게 예수 같은, 석가모니 같은, 아니 전태일 같은 그런 분이 나타난다.

"느그들도 이렇게 살아라"라고 온 몸으로 질책하는 그런 분들 말이다.

■■■ 전 세계 유일무이한 제도

전 세계의 유일무이한 선택진료비에 대해 좀 더 자세히 알아보자.

이 제도는 공립 대학병원 의사들의 수입을 일정 정도 보전해주기 위해 특진제라는 이름으로 시작되었다. 이 제도가 '지정진료제'로 명칭이 바뀌면서 확대 시행되더니 급기야 2000년 의약분업 당시 다시 '선택진료에 관한 규칙'이 만들어지면서 진찰만이 아니라 수술, 처치, 마취, 각종 검사, 정신 요법, 그리고 한방에서는 부황이나 침 등 총 8가지 항목에서 선택진료비용을 받을 수 있게끔 제도가 만들어졌다. 그 비용도 각각의 행위에 정해져 있는 비용(의료에서는 '수가'라고 한다)의 최하 5~50퍼센트까지 가산하여 부담하게 된다. 예를 들면 어느 수술에 시행하는 마취의 경우 비용이 10만 원이라면 선택진료비 15만 원을 합산하여 환자는 총 15만 원을 내야 한다는 말이다.

이렇게 선택진료 의사는 해당 병원 내의 아래의 자격 기준 항목에 해당되는 재직 의사 가운데 67%(진료과목별 3명당 2명) 범위 내에서 병원장이 지정할 수 있도록 되어 있다. 그리고 2016년에는 30%(진료과목별 3명당 1명)로 더 축소될 예정이다. 현재 선택진료에 관한 규칙에는 선택진료 의사의 자격 기준을 다음의 네 가지로 규정하고 있다.

첫째, 면허 취득 후 15년이 경과한 치과의사 및 한의사

둘째, 전문의 자격인정을 받은 후 10년이 경과한 의사

셋째, 전문의 자격 인정을 받은 후 5년이 경과하고 대학병원, 대학부속 치과병원 또는 대학부속 한방병원의 조교수 이상인 의사 등

넷째, 면허취득 후 10년이 경과하고 대학병원 또는 대학부속 치과병원의 조교수 이상인 치과의사

그러나 전문의 자격을 따고 10년이 경과한 의사들만으로 만약 선택진료를 할 수 있는 의사로 지정한다면 각각의 병원들이 과연 얼마나 선택진료 의사를 채울 수 있을까? 아니 반이나 채울 수 있을까? 그러면 상급종합병원(대학병원 포함)은 어떤 방법으로 그 많은 선택진료 의사들을 채울 수 있을까? 바로 세 번

째 규정 때문이다. 이 규정을 이용해서 전문의 자격을 딴 지 5년이 지나면 너도 나도 조교수로 임명하여 선택진료 의사 대열에 합류시키는 것이다.

■■■ 불법도 관행이 되면 합법이 된다(?)

한 해 선택진료비 시장 규모는 현재 한해 약 1조 원을 육박한다는 보고다. 내 생각에는 이 중 최소 절반은 불법적으로 환자들에게 징수한 것으로 보고 있다. 이만큼 불법이 일상화되있다는 것이고, 선택진료제를 시행하고 있는 많은 병원에서 이런 불법을 발견할 수 있다.

A대학병원의 선택진료비 징수가 합법이려면 환자가 진단방사선과를 방문하여 CT를 찍을 경우, 똑같이 진단방사선과에서도 의사를 선택하게 하고 선택진료 신청서를 작성했어야 한다. 하지만 이렇게 진료 지원과(타과 진료)마다 선택진료 신청서를 작성하게 하는 병원은 지금은 좀 나아졌지만 예전에는 전국에 한 곳도 없다고 봐도 무방할 정도로 규정을 지키지 않았었다.

오히려 환자가 해당 민원을 못 넣게 하거나 병원이 손쉽게 선택진료비를 징수할 수 있도록 복지부에서 내려 보낸 선택진료 신청서 공문 양식과 영수증 양식을 교묘히 변조하여 사용하는 정도였다.

현재 병원이 사용하고 있는 선택진료비 신청서 양식에는 애초에 복지부가 만든 양식에는 없던 문구가 있다. 어떤 말인지 들여다 보자.

"신청인이 선택한 의사가 환자의 진료를 위해 진료 지원과의 선택진료 의사를 지정하여 진료를 의뢰한 경우에도 동의하며, 진료 지원과 선택진료 의사가 실시한 진료(검사, 영상, 진단료, 치료, 수술, 마취, 기타)에 부과되는 선택진료료를 부담하겠습니다."

이게 무슨 뜻이냐 하면, '처음 선택한 의사가 알아서 선택진료 의사를 지정할 테니까 거기서 발생되는 돈은 당신이 내라.' 뭐 이런 뜻이다. 결국 애초에 들어 있지도 않았던 위 문장에 따라 환자들은 오히려 자신의 선택권이 박탈당했다. 이런 면에서는 해당 과에서 진료 받을 때 환자의 선택권을 애초에 봉쇄하는 것이기에 이미 선택진료가 아닌 것이다. 병원 영수증 역시 마찬가지로 병원의 입맛에 맞게 변형되어 있다. 위에서 보는 것처럼 예전에는 환자가 자신이 낸 진료비 가운데 선택진료비의 총액이 어느 항목에 얼마만큼의 비용이 붙었는지 알 수 있도록 되어 있었다. 하지만 선택진료비 문제가 사회적으로 자꾸 시끄러워지고 민원이 자주 발생한 이후 어떤 병원은 이에 대한 세부 내역을 환자가 알 수 없도록 양식을 바꿔서 환자들에게 발부하고 있다. 선택진료비 항목이 급여 항목(보험이 되는 항

목)의 맨 아래에 그냥 총액으로 액수가 표시되어 있어서 환자
들이 자신이 내는 선택진료비용이 전체가 얼마인지는 알지만
세세하게 어디에서 얼마만큼 붙는지를 알 수가 없도록 일종의
벽을 만든 것이다.

이렇다 보니 이를 항의하면 현실이 법과 규정을 따라가지 못
하기 때문에 일어나는 '일종의 관행' 처럼 이야기하고 있다. 그
러나 과연 불법도 관행이 되면 합법이 되는 걸까?

■■■ 다시 돌려받아라! − 당신의 권리다

선택진료비는 경중 환자의 경우 본인이 부담하는 진료비의
약 7~10퍼센트 정도, 그리고 암 등 중증 질환자의 경우에는 약
15퍼센트 정도를 차지한다. 암 환자가 약 1,000만 원 가량의 진
료비를 냈다면 그 중 선택진료비가 약 150만 원 정도 차지한다
는 말이다. 물론 백혈병 환자들처럼 수천만 원을 병원비로 낸
환자들의 경우에는 선택진료비만 400~500만 원이 훌쩍 뛰어
넘는다.

다음의 경우, 돈을 얼마를 냈던 모두 불법이다. 읽어보시고
예전에 입원해봤던 경험이 있는 분들은 영수증을 다시 보고 모
두 돌려받기 바란다.

- 해당 과목의 의사만 선택을 했음에도 불구하고 마취, 검사 등 다른 과의 진료비에도 마찬가지로 선택진료비가 부과되는 경우.
- 자신이 선택한 의사가 아니라 인턴, 레지던트 등 다른 의사가 진료를 하거나 수술 처치 등을 했음에도 불구하고 선택진료비가 부과된 경우.
- 선택진료 신청서를 작성하지 않았음에도 불구하고 선택진료비가 부과된 경우.

아마 글을 읽는 분들은 "에이, 그럼 거의 다네" 할지 모르겠다. 맞다. 거의 다일지도 모르겠다.

영수증만 있으면 건강보험심사평가원(www.hira.or.kr) 홈페이지에 들어가서 진료비 확인 신청칸을 클릭한 후 심사 요청을 하면 된다. 물론 불법적으로 징수 당한 금액은 몇만 원이든 몇백만 원이든 모두 환불 받을 수 있다. 그런데 이런 정보를 혼자만 알기엔 너무 안타깝다. 가족들과 주변 사람들, 사돈의 팔촌까지 입원 한 번 안 해봤던 사람이 없을진데 널리널리 알려주기 바란다. 그래야만 의료 기관들이 아주 조금이라도 국민과 환자들의 눈치를 보게 된다. 행태를 바꾸고 이후에 아파서 병원에 가게 될 수많은 환자들, 아니 우리 자신들을 위하는 실천이기 때문이다. 그런 조그만 실천들이 모이면 세상이 바뀐다.

환자에게
비용 부담케 하는
병원 물품비

■■■ 입원에 필요한 물건을 사와라(?)

병원에 입원해 본 사람은 잘 안다. 얼마나 바리바리 짐을 싸가지고 들어가는지 말이다. 보통 입원을 하게 되면 생활에 필요한 물품들을 한 짐 싸가지고 병원을 가게 된다. 뭐 그거야 자기가 쓸 물건이니까 뭐가 문제이겠냐만, 문제는 치료 과정에 필요한 물건들도 사가지고 가는 게 문제다.

환자가 일반 병실에서 중환자실로 가게 되면 중환자실 문 앞에서 기다리던 보호자에게 종이 한 장이 날라 온다. "○○○ 보호자 분~" 중환자실 간호사 선생님의 아름다운 목소리! "보호자 분, 면회 시간은 어쩌구 저쩌구고요, 그리고 이거 준비해 오세요" 하고 내미는 한 장의 종이. 중환자실에서 환자가 쓸 준비물이란다.

내가 골수 이식을 위해 무균실에 들어갈 때는 역시 한 짐, 아니 무려 세 짐(세 박스)의 물품을 구입해서 미리 넣었다(무균소독을 위해서다). 그때 기억으로 아마 약 50만 원어치 정도를 구입한 것으로 기억한다. 뭐가 그렇게 많냐고? 뭐 이런 것들이다. 일회용 티슈 몇 상자, 일회용 비닐장갑 몇 상자, 비닐모자한 상자, 비닐백, 락스, 일회용 종이 걸레, 마스크, 종이컵… 이외에도 기억나지 않는 게 더 많을 정도다. 이것만이 아니다. 치료에 쓰는 종이 반창고와 테가덤(주사 부위나 상처 부위를 치료한후에 물이 들어가지 않게 하고 감염을 막기 위해 붙이는 것) 등도 구입했다.

그때야 모두 다 그렇게 물건을 사서 가져 왔으니 나뿐 아니라 모든 사람이 그것을 아주 당연하게 여겼다. 그러나 이렇게아주 당연한 것이 아주 당연한 것이 아니라는 사실을 알게 된것은 퇴원을 하고 몇 년이 지나도 아주 한참 지난 후였다.

■■■ 환자야 알 수가 없지

우리가 내는 진료비 항목에 입원료라는 게 있다. 이 입원료는 그 내용이 세 가지로 구분되는데 의학 관리료, 병원 관리료, 그리고 간호 관리료다. 이 셋은 각각 전체 비용 중 45퍼센트, 35퍼센트, 25퍼센트를 차지한다. 여기서 문제는 바로 병원 관리료다. 현재 규정에 보면 무균실에서의 소모품은 무균실 비용에 다 산정되어 있음으로 별도로 산정하지 않는다고 되어 있다(건강보험심사평가원 발행 '2007년도 건강보험요양급여비용' 38쪽). 다시 말해서 물건 값을 따로 받거나 환자에게 사오라고 하면 이는 불법이다. 그래서 내가 무균실에 입원할 때 구입했던 위의 항목들을 다시 살펴보니 이게 웬일! 위에 열거한 물품들이 모두 이름하여 '무균실 청정도 유지를 위한 소모품' 관련 항목이었다. 칫솔, 분무기, 면 팬티, 면양말 이런 것들은 보통 퇴원할 때 환자가 소지하고 나가기 때문에 만약 이런 것들을 병원이 준비하여 제공한다면 이는 당연히 환자에게 그 비용을 청구할 수 있기에 아예 입원 전에 보호자에게 준비 물품 목록을 주는 것은 그나마 이해가 된다.

하지만 내가 샀던 물품들은 결국 병원이 환자에게 이중으로 비용을 청구하는 것으로써 이런 내용은 병원이 알려주지 않는 한 환자는 결코 이를 알 수가 없다. 그런데 이런 일이 의외로 많다. 특히 어떤 행위에 필요한 각각의 치료 재료들이 묶음으로 가격이 정해져 있다면 이 내용을 환자가 알 수 없는 것은 당연하다. 특정 주사제에 함께 가격이 매겨져 있는 주사 바늘의 경우도 마찬가지다. 예전에도 어떤 병원이 환자에게 특정 주사제를 맞을 때마다 약국에서 주사 바늘을 사오도록 요구한 것이 발견되었다. 또 여의도의 모 대형 병원이 골수 검사 바늘이—가격이 약 5만 원 정도—골수 검사비용에 모두 합산되어 있는 것을 알리지 않고 골수 검사비용은 비용대로 받고 검사 바늘비용은 또 따로 환자에게 받다가 들키는 일도 생겼다. 병원의 변명은 정부가 골수 검사에 포함되어 있는 바늘 비용을 약 3만 5,000원 정도로 정해 놓았는데 실제는 약 6만 원 가량 되어 이를 병원이 손해 볼 수 없어 그렇게 했다는 것이다. 그러면 다른 방법을 써서라도 이미 받았던 골수 검사비용 중의 바늘 비용은 환자에게 돌려주었는가? 아니다. 양쪽 모두 병원의 호주머니 속으로 들어갔다.

■■■ 그래서 돌려 받은 병원 물품비

환자들에게 입원 물품을 사오게 하는 이 내용을 9시 뉴스를 통해 많은 사람들에게 알린 적이 있다. 당시 저녁 뉴스에서도 이를 방영하였고 복지부는 "이렇게 환자에게 돈을 받으면 불법입니다"라고 말하면서 뭔가 이를 개선해보려는 폼을 잡긴 잡았었다. 우리는 이를 자료로 만들어 여러 환자들에게 알렸다. 그러나 사실 난 환자들에게 이런 내용을 알린다 하더라도 병원 현장에서 그것도 '아파서 꼼짝마'인 환자가 어떻게 이를 항의하거나 거부할 수 있겠는가 하는 생각에, 이것은 제도를 바꾸지 않으면 약자인 환자는 여전히 낼 수밖에 없는 돈이라고 생각했다.

그런데 강남의 모 대형 병원에서 아버지가 암으로 입원해 간병을 해왔던 어느 착한 청년이 이미 자신이 따로 구입했던 소모품 비용을 병원으로부터 돌려받는 일이 발생한 것이다.

그는 어느 날 우리 사무실로 전화를 걸어왔다. "상황이 이러저러하고, 이미 진료비는 냈습니다. 당시 이와는 별도로 모든 물품을 구입했는데 그럼 이 비용은 다시 받을 수 있습니까?"라고 물었다. 사실 나도 문제를 제기하긴 했는데 난감하긴 했다. 만약 받는다면 입원료 중 얼마를 받을 것이며, 그 기준은 또 어떻게 되어야 하는지 뭐 명확한 기준이 없었기 때문이다. 하지만 이 청년은 우리 자료를 인터넷에서 다운로드 받아 출력한 후 병원 원무과에 들이 밀었다.

"이 자료의 내용이 사실입니까?"

"그렇다 하더라도 이것은 현재의 규정이 현실을 못 따라가서 발생한 것입니다."

"이유야 어떻든 병원은 환자에게 돈을 두 배로 더 가져간 거 아닙니까?"

그러나 사실 위에 쓴 것처럼 이렇게 온순(?)하게 대화를 나눈 것은 아니었다. 청년은 강력히 항의를 했고, 이 항의에 발끈한 병원은 오히려 은근한 협박까지 했으니 그 당시의 상황이야 글을 읽는 분들이 나름대로 상상하길 바란다.

그 청년은 이렇게 병원하고 싸움 아닌 싸움을 무려 석 달이나 했다. 어느 날 내게 전화가 왔다. 그 청년이었다.

"대표님, 받았습니다."

"허허, 그래 순순히 주던가요?"

"순순히 주긴요. 대표님이 주신 자료와 각종 규정들을 내밀고, 안 주면 소송하겠다고 하면서 싸웠습니다."

"그래서 얼마를 다시 받았나요?"

"13만 원입니다."

단돈 13만 원이란다. 그걸 받기 위해 3개월을 싸웠다?

하지만 우리는 알아야 한다. 수원의 모 대학병원과 근 1년여를 싸워서 단돈 10만 원의 선택진료비를 다시 돌려받았던 분이나 이런 분들이 결국 모든 환자의 권리를 드높이고, 병원의 행태를 바꾸게 하는 것임을.

세상은 이런 사람들에 의해 훨씬 더 건강하게 유지되고 발전한다.

항생제와
주사제 이야기

■■■ 감기에는 항생제를 드럼통으로 써도 소용이 없다

콧물이 찔찔 나고 목이 부어 동네 의원에 가서 감기라고 하는 의사에게 처방전을 2장 받아 온 큰 딸내미가 약국에 가서 약사에게 처방전을 내밀면서,

"선생님, 이 처방전에 혹시 항생제가 들어 있나요?"
"응, 여기 항생제가 처방되어 있네? 왜?"
"그럼 그 항생제는 따로 싸주세요."

딸내미에게 교육을 시킨 결과다. 처방전 교육과 함께 항생제 사용에 대한 이야기를 해주고 혼자 병의원을 이용할 때 환자는 어찌 해야 하는지를 알려주었더니 아주 훌륭하게 그렇게 한다. 허허…. 역시 아이들은 교육을 시켜야 한다.

'감기에는 약이 없다' 라는 말이 있다. 무슨 소리! 약국에 가면 종합감기약부터 해서 코푸 시럽 등의 약을 얼마나 많이 팔고 있는데….

하지만 사람들은 이 약들이 실제로는 단순한 증상 완화제인 것을 잘 모른다. 콧물이 나면 콧물 덜 나게, 목이 부으면 붓기를 가라앉게, 가래가 생기면 가래를 삭이게 하는 정도의 약인 줄 모른다는 말이다. 사람들은 감기는 감기 바이러스가 침입해서 생기는 병이라는 것을 알면서도 실제 자신이 먹는 약이 감기 바이러스를 퇴치시키는지 그렇지 않은지는 별로 생각하지 않는다. 그저 '퇴치시키나 보다' 라고 생각하는 것 같다. 이는 바이러스와 박테리아의 차이와 함께 항생제가 어디에 어떤 질병에 쓰이는지를 가르쳐주지 않기 때문에 나타난 결과다.

바이러스는 자가 동력이 없는 엔진과도 같다. 너무나 단순한 구조를 가지고 있기에 숙주에 기생하지 않는 한 분화되지 않는다. 1개의 바이러스가 세포에 침투하면 100개, 1,000개, 10,000개로 늘어나고 이들이 다른 세포에 침투되면서 병이 깊어진다. 다시 말해서 박테리아와는 다르게 세포 자체가 커지면서 덩치를 키우지 않는다는 것이다.

그러나 박테리아는 이와 다르다. 일정한 영양분만 공급이 된다면 자기 분화를 하면서 세력과 덩치를 키우게 된다. 암이 덩어리로 발견되는 것이 그 예다. 병을 유발하는 방법도 바이러스와는 다르다.

항생제는 바로 이 박테리아를 퇴치하기 위해 만들어진 것임에도 불구하고, 감기에 걸리면 여타의 항생제를 마구 사용한다는 데 문제가 있다. 인간이 만든 지구상의 항생제들은 감기 바이러스에는 도통 말을 안 듣는데도 감기 환자에 대한 우리나라의 항생제 처방률은 매우 높다. 최근 몇 년 사이에 항생제 처방률을 공개하면서 조금씩 처방률이 떨어지긴 하지만 말이다. 의사들은 혹시라도 그 환자가 감기가 아닌 폐렴이나 기타의 질병일 수 있기 때문에 항생제를 처방한다고 말한다. 만약 폐렴인데 일반 감기약 처방해서 병이 깊어지기라도 하면 당신이 책임질 거냐고 오히려 따지기도 한다.

그러나 이렇게 대부분의 환자에게 처음 갔을 때부터 무분별하게 사용하는 것의 윤리적 문제에 대해서는 입을 꾹 다문다.

이미 우리나라 국민들은 각종 농산물과 어류, 육류 섭취를 통해 각종 농약만이 아니라 다량의 항생제를 체내에 축적시키고 있다. 상황이 이런데 아예 항생제를 약으로까지 복용해서 축적시키는 것은 이후 그 개인이나 국민들이 여타의 질병에 노출되었을 때 어떤 상황을 맞이할지 아무도 모르는 일이다. 혹시라도 항생제 내성에 의한 '치료 불가'의 상황이 벌어졌을 때, 그럼 그것은 누구의 잘못일까?

한때 영국에서 슈퍼 박테리아가 발견되었다고 해서 온 나라가 떠들썩한 적이 있었다. 어떤 항생제도 듣지 않는 초강력 박테리아에 11명이 감염되고 2명이 목숨을 잃었다. 이는 변종 박테리아인 PVL-MRSA인데 백혈구를 집중적으로 공격해서 면역 능력을 저하시켜 환자가 여타의 다른 질병에도 싸울 수 없게 만드는 것이다. 이 역시 항생제 사용량이 급증하여 낳은 결과이고, 항생제에 대한 내성이 쌓여갈수록 이 박테리아는 더욱더 강력한 새로운 변종으로 끊임없이 자기 모습을 바꿔 나갈 것이다. 항생제 내성은 그래서 심각하고, 이에 대한 사회적 경각심을 갖게 하는 것은 의료인들과 정부의 몫이다. 이렇게 알려주지 않음으로써 의사든 환자든 서로 길들여지고 길들어가는 일은 매우 많다. 대표적인 것 가운데 하나가 바로 주사제 처방이다.

■■■ 선생님, 쎈 걸로 한 방 놓아주세요

쎈 놈으로다가 한 방. 어떤 환자가 치료 받으러 와서 한 말이란다. 주사제는 입으로 먹는 경구용 약과는 좀 다르다. 체내에 직접 투약되어 해당 부위에 직접 작용하거나 혈관을 타고 곧바로 몸 전체에 약이 퍼지기 때문에 그만큼 효과가 빠르다. 질병을 고치러 갔는데 효과가 빠르다는 것은 아픈 환자야 말할 것도 없고, 의사 역시 기분 좋은 일이다. 특히 동네에서 개업을 한 의사들은 자신의 의학 실력을 고객인 그 동네 주민들에게 유감없이 보여줄 수 있으니 두말하면 잔소리다. 이렇게 환자의 요구와 의사의 이해가 맞아 떨어진 약이 바로 주사제다. 그 주사제 자체야 무슨 문제가 있겠냐만, 문제는 주사제 역시 남용해서는 안 되기 때문에 최근 몇 년 동안 항생제 처방률과 더불어 주사제 처방률 역시 공개되어 왔다.

감기 등 가벼운 질병(경중)과 관련하여 WHO의 주사제 처방과 관련한 권고는 '웬만하면 가급적 사용하지 마라'가 아니라 아예 '쓰지 마라'다. 단 다음의 두 가지 경우를 제외하고는 말이다. 환자가 의식이 불분명하거나 환자의 상태가 약을 입으로 삼키기 어려운 경우와 특정 약물에 심각한 부작용이 있는 경우다.

이는 주사제 쇼크에 따른 사망의 우려가 있기 때문인데, 간간이 예방주사를 맞다가 숨지는 꼬맹이나 어른 역시 주사를 맞고 사망했다는 언론의 기사들은 바로 이런 경우가 태반이다. 그래서 가급적 주사제 사용은 자제해야 한다.

그러나 우리나라의 주사제 처방률은 적정 처방률 기준에 비해서 매우 높다. 특히 일반 동네 의원을 이용하는 경중 환자들의 주사제 처방 비율이 외국에 비해서 매우 높다. 예전에 심평원에서 주사제 처방률을 공개한 적이 있었는데 성남의 모 의원의 1년 주사제 처방률이 무려 99퍼센트에 이른다는 것이 발표되었었다. 결국 이 의원은 찾아오는 거의 대부분의 환자에게 아무런 문제의식 없이 주사제를 처방해왔다고 볼 수밖에 없다. 어떤 주사제였는지는 모르지만. 물론 항생제나 주사제 처방이 높다는 게 모두 잘못된 것은 아니다. 질병에 따라 또 환자의 몸 상태에 따라 결정하는 것이니까 말이다.

그러나 우리 환자들은 모른다. 뭐가 좋고 나쁜지, 또 무엇을 해야 하고 안 해야 하는지 말이다. 전문가인 의료인들이 사회에서 그만큼 그 지위를 인정받고 또 존경 받기 위해서는 전문가로의 사회적 역할에 충실해야 한다. 이렇게 아주 기본적인 임무를 소홀히 한다면 우리 환자들이 원하는 '존경하는 의사'나 '의료인들이 원하는 존경 받고픈 의사' 는 만들어지지 않는다. 나도 정말 존경하고픈 의사를 만나서 치료 받고 싶다.

학력문진 이야기

■■■ 처음 당해본 학력문진

　평소 알고 지냈던 어느 서울시의 어느 의료원장을 백혈병 환우회 모임의 행사에서 만났다가 나의 몸 상태가 좋지 않은 것을 알고는 입원해서 상태를 보자고 한 이후 그 병원에 입원하는 날이다.

　처음 입원수속 밟고 병실에 오니 간호사실에서 잠시 검문—아니 문진이 있겠단다. 사람들은 나를 그리 생각하지 않겠지만 실제 나는 말을 제법 잘 듣는 사람이다. 병원에 오면 시키는 대로 거의 다 한다. 약 먹으라면 제 시간에 또박또박 먹고, 소변량 대변량 기재하라면 시분 단위까지 기재해서 적고, 먹었던 음식과 양을 다 꼼꼼히 적어서 간호사에게 보여준다. 그야말로 거의 묻지도 따지지도 않는 착한 환자다

　그런데 이 간호사실 문진에서 살짝 묻고 따져야 하는 심적

저항이 발생했다. 과거 병력에 현재상태와 기본적인 이름 주소 꼬박꼬박 문진에 응하고 있었는데 간호사가 갑자기 학력을 묻는다.

"그래서 그건 왜 물어요?"

하면서 컴퓨터 화면에 올려진 문진 프로그램 화면을 보니 정말 거기에 학력 문진 기재란이 있었다.

"초졸하고 대졸하고 치료방법과 내용이 달라지나요?"

내가 다시 물었다.

간호사는 "뭐 군이 대답 안하서도 돼요" 하면서 웃고 넘어갔지만 보건복지부에 초졸이라고 기재되어 있는 나의 학력 컴플렉스에 이미 그걸 물어보는 순간 생채기가 생긴 것이다.

간호사들이야 그냥 프로그램에 되어 있으니까 아무런 생각 없이 자동적으로 자기 업무를 한 것뿐이지만 이 병원이 노인 환자가 많은 곳이라는 것을 생각하면 그 옛날 초등학교도 다니기 어려웠을 시절을 살아오셨던 그 환자들에게 매번 당황스러움과 함께 마음의 상처를 주기 딱 좋겠다 싶었다. 이런 것은 국가인권위의 삭제 권고사항을 군이 이야기 안 하더라도 당장 없애야 한다.

그날 오후 환자복으로 갈아입고 병원장실에 가서 자초지종을 이야기하고 프로그램을 수정하여 문진항목을 없애라고 건의했다.

그나저나 이런 문진항목은 왜 생기게 된 걸까?

그것은 의료진—의사나 간호사들—들이 각종 논문을 쓰면서 환자의 지역 나이 학력을 구분할 필요가 있었고 이런 의료정보를 아무런 문제의식 없이 지난한 세월 아무런 의심 없이 이용해왔기 때문이다.

■■■ 다른 병원도 한번 뜯어보자

당시 입원 중이어서 병원장을 만난 후, 병원 내 엘리베이터 앞마다 있던 건의함에 문진프로그램에서 학력 문진사항을 없애달라고 글을 써서 함에 넣었었다.

물론 건의함에 넣은 이유는 당연히 병원장에게 했던 건의였지만 또 하나는 그 함을 열어보기는 하는 걸까 또 열어본다면 어느 정도 주기로 열어볼까 하는 궁금증도 있었기 때문이다.

이후 퇴원하고 집에 있는데 한 5일 만에 병원에서 전화가 왔다. 그래도 열어보기는 열어보는구나 하는 생각과 적어도 환자들의 목소리에 귀 기울이려는 모습이 좋았다.

원무과 OOO란다. 뭐 혁신팀이나 고객만족팀이 아니고 원무과에서 이런 사안을 담당한다는 것이 좀 거시기 하긴 했지만 뭐 어떻든.

하지만 전화통을 붙잡고 암튼 둘이서 옥신각신했다.
길게 주저리주저리 적는 것은 좀 그렇고, 요지만 간단하게 적어보면.
내용인즉슨, 건의를 받고 간호사 팀이 모였단다. 모여서 내린 결론은 환자에게 여러 내용(즉, 환자의 상태, 이에 따른 처방 및 각종 검사 결과에 대한 설명 등등)을 이야기할 때 환자의 학력에 따라 간호사의 설명방식과 난이도가 달라지기에 간호사실에서는 이 사항이 꼬옥 필요하단다. 근데 정말 모이긴 모였을까?

난 지금까지 병원을 다니면서 간호사가 환자를 대하는 수준이 이 정도 경지(?)까지 왔나 하는 생각이 들었다. 그야말로 '헐' 이다.
그렇게 이야기하는 데야 "그러니까 환자의 학력에 따라 간호의 내용과 방법이 달라진다는 거죠? 초졸은 초졸에 맞게 대졸 환자는 대졸에 맞게?" 이렇게 안 물어볼 수가 없었다.

그 이후 말을 이리저리 하는데 결국 결론은 간호사실에서 못 없애겠다는 것을 통보한 것에 지나지 않았다. 그래서 알았다고 하고 끊었다.

국가정보공개 사이트(http://wonmun.open.go.kr/)에 들어 갔다.

서울00병원은 정보공개청구기관으로 따로 분류가 안 되어 있어서 상급 조직인 서울특별시에 정보공개 요청서를 작성하여 청구했다.

1. 시 산하 각 병원의 진료 시, 입원수속 시, 간호사 문진 시 사용하는 문진항목을 병원별로 자료를 공개요청합니다.

2. 서울00병원의 문진 프로그램에 학력문진사항이 운영되고 있는데 이렇게 운영하는 서울시(보건정책국)의 이유는 무엇입니까?

일단 한번 이유와 자료를 받아보자.

그래도 안 없어지면 그지 같은 인권위에도 한번 물어보고, 그래도 안 없어지면 행정소송도 한번 하고…. 그래도 안 없어지면 데모도 해보고….

병원 입원 시 환자들을 대상으로 하는 학력문진에 대한 문제제기를 하고 서울시에 정보공개청구한 지 일주일 만에 서울시가 정보공개 청구에 대한 답변을 보내왔다.

정보공개결정통지문과 시 산하 각 시립병원의 환자대상의 문진서를 모아서 첨부파일로 보냈다. 첨부파일을 열어 본 결과 서울시 산하 총 9개 병원 중 서울의료원 등 총 6개 시립병원에 학력문진항목이 있었다.

이런 것은 나처럼 소위 저학력자인 사람이 나서서 없애는 게 맞겠다 싶었는데 내가 일했던 시민단체인 건강세상네트워크가 나서서 이 일을 맡아 하겠다고 한다. 추후 시민단체에서 이어서 일을 진행할 것이다. 차근히 문제제기할 때 자진해서 항목 삭제하고 시스템을 변경하면 좋으련만. 그렇게 하면 우리나라 공무원이 아니겠지요?

80을 넘게 살아오시면서 초등학교도 못 나와 아직 한글도 못 읽으시는 우리 아버지가 혹시라도 그런 병원 가서서 개념도 없는 그런 문진 때문에 또 당신 인생을 스스로 부끄럽게 여기실까봐 50넘은 아들이 노심초사합니다.

추신 : 이후 이 문진항목은 서울시에서 삭제되었다. 그러나 전국 대다수의 민간병원에서는 아직도 별다른 문제의식 없이 통상 해왔던 대로 사용되고 있을 것이다. 오랜 세월 아무 의심 없이 우리에게 일상적으로 존재했던 이상한 일들이 우리 주변에는 너무 많다.

돈보다는 인식의 문제, 병원 감염

■■■ 병원은 세균 집합소?

어느 날, 최모 씨라는 사람이 우리 사무실로 전화를 걸어 왔다. 이야기는 이랬다.

"아버지가 ○○대학 병원에 입원해 있는데 저와 우리 가족들에게는 알려주지도 않고, 아버지에게 '반코마이신'이란 항생제를 쓰다가 제게 걸렸습니다. 알아보니까 그 항생제는 아주 강력한 항생제이고, 항생제 내성 감염균에 주로 사용한다고 하는데 병원은 저희 보호자들에게 항생제 내성균에 감염되었다는 이야기를 한 번도 한 적이 없었거든요. 이런 경우 어찌 해야 합니까?"

다시 말해서 환자가 입원 후 병원에서 항생제 내성균(알아보니까 그 균은 MRSA였다)에 감염되었는데 이를 환자와 그 보호자에게 쉬쉬하고 있다가 환자의 아들이 누나와 병간호를 교대하다가 발각됐는데(결국 병원의 과실인데), 이때 환자는 어떻게 대처해야 하는가를 묻는 것이었다. 물론 그 상황은 병원 과실이 거의 확실하지만 혹시나 하는 마음에 물어 보았다.

"요새는 MRSA가 꼭 병원에서만 감염되는 건 아니기도 하고요, 또 전에 다니시던 병원에서 감염되어 왔을 수도 있거든요. 전에 계셨던 병원의 진료기록부는 떼어보셨나요?"

그것도 다 보았는데 이상 없었단다. 게다가 그 병원에서 퇴원한 지 열흘이 넘어서 증상이 나타나기 시작했고, 더욱이 문제는 환자와 보호자에게 그 사실을 알리지 않고 또 다시 일주일이 흘렀다는 것으로 보아 입원한 후에 감염된 것이 거의 확실했다.

그러나 이미 감염된 상태에서 더 큰 문제는 증상이 나타난 후 일주일 동안 아무에게도 이 사실을 알리지 않았다는 데 있었다. 그 기간에 보호자는 환자를 이리 눕히고 저리 눕히면서 몸의 구석구석을 닦아 주었고, 환자는 먹다 남긴 음식을 포함해서 여러 음식들을 병실의 다른 환자와 나눠 먹었으며, 화장실 간다고 병실 문고리를 잡았고, 텔레비전을 켠다고 버튼을 눌렀으며, 산책하고 와서 다시 침대에 눕기 위해 옆 침대의 난간을 손으로 잡았을 것이기 때문이다. 다시 말해서 병실의 모든 환자들이 감염 가능성이 매우 높은 MRSA에 그대로 노출되었던 셈이다. 그럼 그때 병실에 같이 있었던 환자들은 멀쩡했을까? 정말 궁금하다.

모 대학병원에서 한 환자가 열대열 말라리아에 감염되어 목숨을 잃었다. 2007년 1월의 일이다. 병원은 이 환자가 혹시라도 수혈을 받았기 때문에 수혈에 의한 말라리아 감염을 의심했었지만 이 역시 혈액번호를 추적하여 헌혈자의 감염 여부를 확인한 결과 아닌 것으로 판명되었다. 하지만 이는 이미 열대열 말라리아로 사망한 그리스 국적의 남자가 이 환자와 함께 동일 병실에서 약 9시간 정도 함께 입원해 있었다는 사실과 함께 이 두 명의 환자에게서 채취한 혈액 샘플의 바이러스 유전자가 정확하게 일치하는 것으로 나타나 병원 내 감염인 것을 최종 확인했다. 이는 병원 내의 의료인들을 통한 전파이거나 의료 기구에 의한 전파 감염일 가능성이 가장 높다.

사람들은 병원이 가장 깨끗할 것이라고 생각하지만 실제 그렇지 않다. 각종 감염 폐기물이 득실하고, 여타의 질병에 걸린 사람들이 모여 있는 장소이기에 사실은 그 어떤 곳보다 감염의 위험이 높을 수밖에 없다. 그래서 병원은 의료인을 포함하여 모든 환자의 안전을 위해 감염 관리를 철저히 해야 한다.

■■■ 그러나 돈 때문에 못한단다

　MBC 〈PD 수첩〉에서 의료 기관의 감염 관리 실태를 두 번에 걸쳐 고발한 적이 있다. 그 처음 방송 내용이 치과 감염의 위험성이었는데 다른 환자의 치료를 위해 피가 나는 환자의 잇몸을 드나들며 사용했던 드릴을 휴지로 쓱쓱 닦거나 아니면 그대로 다시 사용하는 게 화면에 잡혔다. 게다가 에이즈 환자가 자신의 질병을 숨기고 치과 치료를 가끔 받는다는 인터뷰가 합쳐져서 일반 시민들의 불안감은 극에 달했었다. 이 여파로 그 다음 날 우리 사무실로도 치과를 이용했던 시민들의 염려성 문의 전화가 열이 나게 걸려 왔다. 하긴 그 화면을 보았던 사람들의 불안감과 분노는 말해 무엇하랴!

　하지만 이런 일들이 단지 치과에만 있는 것은 아니다. 내가 알고 있는 일반 동네 의원을 포함하여 전반적인 의료 기관들의 감염 관리 실태는 정말 엉망이다. 여기에는 결국 역시나 이 놈의 '돈' 문제가 끼어 있다. 예를 들어 값싼 일회용 주사 바늘이야 그럴 일이 없겠지만 한 개에 몇만 원씩 하는 각종 일회용 검사 바늘을 두 번 세 번 다시 소독해서 쓰는 것이나 사람 몸속으로 다 휘젓고 다니던 위 내시경을 휴지나 알코올로 닦고 다시 다른 환자의 몸속으로 들이미는 것은 결국 다 돈 때문에 그렇다는 것이다. 한마디로 말해서 그렇게 다 소독해서 쓰거나 정말 한 번 써서 버리기에는 '의료보험 수가가 너무 낮다는 것'

이다. 땅 파서 장사하는 게 아니니 정말 감염이 염려되면 현실적으로 수가를 올려주면 문제는 깨끗하게 해결된다는 식이다. 그러면 값비싼 일회용도 정말 한 번만 사용하고, 드릴도 내시경도 인력과 비용을 들여서 확실하게 소독을 하겠다는 것이다.

그러나 정말 돈을 더 주면 모든 문제가 해결될까? 더욱이 '돈이 주인인 이 자본주의 사회'에서 정말 그럴 수 있을까? 이에 대한 대답은 매우 회의적이다. 자신의 아버지가 암으로 입원한 병원에 들렀던 모 대학의 의대 예방의학과 교수가 아버지에게 주사를 놓기 위해 들어왔던 간호사가 실수로 주사기를 침대에 떨어뜨린 후 아무런 생각 없이 이를 집어 다시 놓으려고 하자 간호사에게 "도대체 정신이 있는 겁니까? 없는 겁니까?" 하고 호통을 쳤다는 이야기를 들으면서 나는 이 감염 문제는 돈으로 해결할 수 있는 문제가 아니라 선차적으로 의료인들의 인식과 도덕적 수준을 높이지 않으면 해결되기 쉽지 않은 문제라고 생각했다.

■■■ 인식 수준이 더 무섭다

우리나라는 현재 300병상 이상의 종합병원에 대해서는 감염에 관한 규정을 두고는 있으나 문제는 처벌 규정이 없기 때문에 규정이 잘 지켜지지 않고 있다.

규정에 속한 대상 병원은 자체적으로 감염관리위원회를 두고 병원 내의 감염 관리를 하게 되어 있으나 실제 이 감염관리위원회가 정말 감염 관리를 하고 있다고 보기는 어렵다. 서두에 쓴 ○○대학 병원의 감염 문제도 당시 보호자인 아들이 자신의 아버지가 감염된 문제로 병원 내 감염관리위원이라고 하는 사람들을 만났는데 이런 사실을 아무도 모르고 있었다는 사실만 보아도 상황이 어떠할지는 말을 안 해도 뻔하다. 또한 의료 기구에 대한 멸균 소독 기준 자체가 없기 때문에 결국 멸균 소독은 의료인의 '양심에 따라 매우 자의적 기준에 의해' 병원별로 처리하고 있을 뿐이다. 이 결과는 2차 감염의 확대로 나타날 수밖에 없다. 특히 감염 문제는 병원의 과실로 발생했어도 이를 의료인이 알려주지 않으면 환자나 보호자가 인지하기가 매우 어려운 문제다. 그리고 감염으로 인해 환자가 사망하더라도 사망 원인을 환자와 보호자가 '의학적'으로 증명해 내기란 더더욱 어렵다. 결국 소송을 하더라도 질 것을 예상하고 기껏해야 진료비 탕감이나 약간의 합의금으로 문제를 해결하는 게 보통이다.

나는 골수 이식 후 아주 심한 대상포진으로 한쪽 눈의 시력을 거의 잃었다. 당시 대상포진으로 입원했을 때 면역력이 떨어진 백혈병 환자들만 입원해 있었던 병동, 그것도 6인실에 있었는데 당시 펜스도 치지 않고 면역력이 떨어진 다른 환자들에게 내 질병을 이야기해주지도 않았던 것을 상기하면 다른 환자들을 감염의 위험에 그대로 방치한 것이 아닌가 싶다. 감염문제는 의료인들의 인식이 돈보다 더 문제라는 생각이 든다.

영국은 1년에 약 5000여 명 정도의 환자가 병원 내 감염으로 사망한다고 한다. 영국 보건 당국의 공식적인 통계다. 그러면 우리나라는 어느 정도의 환자가 병원 내 감염으로 질병에 걸리거나 사망할까? 아무도 모른다. 다만 '우리가 생각하는 그 이상'이다. 서울의 모 대학병원에서 근무했던 간호사가 "다른 곳도 문제지만 특히 중환자실의 경우, 중환자실에서 사망하는 환자의 무시 못할 수가 환자와 그 보호자가 모르는 사이에 감염에 의해 사망할 것"이라고 한 말은 그저 흘려들을 일이 아니다. 국회에서 법을 만들고 규정을 보완한다고 한다. 물론 그것도 당연히 해야겠지만 그렇다고 사람의 머릿속과 태도가 바뀌는 것은 아닐 것이다. 그럼 사람은 어떻게 바뀌어야 할까?

의료계의 블루오션,
비급여

■■■ 환자에게 부담 지우는 비급여

　엄청 아프기 전에는 가벼운 증상 아니면 병원을 갈 일이 거의 없었기 때문에 의료 체계는 고사하고 건강보험이 어떻게 돌아가는지조차 모르고 살았다. 원래 그렇게 사는 게 정상적이고 참으로 다행스러운 일인 것만은 분명하나 문제는 병에 걸렸다 하면 그것도 중병이면 중병일수록 그때는 거의 예외 없이 환자는 말 그대로 '꼼짝마!' 인 상황에 처한다는 사실이다. 이 '꼼짝마' 의 상황은 핵심적으로 두 가지 면에서 '꼼짝마' 다.

　첫째는 의료의 전문성에서 꼼짝마다. 의료는 모든 사람이 이용하는 대중적인 서비스이면서도 그 제도와 내용의 전문성으로 인해 실제 돈을 내는 환자들은 꼼짝없이 일방적으로 의료인들이 주는 정보를 그대로 믿고 따를 수밖에 없는 분야다. 그래서 의료는 다른 어떤 분야보다도 정보의 환자 접근성이 현저히 떨어진다.

둘째는 돈에 대해서다. 다시 말하면 치료비다. 이로 인한 것은 환자만이 아니라 그 가족들까지 꼼짝마의 상황에 처하도록 만드는 게 보통이다. 이는 수시로 방송에 나와 치료비 모금을 위해 아픈 몸을 그대로 보여주는 여러 환자의 가족들을 차치하더라도 모두가 이미 알고 있는 사항이다. 중병이면 중병일수록 그리고 희귀 질환이면 희귀 질환일수록 환자의 고통은 훨씬 극심하다. 돈을 이불 삼아 베개 삼아 지내는 사람이 아니면 이로부터 자유로운 사람은 없다. 그래서 사람들은 방송에서 병에 걸려 가족 전체가 패가망신하는 모습을 보면서 겁이 덜컥 나고 애들부터 부모까지 각종 암 보험에 실손보험에 상해보험에 가입하느라고 난리다. 전 국민의 반 이상이 민간보험에 가입해 있고, 가입한 사람들이 적어도 한두 개 이상, 많으면 서너 개까지 각종의 민간보험을 들고 있으면서 매달 적게는 몇만 원에서 많게는 수십만 원씩의 보험료를 내고 있다.

그런데 우리들은 이미 국민건강보험을 가입하고 있으면서 왜 이렇게 민간보험에도 중복 가입하여 돈을 내고 있는 것일까? 한마디로 말해서 국민건강보험 믿고 앉아 있다가 잘못하다가는 자신에게도 아픈 몸 이끌고 방송에 출연하기 알맞은 상황이 올 수 있기 때문이다.

보장성이 낮다는 것은 그만큼 의료 이용을 하는 환자의 본인 부담률이 매우 높다는 의미다. 이 본인 부담을 해야 하는 것은 두 가지로 나뉜다. 급여 항목의 일부 본인 부담과 비급여 항목이다. 다음 표를 보자.

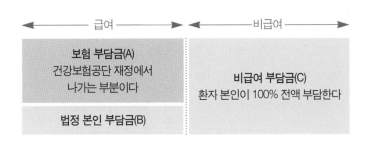

◀──── 급여 ────▶	◀──── 비급여 ────▶
보험 부담금(A) 건강보험공단 재정에서 나가는 부분이다	**비급여 부담금(C)** 환자 본인이 100% 전액 부담한다
법정 본인 부담금(B)	

이거 말이 참 어렵다. 많은 사람들이 이 분야의 말들은 꼭 의학적인 것이 아닌데도 대부분 어려워한다. 급여란 한마디로 건강보험에서 '보험 적용하는 것'이라고 생각하면 된다. 그런데 전액을 보장하는 게 아니라 암이나 뇌혈관질환, 심장질환, 중증화상 환자는 현재 비용의 5퍼센트, 일반 입원 환자는 20퍼센트, 외래 환자는 30퍼센트의 비용을 일부 본인이 부담해야 한다. 비급여란 건강보험에서 보험 적용을 해주지 않는 것으로 비용의 100퍼센트를 모두 환자가 내야 한다. 1인실, 2인실 등의 상급 병실료와 선택진료비, 그리고 각종 최신 의료 기술과 최신의 첨단 장비, 그리고 희귀 의약품 등의 약제 등이 여기에 해당된다. 그래서 환자는 위의 표에서 보면 (B)+(C)의 합친 비용

을 내야 한다. 이 비용이 결국 환자와 그 가족들을 '꼼짝마'의 상황에 처하게 한다. 그 중에서도 특히 보험 적용이 되지 않는 비급여가 환자 부담의 핵심이다. 이 비급여는 전액을 환자가 내야 할 뿐 아니라 가격이 정해져 있지 않아서 얼마를 받든 간에 불법이 아니다. 따라서 의료 기관이 알아서 마음대로 가격을 정한다.

예를 들어 지금은 일부 보험이 적용되는 MRI의 경우, 보험이 적용되지 않았던 2005년 이전에 동네 병원에서는 40~50만 원, 종합병원에서는 50~60만 원, 그리고 대학병원에서는 60~70만 원을 받았던 것이 보통이었다. 물론 가격이 정해지지 않기 때문에 어떤 곳은 90만 원, 어떤 곳은 120만 원도 있었다. 이게 비급여다. 그래서 비급여는 의료 공급자들의 블루오션이다. 건강보험공단에 신고해서 매출을 보여줄 필요도 없고, 그래서 절세(사실대로 말하면 탈세다)의 효과를 누리는 것은 기본일 터이고, 신고를 안 하니 건강보험심사평가원 심사에도 청구한 의료비를 삭감당할 우려를 근본적으로 해결하는 덤까지 얻게 된다. 또한 가격은 마음대로 정하며, 최신 의료 기술로 선전하여 지역 주민들에게 인지도를 높일 수도 있을 뿐더러 사정이 어렵다고 하소연하는 주민에게는 선심 써서 가격도 깎아주어 지역의 좋은 의사 선생님이 될 수 있으니 이 좋은 것을 어느 병원 어느 의사가 마다하겠는가?

상황이 이러니 환자의 부담이 늘어나는 것 또한 당연지사다. 그나마 현재 본인일부부담금 산정특례제도로 인해 암이나 심장질환, 뇌혈관질환, 중증화상 환자의 본인 부담액이 5퍼센트로 줄어들고, MRI도 보험 적용시켜주어 건강보험 보장이 좋아졌다고는 하지만 여전히 중증 질환에 걸리거나 희귀 질환에 걸리면 그 비용 부담 때문에 패가망신의 위협에 처할 수밖에 없는 현실이다. 응급실에서 곧바로 보험 적용되는 다인실로 입원하는 것이 거의 불가능하다고 볼 때 하루에 거의 30만 원씩 하는 대학병원의 병실료만 대충 잡아도 일주일 입원하면 얼추 100~200만 원이 된다. 백혈병이나 각종 암 등 고액의 중증 질환에 걸린 환자는 당연히 벌이도 못할 뿐 아니라 이를 간병하는 가족 중 1명은 환자 옆에서 24시간 붙어 있을 수밖에 없으니 당연 벌이도 없다. 이런 상황이고 보니 돈 까먹는 건 시간문제고, 결국 장기간 입원하게 되면 그 집안의 미래는 전기 나간 텔레비전 화면과 무엇이 다르겠는가? 깜깜하다는 말이다. 요샛말로 안 봐도 비디오 아닌가?

그래서 미안하게도 우리는 그들의 블루오션인 비급여를 과감히 없애야 한다. 의료계의 블루오션이 우리들에게는 죽음의 바다인 블랙오션이기 때문이다. 이 비급여를 없애지 않고서는 적어도 의료에 관한 한 우리의 미래는 없다고 봐도 무방하다.

현행법에서는 비급여 항목을 포함한 의료 서비스 가격을 의료 기관이 스스로 환자가 잘 볼 수 있는 곳에 게시하도록 되어 있으나 처벌 조항이 없어 잘 지켜지지 않고 있다. 그렇기 때문에 비급여 항목에 대한 국가적 관리는 전혀 이루어지지 않고 있다는 것은 두 말 할 나위도 없을 뿐더러, 비급여 항목의 전체 시장 규모와 어느 정도로 국민들에게 행위를 하고 있는지 등에 대해서도 정확하게 집계된 자료가 없으니 당연히 관련 통계도 없을 게 자명한 일이다.

그러나 상황이 어떻든 비급여를 없애는 것은 건강보험이 건강보험답게 돌아가게 하는 데 있어서 매우 중요한 요건이다. 이 비급여를 못 없애면 반대편에서 자라나는 민간보험(급격히 성장한 실손보험을 보라)의 성장과 그로 인한 각종의 피해를 막을 방도가 없어진다. 여전히 비급여의 규모(본인 일부 부담금을 뺀)는 전체 비용의 30~40퍼센트를 차지하고 있다. 이를 없애기 위해서는 정부가 과감히 특정 항목만 빼고는 대부분의 비급여 항목을 일괄적으로 보험 적용 항목으로 전환할 필요가 있다. 비용의 80퍼센트, 그것도 안 되면 비용의 90퍼센트를 환자가 내더라도 가격을 정하고 모두 보험 적용으로 들어가게 해야 한다. 이렇게 되면 비급여 항목의 비용이 모두 배제되어서 작동이 멈춰졌던 본인 부담금 상한제가 작동하게 된다. 모든 행위와 비용이 드러남에 따라 환자 개개인이 얼마의 돈을 치료비로 쓰는지 알 수 있게 된다. 전체 국민 총 의료비용이 드러나서 의료 제도를 만들거나 정책을 세우기도 용이해지는 것은 말할 필요도 없고, 의학적 근거도 없는 그래서 안전한지 효용성이 있는지 없는지도 알 수 없는 각종 불법적인 시술이나 행위 등도 근절할 수 있다. 국민의 입장에서는 새로운 의료 블루오션을 만드는 일이다.

비급여 그리고
본인 부담금 상한제

■■■ 태반 주사부터 마늘 주사까지

얼마 전, 시내 모 유명 척추 전문 병원이 척추 환자인 우리 단체 회원에게 태반 주사를 놓았다. 이때 태반주사의 광고 내용은 '피부 노화 방지, 관절염 치료, 아토피 증상 개선, 게다가 주름 제거와 성기능 장애 개선'까지였는데, 거의 만병통치약처럼 선전하였다. 이에 이 회원이 집에 돌아와서 도대체 태반 주사가 뭔가 하고 인터넷을 찾아보니, 식약청 허가 범위에는 갱년기 장애 증상 개선과 간 기능 개선이 두 가지밖에 없는 걸 본 것이다. 다시 말해 그 외의 사항들에 대한 효능 효과는 그야 말로 의학적 근거가 전혀 없다는 것으로 봐야 한다. 이 분이 누군가? 바로 앞에서 소개해드린 바로 선택진료 이야기의 주인공인 김건식 씨다. 이 양반에게 걸렸으니(?) 결국 병원장이 집에 까지 찾아와서 사과하는 것으로 대충 마무리가 되었다.

이런 태반 주사 시장이 2003년도에 겨우 7억 원에 불과했는데 2005년에는 무려 200억 원대로 확장되었다. 지금은 얼마나더 커졌는지 모르겠다. 좀 이상한 것을 넘어서서 비정상적인시장 증가 추세다. 내가 여기저기 강의를 다니면서, 특히 여성분들에게 태반 주사를 물어보면 거의 전부 '피부 노화 방지, 피부 미용 효과'로 효능을 알고 있고, 간간히 남자들은 아 그거힘이 좋아진다며? 한다. 얼씨구, 게다가 일명 '마늘 주사'라는것까지 나왔다. 주사의 성분이 마늘의 특정 성분과 같다는 것이다. 두말 할 것도 없이 모두 보험이 안 되는 비급여 행위들이다.

이거 좋게 보면 '의학의 발전'이다. 하지만 어떻게 보면 근거도 없는 행위를 가지고 우리들 돈 빼먹는 일일 수도 있다. 돈만 빼 먹히면 다행이지만 혹시라도 몸까지 망가지면 그땐 돈이문제가 아니다. 이미 다른 글에서 말한 바와 같이 의료 서비스를 공급하는 모든 집단은 소위 보험 적용이 되지 않는 '비급여를 개발하고 확장하려고 하는 경향성'을 갖는다. 영상 진단 장비인 X-ray - CT - MRI - PET CT는 이야기 순서대로 보험 적용이 되었고, 맨 앞의 것이 보험 적용이 되면서 비급여 항목으로순차적으로 개발되었다. 새로 개발된 행위와 약제, 그리고 치료 재료는 당연히 이전 것보다 비싸다. 이렇듯 어쩌면 앞으로앞에서 이야기한 마늘 주사뿐 아니라 몸에 좋다는 청국장 주사, 쑥 주사 등 다양한 것들이 나올지도 모른다. 아니 이름은 그렇지 않아도 분명 또 나온다.

이렇게 비급여 의료 행위의 개발은 의학의 발전인 측면이 존재하면서도 한편으로는 따로 정해진 가격도 없을 뿐더러 비용 전액을 환자에게 직접 받고 그것이 건강보험이든 민간보험회사든 간에 비용을 따로 청구하지 않아 '관리 영역'에서 벗어날 수 있어 모든 의료 공급자들이 선호하는 것이다.

상황이 이렇다보니 갖가지 비급여 항목이 늘어난다. 게다가 늘어나는 비급여의 가격 또한 임의로 공급자가 정하다 보니 소위 '적정 가격'이라는 게 있을 리 없다. 굳이 그런 게 있다면 공급자들이 받고 싶은 '권장 가격'이 있을 뿐이다. 그래서 비급여 서비스를 어느 날 보험 적용을 할라치면 문제는 그간에 받던 가격을 다 인정해줄 수가 없으니 원가에 의한 가격 조정을 해야 하는 데 이게 문제가 쉽지 않다.

대표적인 경우가 바로 병원 밥값을 보험 적용한 2006년의 예다. 병원에 따라 일반식을 3,000~4,000원에서부터 7,000~8,000원까지 받았던 병원 밥값을 보험 적용하기 위해 일정한 기준에 의한 가격으로 조정하기가 실제 매우 어려웠다. 현재 일부 환자들에게만 보험 적용이 되고 있는 초음파의 경우에도 마찬가지의 어려움을 겪었지만 앞으로도 보험적용을 확대하려면 그 난관이 만만치 않을 것으로 보인다. 앞으로 어느 기준에 의해 가격을 정할지는 모르겠지만 그 기준의 합리성 여부를 떠나서 현재 병원들이 마음대로 받았던 가격을 못 받게 하는 것 자체에 대해 심각한 저항이 있을 것이기 때문이다.

■■■ 비급여 관리 못하면 우리의 미래가 어둡다

앞의 다른 글에서 비급여는 병원과 의사들에게 블루오션일지 모르지만 의료를 이용하는 우리에게는 비급여가 블랙오션이라 언급했었다. 비급여 의료 서비스들이 만들어지는 것이야 어느 나라야 없겠냐만, 문제는 이에 대한 통제 기전 없이 의료인들 마음대로, 그리고 환자들에게도 의료 기관들이 알아서 시술을 하든, 투약을 하든, 재료를 쓰든, 전혀 관리 감독이 안 된다면 이는 큰 문제다. 이 상황에서는 정부가 도대체 어떤 행위에 돈이 얼마나 들어가고 실제 환자가 1년에 얼마나 그것을 이용하고 있는지조차 파악하기가 어렵기 때문에 건강보험의 보장성 확대 계획을 세우기가 매우 어렵게 된다. 따라서 당연히 그 행위에 의한 부작용이 얼마나 있는지 그래서 보험 적용을 해주어야 하는지 말아야 하는지도 알 수가 없다. 이에 따른 국민들의 의료 이용에 대한 위험성이 100퍼센트 그대로 노출되는 것은 필연적인 결과다. 보험이 안 될 뿐더러 가격도 공급자가 알아서 정하니 의료비용으로 인한 경제적 고통이 가중되는 것 역시 필연적이다.

제주도에 있는 친구가 어느 날 서울에 라식 수술 잘 하는 안

과가 있다고 해서 수술 날짜 잡아서 비행기를 타고 왔다. 아시다시피 이 눔의 라식 수술은 비급여다. 그 잘 한다는 안과의 수술비용을 물어보았더니 카드로 내면 120만 원, 현금으로 내면 110만 원이란다(이건 불법이다). 카드로 내도 어차피 내가 결제해야 하는 돈인데 현금으로 내면 무려 10만 원을 그 자리에서 깎아준단다. 이거 뭐 굳이 머리 안 쓰고 쓱 하니 잔머리만 돌려도 바로 아래 은행에 가서 그 카드로 현금 서비스 받아 내도 더 싼 거 금방 알아버린다. 현금 서비스 100만 원 받아도 수수료에 이자까지 2만 원이면 될 테니 말이다. 아무튼 그 친구가 간 그날 이렇게 라식 수술 예약되어 있는 사람들이 무려 60명이 넘었단다. 다른 거 하나도 안 해도 라식 수술로만 올리는 매출이 하루에 6천만원이 넘는 셈이다. 내는 돈은 거의 다 현금이라고 봐야 한다. 카드로 긁지 않았으니 사실 얼마의 매출을 올리는지는 며느리도 모른다. 크든 작든 이런 행위들이 산재해 있으니, 어느 해인가 연말정산 한답시고 이런 비급여 매출액을 모두 신고하라고 했더니 난리가 났었다. 그간에 이렇게 각종 비급여 행위들을 관리 감독 안 한 것이 그 위력을 발휘하는 것이다.

비급여의 현황을 파악하지 못하고, 이에 대한 관리 감독을 하지 못하면 다음의 표처럼 각종 희귀질환자와 난치병 환자들에게 대만과 같은 혜택을 주기가 어렵게 된다.

대만의 전민보험(대만은 건강보험을 전민보험이라 한다)은 어떻게 환자들을 보호하는가를 잘 보여주고 있다. 암을 비롯해서 거의 대부분의 희귀 난치 질환자들은 전민보험에 중대상병 환자로 등록을 하여 확인 카드를 발급받으면, 2008년 기준으로 입원해서는 우리 돈으로 80만 원 이내 그리고 연간 누적 치료 비용이 우리 돈으로 135만 원을 넘으면 돈을 모두 돌려주거나 넘는 순간 내지 않도록 하고 있다. 본인 부담 상한제의 위력이다. 이렇게 본인 부담 상한제가 정상적으로 작동할 수 있었던 주요 원인은 대만 전민보험공단이 비급여 의료 서비스에 대해 기준을 가지고 관리하고 있기 때문이다. 이렇게 공공보험인 건강보험이 대만처럼 기본적이고 필수적인 전체 의료에 대한 보장을 해주는 것이 기본이다. 이런 본인 부담금 상한제가, 높은 치료비에 허덕이다가 패가망신했던 그 환자와 가족들을 살리기 위해서 하는 것임은 두말할 필요가 없다.

■■■ 비급여와 본인 부담금 상한제

그러면 우리는 본인 부담금 상한제가 없나? 무신 소리. 우리도 만들긴 만들었다. 2004년 처음 본인부담금상한제를 만들어 시행할 당시, 나는 많은 환자들이 전화와 이메일로 물어보는 이 높의 본인 부담금 상한제에 대해 답변을 해주느라 엄청 바빴다. 질문의 요지인즉슨, "앞으로 6개월에 300만 원만 넘으면 이제 우리는 돈 한 푼 안내도 되는 거냐?'가 핵심이었다. 그도 그럴 것이 복지부가 이 제도를 발표하면서 "고액 중증 질환자에 대한 건강보험의 보장성을 강화하여 가계 파탄을 방지하고자 6개월간 진료비를 합산하여 환자 법정 본인 부담금이 300만 원을 넘는 경우 초과되는 진료비를 전액 보험자(건강보험공단)가 부담한다"고 하였으니 허구한 날 치료비로 수백 수천만 원의 돈을 마련해야 하는 백혈병 환자와 그 가족들이 내게 전화해서 그런 질문을 할 수밖에. 하지만 사람들은 내 설명을 듣고 어떤 사람은 "에이 그럼 그거는 사기네?" 하는 사람도 있었고, 또 어떤 사람은 "제도가 좀 그렇긴 하지만 지금 처지에 그거라도 어디야?" 하는 사람도 있었다. '그거라도 어디야' 라고 생각하는 분은 자신들에게 어느 누구도 구원의 동아줄을 내려주지 않는데 조금이라도 도움이 된다면 그거라도 고맙다는 것이었고, 한마디로 "그거 사기네?" 했던 분은 우리나라의 본인 부담금 상한제가 결국 보험이 안 되는 비급여를 뺀 나머지 금액만 가지고 계산한다는 것을 두고 했던 말이다.

좀 죄송하지만 이전의 비급여 이야기를 하면서 썼던 표를 다시 한 번 써야겠다. 의료와 관련된 용어와 내용들이 워낙 사람들이 안 쓰는 말로 가득해서 일반 사람들과 환자들이 사실 이해하기가 그리 쉽지가 않아 표를 다시 살펴본다. 너그러이 이해해주시기 바란다.

입원 치료비 부담률

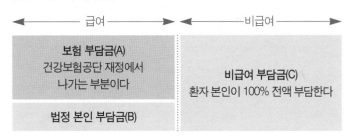

원래 우리나라의 본인 부담금 상한제는 처음엔 6개월에 300만 원을 상한선으로 시작했다가 2007년 7월 1일부터는 상한선이 200만 원으로 내려갔다. 하지만 지금은 1단계(년간 120만 원)부터 7단계(500만원)까지 총 7단계로 나누고, 매월 내는 건강보험료를 기준으로 단계를 정한다. 자세한 것은 아래의 표를 참고하기 바란다.

2015년 본인부담상한액

구분	2014년	2015년
1단계	1,200,000원	1,210,000원
2단계	1,500,000원	1,510,000원
3단계	2,000,000원	2,020,000원
4단계	2,600,000원	2,530,000원
5단계	3,000,000원	3,030,000원
6단계	4,000,000원	4,050,000원
7단계	5,000,000원	5,060,000원

＊전국소비자물가상승율 1.3% 적용(14.12.31. 통계청)

본인부담금상한액 기준 (2014년 기준)

구분		기준보험료	
		연평균 직장보험료 구간	연평균 지역보험료 구간
1단계 (120만원)	1분위	30,440원 이하	9,830원 이하
2단계 (150만원)	2분위	30,440원 초과 - 37,990원 이하	9,830원 초과 - 15,800원 이하
	3분위	37,990원 초과 - 45,640원 이하	15,800원 초과 - 24,050원 이하
3단계 (200만원)	4분위	45,640원 초과 - 55,700원 이하	24,050원 초과 - 36,700원 이하
	5분위	55,700원 초과 - 67,410원 이하	36,700원 초과 - 54,430원 이하
4단계 (250만원)	6분위	67,410원 초과 - 82,850원 이하	54,430원 초과 - 77,960원 이하
	7분위	82,850원 초과 - 103,010원 이하	77,960원 초과 - 105,000원 이하
5단계 (300만원)	8분위	103,010원 초과 - 132,770원 이하	105,000원 초과 - 141,000원 이하
6단계 (400만원)	9분위	132,770원 초과 - 179,700원 이하	141,000원 초과 - 190,870원 이하
7단계 (500만원)	10분위	179,700원 초과	190,870원 초과
기간		1년(1.1 ~ 12.31)	

아무튼 좀 나아지긴 했다. 하지만 여전히 존재하는 전제는 바로 '비급여는 빼고'다. "보험 적용이 안 되는 비급여를 뺀 것이 뭐 그리 대수냐?" 하고 묻는 분들은 고맙게도 그간 아프질 않으셔서 병원 이용을 안 하셨거나 경증으로 다녀오신 분들이다. 하지만 그간 치료비를 물붓 듯 돈을 쓴 환자와 가족들은 "이거 크게 도움 안 된다" 하는 이유가 있다. 전체 치료비 가운데 비급여 비용이 워낙 많은 것을 알기 때문이다. 그래서 우리나라의 본인 부담 상한제는 고액 중증 환자의 패가망신을 막을 수 없는 제도다.

중간 등급인 3단계(200만원 기준)를 기준으로 예를 들어 보면, 위의 표 가운데 비급여 부담금(C)을 빼고, 환자가 내는 법정 본인 부담금(B)의 총액이 200만 원을 넘어야 혜택을 본다.

암 환자의 경우 법정 본인 부담금(B)이 200만 원이 넘는다는 의미는 암 환자 법정 본인 부담금이 5퍼센트임을 감안할 때 보험이 되는 항목에서만 총 진료비가 4000만 원이 나왔다는 뜻이다. 다시 말해서 (A)는 3,800만 원, (B)는 200만 원이 나왔다는 것이다. (C)를 뺀 (A)+(B)의 진료비가 4,000만 원이 넘는 환자가 그리 많은 숫자가 아닐 때 혜택을 받는 환자의 숫자 또한 그리 많은 숫자가 아니라는 것이다. 현재 암 환자의 보장성이 약 60퍼센트 정도 된다고 감안할 때 이는 (A) : (B)+(C)가 60 : 40의 비율이라는 뜻이다. 이렇게 보면 (A)는 3,800만 원이고 (B)는 200만 원, 그리고 (C)는 약 2,660만 원이 된다. 다시 말해서 본인 부담 상한제의 혜택을 받는 기준선은 3단계의 환자인 경우, 암 환자의 경우 총 진료비가 보통 6,660만 원 정도 나왔을 때부터 시작된다고 볼 수 있다. 이에 환자가 부담할 돈은 (B) + (C) = 2,860만원이다.

상황이 이러니 암 환자들은 "에이, 그럼 그거 별 볼일 없는 거네" 하는 것이다. 이렇게 된 이유는 뭘까? 당연히 비급여 비용이 크게 자리하고 있기 때문이다. 이 비급여가 사라져서 대부분 보험 적용이 되는 급여 항목으로 이동하게 되면 그때서야 본인 부담금 상한제가 작동하기 시작할 것이다. 그렇게 해야 명실상부 의료비 때문에 패가망신하는 일을 막게 된다. 이 비급여가 의료계에는 블루오션일지 몰라도 우리에겐 블랙오션인 이유가 여기에 있다.

의료사고,
그 백전백패의 슬픔

■■■ 과실 여부를 피해자가 입증해야 하는 '이상한 법'

　의료사고. 병원을 다니면서 우리가 만날 수 있는 가장 한심한 최악의 경우다. 사람이 병에 걸려 그동안 연구한 의학적 수준이 그걸 해결하지 못하니, 그렇게 죽는 거야 누가 뭐라 하랴? 병에 걸려 죽는 것, 늙어서 죽는 것은 오히려 아주 자연스러운 우리네 인간사 아니겠는가?

　하지만 이 의료사고는 완전히 다른 차원의 이야기다. 위에서 말한 것처럼 결코 자연스러운 게 아니기 때문이다. 의료사고는 일단 모두 '과실'이다. 따라서 전혀 자연스러울 수가 없다. 그게 만약 고의였다면 그것은 의료사고가 아니라 살인이기에 의료사고는 모두 과실로 봐야 한다. 그러나 문제는 이 과실의 대상이 사람이라는 데 있다. 그리고 그 사람의 신체와 생명에 작든, 크든 위협적인 영향을 미치거나 아예 이 세상을 영영 하직

시킨다는 데 갑갑한 문제가 두 눈을 뜨고 있다. 내가 그동안 살면서 느낀 것 가운데 일을 당해서 거의 화병으로 죽을 만한 일 두 가지를 꼽으라면, 눈 뜨고 통째로 사기를 당하고 범인이 순식간에 눈앞에서 없어진 게 하나요, 멀쩡하던 내 가족이 오전에 병원 간다고 갔다가 오후에 죽어서 돌아온 게 또 하나다. 의료사고를 두고 많은 사람들이 이런 생각을 하는 것은 그 황당함도 황당함이지만 해결 과정에서 부딪히는 의료의 전문성으로 인해 피해자가 당하는 마음고생이 이만저만이 아니라는 데 이유가 있다. 그래서 예전에는 "병원하고 싸우면 백전백패다"라는 말이 있을 정도였고, 또 실제 병원하고 소송해서 싸워봐야 대부분 패소하는 것을 보아왔기 때문이기도 했다. 상황이 이러다 보니 끓어오르는 감정을 참지 못하고 '법보다 주먹이 먼저다'를 실천하는 사람들도 있고, 별 준비도 없이 곧바로 형사 소송을 진행하는 사람들도 있다. 그러나 이렇게 대응했다가는 진짜 영락없이 백전백패다.

왜 환자가 소송에서 패소할 확률이 높은가에는 핵심적인 이유가 있다.

그것은 사고를 당한 것은 나인데 정작 나는 내 몸에 대한 정보가 하나도 없고, 오히려 내가 소송을 걸어야 할 상대방은 나에 대한 정보를 모두 가지고 있다는 것이다. 게다가 더 갑갑한 것은 자신이 당한 사고가 과실인지 아닌지를 그 전문가를 상대로 환자인 내가 증명해야 하는 데 있다. 소송 과정에서도 마찬가지다. 환자의 입장에서 그것이 과실인지 아닌지를 의학적인 입장을 견지해 줄 의사를 만나기도 매우 어려울 뿐더러, 의학에 대해 잘 모르는 재판부 역시 이에 대한 소견을 의사들의 이익 단체인 의사협회에 자문을 구하니, 피해자인 환자로서는 장애물이 한두 가지가 있는 게 아니다. 더 나아가서 해당 의료 기관에서 하는 부검이나 국립과학수사연구소의 부검 역시 부분적으로 신뢰도가 떨어지고 있음은 마찬가지다.

■■■ 현실에 너무 우뚝하게 서 있는 하얀 거탑

그러나 대부분의 사람들이 사고와 관련하여 어떻게 대처해야 하는지에 대해 전혀 모르고 있다는 데에 더 큰 문제가 있다. 그나마 발 빠르게 준비하고 대처하면 그 억울함을 조금이라도 덜어낼 수 있으련만 대부분 그렇게 하지 못하는 게 현실이다.

예전에 텔레비전에서 방영된 의학 드라마 〈하얀 거탑〉은 이런 현실의 반영이다. 종반 이 드라마는 의료사고를 다루었다. 당시 의료사고가 나자 이를 은폐하기 위해 병원이 어떻게 대처해나가는지를 적나라하게 잘 보여주었다.

하루는 드라마에서 병원 관계자들이 모여 진료 기록 등 각종 기록물에 인위적으로 손을 대는 모습이 나왔다. 직접적으로 조작이라는 단어를 사용하지는 않았지만, 누가 봐도 그렇게 이해할 수밖에 없는 장면이었는데 이를 함께 보고 있던 큰 딸아이가 "아빠, 정말 저렇게 병원이 해?" 하고 물었다. 이 질문에 내가 한마디로 대답을 해주었다. "응, 저거보다 더 해."

혹 이 글을 읽는 사람들 가운데 의료 관계자들이 있다면 "야, 이 사람 정말 의료계에 대한 불신이 심하구먼!" 할지 모르겠지만, 글쎄 이건 불신의 문제가 아니라 지금도 여러 곳에서 발생하는 사실들을 이야기하는 것에 지나지 않는다.

그동안 많은 의료사고 피해자들을 보았다. 피해자들은 자신 혹은 사랑하는 가족이 생명을 잃었거나 또는 각종 장애를 입는 등 신체에 대한 피해를 입었기에 당연히 '분노' 한다. 하지만 그 피해자들의 분노를 살펴보면 모두가 동일한 한 가지 이유가 있다. 처음에는 과실을 인정했다 하더라도 결국 '병원과 해당 의사가 이를 발뺌하고 잘못을 절대로 인정하지 않는다' 는 것이다. 불신은 바로 이 문제로부터 시작되고 확산된다. '거짓은 거짓을 낳는다' 는 말이 있다. 이 거짓을 증명하기 위해서는 이를 증명하기 위한 다른 거짓말과 자료들이 필요하다. 거짓말과 기록 조작, 그리고 소송과 간간이 보여주는 협박은 의료사고에 대한 의료 기관의 세트 상품이다.

■■■ 일단 정보가 핵심이다

처음에 대부분의 환자들은 해당 의사하고 대화를 시도한다. 그것이 만약 의료사고라면 해당 주치의가 과실을 인정하고 사과를 하는 모습을 기대한다. 그러나 처음 사과를 하고 과실을 인정했던 담당 의사가 시간이 지나면서 입장이 바뀐 것을 확인하면 환자는 그때서야 대응 방안을 알아보기 시작한다. 어떤 경우에는 이 기간이 하루 이틀이 아니라 일주일 이주일 또는 한두 달이 지난 경우도 많다. 한마디로 어떻게 자신이 해야 할지를 모르기 때문이다. 속 터지는 것을 참지 못해서 급기야 의사의 멱살을 잡기도 하고, 아예 병원 문 앞에 드러눕기도 한다. 그나마 이성적으로 대처해야 한다고 생각하는 사람이 각종 기록물들을 모으기 시작한다. 소송을 하긴 해야 할 것 같은데 그렇게 하려면 증거 자료들이 필요하겠구나 하는 생각이 드는 게 당연하기 때문이다.

그러나 그나마도 어떤 자료들을 준비해야 하는지 잘 모른다. 기껏해야 영수증이나 처방전, 조금 더 준비하면 진료 기록부 정도다. 하지만 의사의 과실을 증명하려면 이 외에도 여러 가지가 필요하다. 아래는 여러 기록물들의 목록이다.

| 진료에 관란 기록의 보존(의료법 시행규칙 제15조) |

1. 환자명부 5년
2. 진료기록부 10년
3. 처방전 2년
4. 수술기록 10년
5. 검사소견기록 5년
6. 방사선 사진과 그 소견서 5년
7. 간호기록부 5년
8. 조산기록부 5년
9. 진단서 등 부본(진단서, 사망진단서, 시체검안서 등, 별도 구분하여 보존) 3년

위의 목록을 보고 필요한 기록물들은 가급적 '의료사고라고 생각되는 즉시' 떼어두는 게 좋다. 의료법 제21조에는 '(기록 열람 등) ① … 환자, 환자의 배우자, 환자의 직계존비속 또는 배우자의 직계존속(배우자, 직계존비속 및 배우자의 직계존속이 없는 경우에는 환자가 지정하는 대리인)이 환자에 관한 기록의 열람이나 사본 교부 등 그 내용 확인을 요구하는 경우에는 환자의 치료를 위하여 불가피한 경우가 아니면 확인할 수 있게 하여야 한다'고 규정되어 있고, 이를 위반할 경우 의료법 제90조 (벌칙)에는 '300만원 이하의 벌금에 처한다'고 되어 있다. 엄밀히 따지고 들어가면 모든 기록물은 환자의 비용 부담으로 만들어진 '환자의 소유물'이다. 의료 기관은 이를 위탁하

여 관리하는 것이고, 이에 대한 열람이나 사본 교부는 당연한 환자의 권리임을 알아야 한다. 그래서 사고가 의심이 될 때는 무조건 위의 기록물들을 가급적 많이, 빨리 모아야 한다. 그 중 가장 중요한 것은 진료기록부와 간호기록 그리고 수술기록, 영상기록 등이다. 어느 것 하나라도 빨리 떼는 것이 특히 매우 중요하다. 혹시라도 문서에 손을 대는 일을 피해자가 막을 수 있는 거의 유일한 길이기 때문이다. 사본을 요청했을 때 "양이 많아서 집으로 우송해 보내주겠다" 라든가 "확인해보고 연락드리겠다" 는 등은 말을 듣지 말고 그 자리에서 발급 받도록 해야 한다. 환자의 문서를 훼손한 것이 아닌 이상 즉시 발급을 하지 못할 이유가 하나도 없기 때문이다.

■■■ 침착하고 또 침착해라

위에 이야기한 각종 기록물들 외에도 보이지 않는 기록물들이 또 있다. 피해자가 기록한 것들이다. 의사와 간호사를 포함한 모든 병원 관계자들이 한 이야기의 내용, 시간, 이름, 그리고 사고와 관련한 주변의 증언자의 이름과 주소, 연락처 등 필요하다고 생각되는 모든 것을 그때그때 기록하여 두는 게 좋다. 필요하다면 녹취도 해야 한다. 그때그때 스마트폰으로 사진도 찍어 두시라.

아울러 섣부르게 어떤 문서에도 도장을 찍거나 사인을 해주면 안 된다. 의료사고가 확실시 되는 경우 대부분의 병원은 피해자와 '합의를 시도하는 게 보통' 이다. 이때 특별한 상황이나 이유가 없이 성급한 합의는 금물이다.

관련 시민단체들도 이용해야 한다. 의료에는 관련한 시민단체가 거의 없다. 현재 의료사고와 관련하여 도움을 받을 수 있는 단체는 '의료소비자 시민연대' 가 제일 오래된 단체이다 (www. medioseo.or.kr, 02-525-7233). 그리고 의료 기관을 이용하면서 권리를 침해당했거나 의료 정책과 제도에 대한 문의나 상담은 건강세상네트워크(www.konkang21.or.kr, 02-2269-1901~5)로 하면 된다.

이 외에 신뢰할 수 있는 변호사 선임은 특히 중요하다. 변호사라고 해서 모든 법을 잘 알고 가장 효율적인 방법으로 대처할 수 있는 게 아니다. 상당히 많은 피해자들이 변호사를 잘못 선임해서 일을 그르치는 경우가 많다. 이 문제는 정말 중요하다. 의료는 그 자체가 매우 전문적이기도 하거니와 제도도 매우 복잡하고 어렵기 때문에 이 소송을 해왔던 전문 변호사가 아니면 그 변호사 역시 새로 공부해서 대응해야 한다. 자칫 잘못하면 막대한 소송비용을 날리는 것과 함께 소송 자체도 패소하기 십상이다.

현재는 2011년에 만들어진 〈의료사고 피해구제 및 의료분쟁 조정 등에 관한 법률〉에 의거하여, 2012년부터 한국의료분쟁 조정중재원(전화 1670-2545)이 만들어져서 소송까지 가기 전에 90일 내로 분쟁을 조정하는 것을 기준으로 의료계와 환자 간의 분쟁을 조정하는 역할을 하고 있다. 그러나 그 중재원이 정말 두 당사자 간의 앙금을 풀어내고 소모적인 사회적 비용을 지불하지 않고도 의료사고 문제를 풀어내는 진정한 중재자로서의 역할을 할 수 있을지는 좀 회의적이다. 합의가 안 되면 중재원으로 가고, 여기서도 안 되면 결국 소송으로 가는 것 말고는 달리 방법이 없다.

의료는 대부분의 사람에게 항상 '추상적'이다. 이는 질병이 걸려야만 그리고 그 질병이 중하면 중할수록 현실이 되고 구체적이 된다는 의미에서 그렇다. 의료사고 역시 마찬가지다. 방송에서 이런 사례를 수없이 보아도 사람들은 감기 걸려서 동네 병원에 갔다가 내 아이가 죽어서 돌아올 수 있다고는 생각하지 않는다. 하지만 내가 처해보지 않은 것에 대해 미리 대처하는 것은 어렵다. 그래서 국가는 이를 대비하여 법을 만들고 시스템을 갖추어야 하는 것이다. 의료사고를 당한 피해자들의 눈물만으로도 그 기록을 서울에서 부산까지 써내려갈 수 있을 정도인데 환자들의 눈물을 애써 외면하는 의료계를 보면서 윤리가 이미 발로 차버린 쪽박처럼 깨졌다는 생각을 지울 수가 없다.

드라마의 단골 메뉴,
조혈모세포(골수) 이야기

■■■ 성덕 바우만, 문제는 그 다음이었다

지금으로부터 20여 년 전, 국민적인 관심사가 하나 있었다. 그 중심인물이 바로 미국 공군사관학교 생도였던 '성덕 바우만' 이다. 백혈병을 진단 받은 한국계 미국인인 성덕 바우만이 다인종 국가인 미국 내의 골수(조혈모세포) 은행의 데이터에서 조직이 일치하는 골수 기증자를 찾지 못하자 결국 자기를 낳아준 한국으로 들어와서 자신의 상황을 알린 것이다.

9번과 22번의 염색체 이상으로 쓸데없는 백혈구 아세포가 증가하는 만성 골수성 백혈병은 당시 골수 이식이 아니면 거의 사망했다(내가 걸린 병이다). 물론 이식을 한다하더라도 절반은 사망했지만 문제는 그나마 살 수 있는 방법이 골수 이식 하나뿐이었다. 형제간의 일치 확률은 25퍼센트, 타인하고의 일치 확률은 1/20000. 당시 기증자가 몇만 명에 불과한 상황에서 이런 성덕 바우만이 새로운 생명을 바랄 수 있는 희망을 줄 수 있는 사람은 준비되어 있지 않았다. 전국이 맞는 골수를 찾아주자고 난리가 났고, 곧바로 골수 기증이 이어졌다. 급기야 국방부까지 나서서 군인들의 골수 기증을 독려했다. 그 와중에 한 명의 골수 조직 일치자가 나타났다. 미국으로 입양간 이 성덕 바우만에게 골수를 기증할 이는 이름도 공교롭게 '한국' 이었다. 서한국. 그는 기꺼이 기증했고, 그 때문에 성덕 바우만은 지금도 건강하게 살아 있다. 그리고 20년이 지났다.

그동안에도 성덕 바우만처럼 전국을 떠들썩하게 하진 않았지만 마찬가지의 크고 작은 일들은 여러 번 있었다. 물론 그 일의 당사자인 환자들은 대부분 죽었다. 골수 조직 일치자를 아예 찾을 수 없었기 때문이다.

■■■ 기증 거부가 권리라 해도 이렇게 거부하면 살인이다

그런데 기증 약속을 해놓고 왜 때가 오면 거부하는 걸까? 이 기증 거부의 효시(?) 역시 성덕 바우만 건부터 무르익어왔다고 보면 된다. 이 당시 많은 국민들이 애정을 가지고 기증 약속을 했다가 오랜 시간이 흐른 뒤 까맣게 잊고 살던 중 어느 날 갑자기 "당신이 기증 약속한 골수가 필요한 사람이 나타났다"고 연락이 오면 이제 그때부터 고민을 시작했던 것이다. "엄마가 하

지 말래요, 마누라가 걱정하는데 힘들겠어요, 아이고 주변에서 다 말리더라고요" 등등…. 장기 기증에 대한 교육을 받은 적도 없고, 이에 대한 가치관이 확립되어 있지 않은 상황에서 단지 기증이 붐으로만 일던 시기였으니 이런 결과야 어찌 보면 당연한 결과일 수 있다. 그래도 기증할려? 안 할려? 물어보는 과정에서라도 그렇게 'NO' 라고 하면 그나마 차라리 낫다. 아래 이야기와 같은 이런 경우가 아니라면 말이다.

15년 전, 당시 백혈병에 걸린 5살짜리 꼬마가 있었는데 기증자가 기증 의사를 밝혔고, 아이는 골수 이식을 위해 무균실로 들어갔다. 그리고 전처치에 들어갔다. 전처치가 무엇인고 하면, 무지막지한 고용량 항암제를 투약해서 정상적인 골수와 고장난 골수를 가릴 것 없이 체내의 골수를 완전히 싹쓸이 하는 과정이다. 이때 몸에 넣는 항암제의 양이 여타의 다른 암 환자들이 항암 치료를 받을 때 사용하는 용량의 무려 10배 이상을 단기간에 사용한다. 다시 말해서 몸에다가 원폭을 투하하는 것이라고 보면 된다. 기존의 골수세포가 싹쓸이 당한 상태에서 이식을 기다리게 되는 것이다. 골수가 거지반 다 죽어버렸으니 그들이 만드는 혈액 수치도 거의 제로에 가깝게 진행된다. 보통 4,000~1만이 정상 수치였던 백혈구 수치도 겨우 300, 200, 100, 50으로 떨어진다. 몸은 개구리 뻗듯 늘어져서 침대에 24시간 누워 있다.

그런데 무서운 일이 벌어졌다. 이제 기증 의사를 밝힌 기증자의 골수를 채취해야 하는데 기증을 하겠다는 공여자가 거부 의사를 밝힌 것이다. 아이의 골수세포는 모두 죽여 놓았는데 기증을 거부하였으니, 아이의 아빠 엄마는 거의 미쳤버렸다. 하지만 어떡하랴! 방법이 없었다. 그래서 결국 그저 아이를 죽게 내버려 둘 수가 없어서 아버지의 골수를 채취해 이식을 했다(부모는 모두 50%만 일치한다. 엄마 50% 아빠 50%). 그러나 결과는 죽었다. 이런 경우는 거의 살인에 가깝다.

■■■ 골수(조혈모세포) 기증에 겁먹는 분들을 위하여

기증을 거부하는 이유는 크게 두 가지다. 하나는 부작용—그래서 혹시라도 기증 후에 자기 몸이 안 좋아질 것에 대한—에 대한 우려이고, 두 번째는 그야 말로 '겁'이다. 사실 뼈를 뚫어서 골수를 뽑으니 무섭기도 하다. 게다가 어느 정도나 뽑는지를 알려주면 그 겁은 '증폭'된다. 골수는 뼈에 집중적으로 모여 있고, 그래서 가장 많이 있는 곳이 허리 골반뼈다. 보통 성인의 경우 이곳에 구멍을 한 10여 개, 많으면 20개도 뚫어서 페트병으로 하나 가득 뽑는다면 누가 겁이 덜컥 안 나겠느냐는 말이다. 그러나 이 기증도 마취한 후 자고 일어나면 허리가 그날 뻐근한 거 빼면 다음날부터는 별 무리없이 생활할 수 있다.

그러나 이제 그런 걱정일랑은 다 버리시라. 최근에는 특정한 경우가 아니면 이렇게 뼈에서 채취하지도 않고, 성분 헌혈을 하듯이 혈액에서 조혈모세포만을 거른다. 그래서 이제는 보통 기증자들의 뼈를 뚫지도 않고 전신마취도 하지 않는다. 헌혈하듯 편안히 누워서 있으면 기증이 끝난다. 그만큼 부담이 덜하게 되었다. 그럼 첫 번째 우려만 남은 셈이다.

사실 장기 기증은 자신의 몸에서 일부를 떼어내서 주는 것이기에 그런 몸의 이상에 대한 우려는 어찌 보면 당연하다. 하지만 다른 장기와 달리 골수는 기증 후 보름 안에 다시 그만큼의 양이 원상 복구된다. 또한 이렇게 기증한 분들이 기증 후의 후유증을 이야기하는 분들이 없다. 모든 장기 기증 가운데 골수 기증은 가장 안전하고, 간편하다. 헌혈을 할 수 있는 용기만 있으면 가능하기 때문이다. 혈액을 만들어내는 어미세포 이것이 바로 조혈모세포다. 이제부터 조혈모세포 그리고 조혈모세포 이식으로 부르자.

■■■ 80~90퍼센트의 환자가
　　조혈모세포 이식을 할 수 있는 방법

현재 조혈모세포 이식을 기다리는 환자들은 2013년 기준으로 최근 5년간 13,750명이었다. 하지만 정작 조혈모세포 이식을 시행한 환자는 5년간 2,173 명이었다. 15.8%인 것이다. 나머지 약 11,500여 명은 언제 삶을 마감할지 모르는 상태에서 조혈모세포 기증자가 많아져 조혈모세포 이식을 할 기회가 오기만을 손꼽아 기다리고 있을 것이다. 물론 이렇게 이식을 기다리는 환자들은 이식을 못할 경우 대부분 1~2년 사이에 사망한다. 이런 상황은 단지 조혈모세포만이 아니라 다른 장기 기증이 필요한 경우도 마찬가지 상황이다.

현재 우리나라의 조혈모세포 기증률은 전 국민 대비 0.2퍼센트 정도에 머무르고 있다. 대만이 인구의 약 1퍼센트 정도인 것과 비교해보면 약 1/5 수준이다. 이런 수준의 조혈모세포 기증률은 백혈병이나 재생불량성빈혈, 조혈모세포이형성증 등 조혈모세포 이식이 필요한 질병에 걸릴 때 조혈모세포 일치자를 찾을 확률이 확률 상으로 40퍼센트 미만이다. 그나마 조혈모세포 일치자를 찾았다 하더라도 기증 거부율이 약 60퍼센트에 달한다고 하니 실제 이식까지 진행되는 경우는 병 걸린 환자의 15퍼센트 정도라고 봐야 한다. 이는 한 걸음 더 나아가서 볼 때, 기증자가 50만 명이 된다면 환자들이 일치자를 찾을 확률이 80~90퍼센트까지 올라간다는 의미다. 현재 25만 명 정도의 기증자가 있으니 앞으로 약 20~30만 명 정도가 더 기증한다면 매년에 몇천 명의 환자들이 새로운 삶을 살 수 있는 기회가 열릴 수 있다고 본다.

미국의 경우 600만 명 이상의 조혈모세포 기증자 데이터가

축적되어 있지만 이런 것이 한국의 환자가 기증 받는 것에는 큰 의미는 없다. 왜냐하면 조혈모세포는 유전적인 동질성에 크게 좌우되기 때문에 결국 자국민이 기증한 데이터의 축적이 우리에겐 더 의미 있는 것이다.

■■■ 건강보험에서 발생하는 이자 쓸 곳을 알려주마

20만 명을 더 모집하면 돈이 얼마나 들까? 기증자 한 사람당 조혈모세포 조직 검사비용과 홍보 관리비 및 인건비를 포함하여 약 23만여 원이 들어가니까 총 460억 원 정도가 필요하다는 결론이 나온다.

그러나 정부는 조혈모세포 기증자 모집에 매년 40억 원 안팎의 돈만 쓰고 있을 뿐이다. 이는 매년 기증자를 1만 7,000여 명 정도만을 모집할 수 있는 돈이다. 이 예산으로만 보면 성덕 바우만 때처럼 조혈모세포 기증이 붐을 이루어 내일 당장 10만 명이 조혈모세포 기증을 하겠다고 신청하여도 8만여 명은 내년에 다시 신청해야 한다. 예산 바닥났다고 기증하러 간 사람을 돌려보내는 일이 허다하다.

예전에 한 대기업이 모 대학에 사회 공헌 기금 명목으로 기부한 돈이 300억 원이었다. 일개 기업이 사회 환원하겠다고 하는 것이 이 정도인데 정부는 쥐꼬리만한 돈으로 환자들을 살리겠다고 한다. 경영을 잘못해서 구멍이 난 사기업에게도 국민의 피와 같은 세금을 공적자금이란 명목으로 수십조씩을 쏟아 붓고 있는 이 정부가 단돈 500억만 있으면 매년 수백 명, 수천 명을 살릴 수 있는 일에는 허구한 날 예산 타령만 한다. 건강보험 공단이 매년 발생하는 이자수입만으로도 아마 가능하고도 남아돌 것이다.

수십만 원씩 들어가는 각종 검사비와 검색비 뿐 아니라, 조혈모세포 조직 일치자가 나왔다 하더라도 거의 750만여 원이 들어가는 코디네이션 비용(이런 비용을 환자에게 받는 법적근거가 어디 있는지도 모르겠다.)도 단지 살기 위해 눈물 흘리며 투병하는 환자와 가족들의 등골을 휘게 하는데 정부는 이러한 근본적인 문제들에 대해서 외면하고 있는 것이다. 언론도 가세하여 환자들을 방송에 내세워 국민들의 감정을 자극하여 서민들의 호주머니에서 1,000원, 2,000원씩 모아 결코 단 한 명의 문제도 해결할 수 없는 일만 수도 없이 해오고 있다. 결국 절대약자인 가난한 환자들을 내세워 눈물샘을 자극하여 돈을 모으겠다는 것인데 거기에 많은 환자들이 돈 때문에 할 수 없이 자신의 얼굴을 방송에 드러내고 있다.

그런데 기부 행위가 나쁜 것은 아니지 않은가? 맞다. 기부 문화는 더 건전하게 꽃 피워야 하고 올바르게 정립되도록 모두가 노력해야 한다. 하지만 자신의 의지와 관계없이 병이 들어서 가족이 풍전등화의 위기에 몰려 있는 이들에 대해 정부가 자신들이 해야 할 일을 하지 않거나 은폐한 채, 이런 모금으로 이들을 살릴 수 있다고 수많은 사람들에게 인식시키는 일을 끝없이 행할 때 이는 아이들을 내세운 사회적 앵벌이에 지나지 않는다. 전화로 국민들에게 1,000원, 2,000원씩 '삥' 뜯어서는 그 불쌍한 아이들과 파산하는 가족들을 절대로 살릴 수 없다.

어차피 어디든 쓸 돈이라면 바로 조혈모세포 기증자 모집에 500억 원을 써라. 그래서 한번 만들어 놓으면 혹시라도 암이든 뭐든 병에 걸릴까 노심초사하면서 각종의 보험을 들은 전 국민이 진짜 중요한 생명의 인프라에 가입되는 것이다. 허구한 날 조혈모세포가 없어서 죽느니 사느니 방송이다 신문이다 떠들게 하지 말고 바로 이런 인프라를 구축하라. 이런 인프라를 구축하라고 정부가 있는 게 아닌가? 도대체 정부는 뭘 하고 있는가?

혈액, 안전하거나
아니면 위험하거나

■■■ 라면 한 상자에 담겨 있던
    '적십자사의 불량 혈액 유통 자료'

예전에 몇 년간 혈액 문제가 열심히 터졌던 적이 있었다. 두 명의 에이즈 바이러스 감염자가 헌혈을 해서 환자 한 명이 이 혈액을 수혈 받았고, 이 혈액을 원료로 제조한 각종 혈액제제가 만들어져서 유통되는 등 많은 사건이 터지기도 했다. 이런 상황에서 국민들이 가만 있을 리 없었고, 적십자사 게시판에는 시민들이 계속 혈액 문제를 야기하는 적십자사의 혈액 관리 실태에 대해 원색적인 욕을 하면서 게시판을 도배했다(이렇게 욕을 먹었던 그 시점에 적십자사는 아예 자유게시판을 폐쇄시켜 버렸다). 사실 그간의 행태를 봐서 적십자사는 그렇게 욕을 먹어도 싸다. 꼭 혈액관리 문제뿐 아니라 관련한 각종 비리 문제들이 얼룩져 나오는 데에야 더 말해서 무엇 하랴.

2003년 8월, 내가 근무했던 건강세상네트워크 사무실에 제보된 적십자사의 불량 혈액 유통 내용은 가히 충격적이었다. 현재 적십자사에 근무하고 있는 제보자가 근 라면 상자 하나 분량의 각종 자료들을 가지고 왔을 때 사실 우리는 그것을 그대로 믿을 수가 없었다. 그것은 적십자사 혈액사업본부가 스스로 부적격으로 표시한 에이즈, 간염, 말라리아, 매독 등 전염성 바이러스에 감염이 예상되거나 감염 가능성이 높은 수많은 혈액을 누가 언제 어느 병원으로 몇 시에 유통시켰는지 기록되어 있는 적십자사 혈액전산망에 나타나는 문서 그대로를 출력한 것들이었기 때문이다.

우리는 이런 적십자사 직원의 제보 내용을 부패방지위원회에 신고하였고, 부패방지위원회는 이를 적십자사의 부패 행위로 간주하여 감사원에 감사 요청을 하면서 사건을 이첩하였다. 그 와중에 우리와 적십자사는 언론을 사이에 두고 치열한 전쟁을 치르기 시작했고, 결국 사무총장을 비롯한 5명의 적십자사 간부급들이 해임을 당하였다. 우리는 다시 이 문제를 혈액관리법이나 에이즈 예방법, 그리고 약사법 등의 위반 혐의로 검찰에 고발하였으며, 이때 수사 도중에 적십자사 창설 이후 처음으로 국세청에게 세무조사를 받았고, 수혈 감염 피해자들은 적십자사와 정부를 상대로 민형사상의 고소를 하기도 하였다. 그러나 검찰은 여러 이유를 대면서 솜방망이 처벌을 하였지만 최초로 부실한 혈액 관리의 책임을 물어서 적십자사의 혈액원 원장 13명을 포함한 총 27명이 기소되어 재판을 받았다.

■■■ 불량 혈액 유통은 대국민 범죄다

나는 많은 사람들에게 적십자사의 불량 혈액 유통을 '고의' 와 '관행'이라는 말로 설명을 해왔다. 사실 혈액 문제를 처음 제기했을 때만 해도 이 문제가 적십자사 일부 혈액원의 실수 정도가 아닐까 하고 생각했었다(물론 그랬어도 문제지만).

그러나 우리들은 문제 제기의 내용이 깊어질수록 이에 대한 더욱 더 굳은 확신을 가지기에 이르렀다. 일단 특정의 헌혈자 가 헌혈유보군(DDR)에 등록이 되면 그 헌혈자의 혈액 검사 결 과에 따라 에이즈 의심 헌혈자는 TI, B형 간염 의심자는 TB, C 형은 TC, 말라리아는 TM, 매독 의심은 TS 등으로 표시하고, 이 를 컴퓨터 화면에서 식별이 잘 되도록 붉은색으로 표시한다. 이렇게 헌혈유보군으로 표시된 화면은 최초 문진부터 채혈 검 사 보관 공급에 이르기까지 각각의 담당자가 몇 번을 확인할 수밖에 없게끔 되어 있다.

처음 해당 헌혈자가 헌혈의 집 등을 방문하여 헌혈을 원할 시에 문진을 담당하는 간호사는 헌혈자의 주민번호를 컴퓨터 에 입력시키게 되어 있고, 이때 이 헌혈자가 헌혈유보군에 등 록되어 있는 헌혈자면 붉은색의 글씨가 화면에 뜨게끔 되어 있다. 그런데 이를 무시하고 채혈을 했으며, 다음 검사 실무자 역시 그 결과를 입력할 때나, 다시 병원에서 주문이 와서 출고할 때나, 본부의 부적격 혈액을 걸러내는 스크리닝에서도 모두 다 이를 무시했다는 이야기다. 이를 알고 적십자사가 무시하지 않았다면 결코 몇 단계의 그런 과정들을 절대로 통과할 수 없다. 그들은 이 혈액이 유통되어서는 안 되는 부적격 혈액임을 알고도 유통시켰다. 그래서 이것은 중대한 대국민 범죄였다.

■■■ 어떤 혈액들을 어떻게 유통시켰을까

헌혈 기록에는 헌혈자 개인의 신상 정보가 기록되어 있어, 있는 그대로 보여드리지 못하지만 내용을 간략하게 정리하면 다음과 같다.

아래의 사례들을 보고 과연 이 혈액들이 보기에도 얼마나 심정적으로도 '부적격 혈액' 이라는 느낌이 드는지 한번 가늠해 보기 바란다.

에이즈 사례 1 (헌혈의 집에서 채혈)

헌혈일자	HIV	DDR	혈액 사용 여부
2002. 12. 26	—	TI	수혈용
2002. 07. 01	—	TI	폐기
2001. 12. 10	+		폐기
2001. 07. 04	/		폐기
2001. 03. 17	—		수혈용
2000. 09. 17	/		폐기

- DDR - 헌혈자 유보군(이상 의심 혈액 보유 헌혈자를 관리하기 위한 지침)
- 구분 - TI(에이즈 의심 헌혈자 유보군) TM(말라리아 의심 유보군)

  TB(B형 간염 의심 유보군) TS(매독 의심 유보군)
- 표시 - +, — (검사에서 양성 또는 음성 반응을 보임)

  / (검사 결과 양성이' 의심 '됨)
- 혈액 사용 여부 - 수혈용 : 병원에 수혈용으로 출고

  폐기 : 전량 폐기

  분획 : 혈액제재의 원료를 만들기 위해 충북의 혈장분획센터로 출고

위 표는 이미 헌혈유보군(DDR)으로 관리되는 헌혈자의 혈액을 수혈용으로 출고시킨 사례다. 검사상에서 음성으로 나와 있지만 이전의 혈액 검사 기록 중 양성 반응 경력(2001. 12. 10)이 있기 때문에 채혈하거나 유통시키지 않아야 한다.

에이즈 사례 2 (군부대에서 채혈)

헌혈일자	HIV	DDR	혈액 사용 여부
2003. 05. 26	—		분획용으로 출고
2003. 02. 07	+	TI	폐기
2002. 09. 27	+	TI	폐기
2002. 04. 30	+		

위의 2003년 5월 26일에 채혈한 혈액이 아무도 음성이라고 단언할 수 있는 사람은 단 한 명도 없을 것이다. 이미 그 전 3번의 검사에서 모두 양성 판정의 결과가 기록되어 있기 때문이다. 그러나 적십자사의 입장은 '우리는 검사상에서 양성 혈액을 출고시킨 적인 단 한 번도 없고, 단지 검사상에서 음성이어서 출고시켰다'는 것이다. 그럼 그들은 위급할 때 과연 이런 혈액을 알고도 수혈 받을 수 있을까?

B형 간염 사례(11회 헌혈)

헌혈 일자	B형 간염	혈액 사용 여부
2003. 07. 24	+	
2003. 01. 17	+	
2002. 08. 21	+	
2002. 02. 01	+	
2001. 02. 01	+	
2000. 08. 17	—	수혈용으로 출고
2000. 02. 16	+	
1998. 08. 14	+	

1998. 02. 24	+	
1997. 08. 05	+	
1997. 02. 25	+	

현 적십자사의 혈액 관리 부실을 적나라하게 보여주는 매우 상징적인 사례다.

이 기록이 나타난 원 문서를 보면 2000년 8월경 채혈된 전혈이 적혈구, 혈장으로 분리되어 전남에 있는 모 병원으로 3명의 환자에게 수혈용으로 공급된 것이 나타난다. 그 병원에 가서 해당 일자에 해당 혈액 번호를 조사하면 수혈한 환자들의 신상명세를 파악할 수 있고, 그 환자들의 혈액을 채취하여 검사하면 거의 틀림없이 모두 B형 간염에 걸려 있을 가능성이 매우 높은 것이다.

매독 사례

헌혈 일자	STS(매독)	혈액 사용 여부
2001. 07. 04	+	
2000. 08. 08	—	수혈용으로 출고
2000. 04. 12	+	
1999. 07. 18	—	수혈용으로 출고
1997. 10. 31	+	
1996. 12. 12	+	
1995. 08. 23	+	

이외에도 현재 우리가 가지고 있는 문서에는 말라리아 의심

혈액 유통 내용, 그리고 아무도 문제 제기하지 않았지만 ABO 혈액형 검사를 잘못해서 수혈용으로 환자들에게 다른 혈액형을 공급한 수십 건의 기록 등도 있다.

위의 표를 보고 어떤 생각이 들까? '한심하다'는 것이다. 그럼 이것만 문제였겠나?

아니다. 훨씬 더 심각한 것은 조직 내부에 있었다.

■■■ 감시가 없는 곳은 반드시 부패한다

한마디로 우리나라 혈액 사업의 문제는 정부의 관리 감독이 전혀 이루어지지 못한 채, 적십자사의 독점적인 구조가 수십 년을 이어져 오면서 누적된 결과가 총체적으로 폭발한 것이라고 말할 수 있다. 이렇게 관리 감독 기능이 구조적으로 부재한 상태에서 정부로부터 사업을 위탁 받아 독점적으로 운영해왔던 적십자사는 여러 문제들이 중층적으로 내면화된 조직이다. 혈액 문제가 터진 이후, 이에 대해 보여주었던 적십자사의 언행은 실로 매우 비도덕적이었다. 전산상의 문제로 다 덮어 버리려다가 결국 모든 것이 사실로 확인되자 국민들에게 "미안하다, 죄송하다"를 연발하였고, 그간 문제가 터진 후 제도를 개선하겠다는 요지의 말은 매년 반복적으로 앵무새같이 해왔다.

그러나 구조적인 문제 또한 작은 것이 아니다. 좁은 땅덩어리에 16개 혈액원이 그 숫자의 타당성도 검증하지 않은 채 운영되고 있었다. 게다가 각기 독립채산제로 움직이면서 채혈이 곧 생산량이 되고, 이는 다시 매출이 되어 적십자사를 유지하는 재정으로 되돌아오기 때문에 집단 채혈과 혈장 채혈에 주력하는 것은 자본주의 사회에서는 어쩌면 당연한 일이 아니냐고 강변할지도 모르겠다. 적십자사의 총재는 퇴임한 전직 총리급이 말년에 거쳐 가는 자리로 인식되었고, 조직 내 의결 기구인 중앙위원회는 20여 명이 넘는 위원 중 복지부장관을 포함한 7명이 현직 장관으로 구성되어 있다. 거의 국무회의 수준이다. 바로 이런 것이 복지부가 혈액 문제가 생겨도 관리하거나 감독할 수 없었던 조건이기도 했다.

적십자사의 혈액 문제는 단순한 문제가 아니다. 혈액이라는 매우 의학적이고도 전문적인 내용이 결합되어 있기 때문에 일반 시민들이나 환자들이 문제 제기를 하기가 그리 녹록하지 않았다. 때문에 최근 혈액 문제의 사회적 관심은 그간 수십 년을 관리하고 감독하는 체계 없이 독점적인 사업을 하면서 스스로를 갉아먹어 왔던 적십자사와 혈액 사업을 국민들의 힘으로 개혁할 수 있는 매우 좋은 기회였다.

■■■ 혈액은 사회의 공공재다

많은 나라들이 이런 혈액 사고를 겪으면서 제도가 발전되어 왔다. 프랑스도 그랬고, 일본도 그랬다. 일본은 몇백 명이 혈액 제제에 의해 에이즈에 감염되면서 약을 공급한 일본 녹십자사가 회사를 정리하고 그 대금을 피해자들에게 보상금으로 지급하고 파산했다. 그 이후 일본 정부는 혈액 사업에 국가가 적극 개입하고 매년 막대한 돈을 투자하기 시작했다. 그럼, 우리도 할 수 있을까? 그렇다면 무엇을 어떻게 바꾸어야 할까?

혈액은 그 자체가 생명이고, 혈액 문제는 전 국민의 안전과 생명에 직접적으로 연결되어 있는 문제이기 때문에 전기나 물처럼 사회의 공공재로 보고, 혈액 사업에 대한 국가 개입은 당연한 것이며, 그에 따른 강력한 통제와 함께 체계적인 관리가 필요하다.

어떻든 그간의 활동으로 분명한 것은 하나 있다. 3년 전보다 2년 전이, 2년 전보다 작년이 그리고 작년보다 올해가 더 안전한 혈액을 수혈 받고 있음은 분명하다는 것이다. 출산을 하면서 수혈을 받든, 각종 질병이 걸려서 수술을 하는 중에 수술을 받든, 자동차 사고나 각종 상해로 인해 수혈을 받든 예전보다 지금이 더 안전한 혈액을 수혈 받고 있다는 것은 분명하다. 무려 3년을 치고받고 싸웠던 결과다. 이 글을 읽는 분들이 알고 계셨던 모르고 계셨던 상관없이 말이다.

다국적 제약회사의 횡포,
약값 이야기

■■■ 약은 돈을 벌어들이는 무기다

사람들은 '언젠가는 한 알만 먹으면 병이 낫는 기적의 약들이 출현할 것'이라고 굳게 믿고 있다. 그러나 정말 약을 만드는 제약회사들은 단번에 병이 낫는 약을 개발할 수 있을까? 답은 개발할 수 있느냐 없느냐가 아니라 '개발할 수 있어도 아마 만들어서 팔지는 않을 것'이란 게 답이다. 이유는 한 번에 병이 낫는 약은 수익성이 떨어지는 제품이기 때문이다.

제약회사가 제일 좋아하는 약은 병을 유지시키면서 그 사람이 죽을 때까지 먹어야 하는 약이다. 예를 들면 글리벡과 같은 약이다. 글리벡이 처음 국내에 출시되었을 당시 국내의 만성 골수성 백혈병 환자들은 약 600여 명 정도였다. 하지만 출시 5년여 만에 환자들은 약 2000여 명 이상으로 늘어났다. 약 때문에 환자들이 사망하지 않고 계속 신규 환자들이 진입하기 때문이다. 이 이야기를 뒤집어서 보면 매출액이 2.5배 이상 늘어났다고 이해할 수 있다. 전혀 확인되지 않은 제약회사의 주장이긴 하지만 그 주장을 그대로 수용한다고 하여도 글리벡의 개발비용은 1억 달러라고 한다(글리벡의 개발비용 중 약 90퍼센트는 제약회사의 자금이 아니라 세금으로 조성된 정부 지원금과 기타 연구소의 지원으로 충당되었다. 실제 제약회사가 낸 돈은 전체의 10퍼센트에 불과하다). 그런데 출시 후 5년이 되었던 2006년까지 이 약 하나의 전 세계 매출액은 무려 60억 달러에 이르렀다. 그런데 현재의 환자에 앞으로 신규 환자가 기하급수적으로 더 늘어나면 앞으로의 매출은 이보다 훨씬 더 클 것임은 두말할 나위가 없다. 실로 어마어마하다.

이렇게 돈을 벌어도 약소국의 환자들은 약을 먹을 엄두도 못 낸다. 현재 글리벡의 가격은 달러로 계산하면 현재 2015년 약가로 약 10달러 정도인데 이 약의 가격을 만약 1/10의 가격인 1달러로 주겠다고 하여도 약소국의 환자들은 먹을 방법이 없기 때문이다. 하루에 4알(4달러), 한달에 약값만 120달러이니 말이다. 에이즈 치료제가 있어도 치료제 한 번 써보지도 못하고 죽어가는 사람이 1년에 1,000만여 명이라는 것은 바로 약이 이미 국경 없는 전쟁의 무기로서 기능하고 있음을 보여준다. 제2차 세계대전에서 죽어간 사람이 1,000만 명이 안 된다는 것을 상기할 때 1년에 그만큼의 사람들을 '단지 약이 없어서 또는 그 약이 비싸서' 죽게 한다는 것은 중대한 범죄 행위다. 그래서 자본은 너무 비인간적이다. 이렇게 이미 약은 상품이 되었고, 돈을 버는 수단으로 전락한 지 너무 오래다.

■■■ 이름도 어려운 포지티브 리스트

2006년, 복지부가 그간 시행을 예고했던 약제 선별 등재 방식(포지티브 리스트 시스템)의 기본적인 틀이 발표되었다. 이에 국내에 진출한 다국적 제약회사들과 국내 제약회사들이 거세게 반발했다. 다국적 제약회사들은 이런 정책이 환자들의 신약에 대한 접근권을 훼손함과 아울러 결국 이는 제약회사들의 신약에 대한 개발 의지를 꺾을 것이라고 주장하고, 복제약 시장에 의존하고 있던 국내 제약회사들은 상당수의 약(복제약)이 시장에서 퇴출될 것을 우려하면서 강력 반발하고 있다. 사실 국내 약 700여 개의 제약회사들 중 상당수인 65퍼센트가 30명 미만의 직원을 보유하고 있는 영세 업체인데 이들 업체의 주력 약들이 보험시장에서 퇴출될 수 있다는 것은 곧바로 '장사를 그만하라' 는 뜻으로 받아들여질 수밖에 없기 때문이다. 하긴 제약회사로서 최소한의 R&D 역량도 없을 그런 회사들까지 국민들이 먹여 살릴 필요가 있을까 하는 생각도 들지만 어떻든 국내 제약회사들의 위기의식이 심각하다는 것은 분명한 것 같다.

하지만 다국적 제약회사들의 입장은 좀 다르다. 국내 제약회사들이 생존의 불투명성으로 반발하는 것과는 달리 다국적 제약회사들은 의사나 환자나 소위 '오리지널 약'을 좋아하는 국내 시장에서 그간 제법 짭짤하게 수익을 챙겨 왔는데 포지티브 리스트가 바로 이 이윤에 직접적으로 칼을 대는 정책이기 때문에 자국의 정부 역량까지 동원해서 반발하는 것이다.

2006년 시민단체인 건강세상네트워크에서 국내 최초로 아스트라제네카가 판매하고 있는 폐암 치료제 이레사에 대한 약가 조정 신청을 낸 것을 복지부가 받아들여서 약가 인하를 결정하였고, 이에 반발하여 이때 제약회사가 행정소송을 낸 것도 이런 연장선상에서 받아들여진다. 해당 제약회사는 '소송은 법에 보장된 권리'라고 이야기하지만 이런 주장은 도덕성을 뺀 논리적 수사에 다름 아닐 것이다. 사실 관련 시민단체들은 그간 다국적 제약회사들이 국내에서 너무 손쉽게 돈을 벌고 있다고 주장한다. 위에 이야기했던 백혈병 치료제 글리벡의 경우도 국내에서는 한 정에 처음에는 2만 5,005원을 요구하다가 지금은 점점 가격이 떨어져서 11,077원에 판매하고 있지만 미국에서는 처음서부터 한정에 1만 2,490원(BIG4 가격)에 판매하고 있는 것이나, 폐암 치료제 이레사 역시, 국내에서는 출시 당시 한정에 6만 2,010원(2014년 기준은 47,982원)인 반면 미국에서는 우리의 반값 정도인 3만 7,966원(역시 BIG4 가격)에 판매하고 있었으니 그럴 법도 하다. 게다가 이렇게 고가에 판매하고 있어도 이들 약가를 통제할 수 있는 기전이 별 볼일 없었기에 시민단체들이 말하듯 "다국적 제약회사들이 그동안 참으로 장사하기 좋았겠다"는 말을 일면 수긍할 수밖에 없는 것이다.

다국적 제약회사들은 미연방 구매 가격(FSS)이나 위에 예를 든 BIG4 가격(보호청 등 특정 4개 정부 기관에서 구매하는 가격)은 미국 전체 소비량의 10퍼센트도 안 되는 미미한 물량이고, 이들 약제의 주 소비자가 군이나 노인, 그리고 우리의 생활보호대상자처럼 소득 취약 계층에게 공급하는 가격이기 때문에 '가격의 대표성'이 없다고 주장한다. 그러면 나머지 90퍼센트는 누구에게 판매하는가? 바로 민간보험회사들이다. 공공의료보험이 없는 미국의 주 구매자는 바로 보험회사들이다.

그럼 다국적 제약회사들이 주장하는 것처럼 이들에게 공급하는 가격은 연방 구매 가격보다 더 높은가? 연방 구매 가격이 공개되어 있는 상황에서 물량의 90퍼센트 이상을 구매하는 보험회사의 약가 전문 협상팀들이 그보다 더 높게 약을 구매한다고? 나는 연방 구매 가격보다 더 낮을 것이라고 보고 있다. 나 같은 사람들을 믿게 하려면 보험회사의 구매 가격을 공개하면 된다. 아주 손쉬운 일이다.

신약 개발비가 1조 원이 들어간다고 제약회사들은 주장하지만 구체적인 비용을 확인해준 제약회사는 아직 한 곳도 없다. 다만 내가 확인한 것은 특허가 끝날 때까지 그 엄청나다는 신약 개발비의 수십 배, 100배를 고스란히 이윤으로 가져가는 그

수준 높은 도덕성 외엔 없다. 지금도 약값이 고시되었는데 약값이 낮다며 약을 팔지 않는 다국적 제약회사가 있다. 이렇게 약에 대한 환자의 접근권을 제약하는 것은 다름 아닌 바로 고가의 약가를 챙겨가려는 제약 회사 바로 자신이다. 약제 선별 등재 방식(포지티브 리스트 제도)은 그래서 필요하다.

■■■ 만국의 환자가 단결해야 하는 이유

약가는 약가대로 고가이고, 여기에다 각종 특허와 제품 관련 마케팅의 수법 또한 다양해져 간다. 예전에 다국적 제약회사인 화이자의 고혈압 치료제인 노바스크와 관련한 국내 제약회사들의 특허 분쟁도 다국적 제약회사가 자신들의 이윤을 지키기 위해 얼마나 치밀하게 상황을 분석하고 이를 교묘히 이용하는지 여실히 보여 준다. 다음의 표는 노바스크의 약제학적 염과 조성물(암로디핀 베실레이트)에 대한 화이자의 특허 신청 일지다. 국내에서만 한 해에 건강보험공단에서 급여비로 나가는 돈이 무려 1,300억 원 가량 되는 그야말로 세계적 블록버스터 약인 노바스크의 특허 만료는 표를 보시는 바처럼 타국에서는 이미 만료되었거나 2007년 만료되는 게 대부분이다. 하지만 표에서 유독 우리나라는 3년이 더 지나야 만료된다. 왜 그럴까?

국내 현황 일지를 보면 제법 특허와 물질 특허를 따로 내면서 법과 그에 따른 시행령의 허점을 교묘히 이용했기 때문이다. 원래 제법 특허라는 게 물질이 있어야 제법도 가능하기에 물질 특허도 없이 먼저 제법 특허가 인정되는 것 자체가 아주 이상한 것이지만 우리나라는 따로 특허를 내주었다.

국가명	만료일	노바스크 국내 현황	출원일	만료일
미국	2007. 9. 25	물질특허 개정안 공포	1986. 12. 31	
일본	2007. 4. 03	제법특허 출원	1987. 04. 04	2007. 4. 4
유럽	2007. 3. 31	물질특허제도 시행	1987. 07. 01	
덴마크	2004. 3. 07	물질특허 출원	1987. 08. 05	2010. 7. 7
오스트리아	2004. 3. 09			
한국	2010. 7. 07			

이로써 화이자는 특허의 지위를 3년간 더 누릴 수 있게 되었다. 물론 우리들이 더 싼 복제약을 먹는 것이 그만큼 어려워졌다는 것은 두 말 할 필요도 없을 뿐더러 당연히 건강보험의 지출을 줄이기도 어려워진다. 이미 노바스크의 특허 만료를 두고 개량 신약(기존 약물의 분자구조만 약간 바꿔서 다시 특허를 출원하는 데 이게 개량 신약이다)이나 기타 제네릭(복제약 : 특허가 끝난 약의 카피약)을 만든 국내 제약회사들과의 한판 싸움은 앞으로도 계속 이어질 것이다.

한미 FTA는 이런 특허권을 더 충실하게 보장해주었다. 특허를 보장한다는 것은 무엇인가? 고가의 약가를 보장한다는 것이고, 이는 반대로 국민들과 환자의 주머니를 더 장기간 확실하게 털어가겠다는 것 외에는 아무 것도 아니다. 다국적 제약회사의 횡포는 국내에서만이 아니라 전 세계적으로도 그 폐해가 심각하다. 폐해가 전 세계적이라는 것은 그 대응 또한 전 세계적으로 해야 한다는 의미다.

아마 의료의 여러 가지 주제 가운데 자국의 울타리를 넘어서야 비로소 그 운동의 내용과 형식이 완성된다고 보는 주제가 바로 의약품 분야다. 나라마다 의료 제도가 다르고, 그 안에 있는 공급자와 이용자의 사고와 인식도 다 다를 수 있겠지만 적어도 의약품에 관한 한 가격과 공급, 그리고 정보의 생성과 유통은 전 세계 단일 공급자에 의해 조직되기 때문에 이에 대한 대응 역시 그러해야 한다고 생각한다. 이는 특히 환자권리라고 하는 측면에서 더욱 더 그러하다.

굳이 다국적 제약회사를 거론하지 않는다 하더라도 자본은 속성상 이미 일국 내에서만 자기 운동을 하지 않는다는 것을 생각할 때 다국적 제약회사들이 전 세계 통일 약가를 주장하면서 전 세계적인 마케팅 플랜을 짜는 것은 결코 이상한 일이 아니다. 전 세계 의료 이용자들이 먹는 약은 모두 동일하다. 약가격 역시 그런 지점을 향해 가고 있다. 그 약의 탄생을 위해 전 세계의 '환자'들이 단일 플랜의 임상시험(어떤 면에서는 임상실험이다) 시스템에 놓여 있다. 이를 뒤집어 이야기하면 환자의 권리를 위해 만국의 환자가 단결해야 할 이유이기도 하다. 태국의 에이즈 환자들이 방콕에서 약가 시위를 하면서 국내의 관련 단체들과 함께 연대를 요청한 것은 매우 고무적인 일이다. 적어도 의약품의 환자 권리는 전 세계적 연대 운동의 가능성을 고민하며 진행되어야 한다.

만국의 환자여 단결하라!

그럴 만한 이유가 너무도 충분할 뿐더러, 이유를 따지기에는 다국적 제약회사의 횡포에 죽어가는 전 세계 환자들의 생명이 너무 절박하다.

국민건강보험 VS.
민영보험

■■■ 우리가 자주 깜빡하는데 민영보험회사는 기업이다

건강보험료를 매년 올리는 것에 대해 많은 사람들이 수시로 불평을 늘어놓는다. 그도 그럴 것이 어려운 형편에 돈은 내는데 병원에 가면 또 다시 많은 돈을 내야 해서 정작 '이게 정말 보험이 맞긴 맞나' 하는 생각이 절로 들 뿐더러 만약을 위해 보통 민영보험도 한두 개 들어 놓아서 보험료 지출 역시 이중으로 되어 경제적으로 큰 부담으로 작용하니 말이다. 게다가 보장성도 척박할 뿐더러 자신의 선택 여부와 관계없이 '강제'로 가입한 국민건강보험에 집중적으로 화살이 날아가는 것은 어찌 보면 당연한 일인 듯싶다.

이런 상황에서 여러 민영보험회사들이 집중적으로 쏟아 붓는 각종의 광고는 사람들을 끝없이 유혹하고 알게 모르게 국민건강보험에 대한 민영보험의 비교 우위를 확립하려고 한다.

그러나 정말 민영보험이 국민건강보험보다 훨씬 더 큰 보장을 해줄까? 국민건강보험이 없어지고 민영보험만으로도 우리의 미래와 각종 질병이 보장될까? 답은 '절대 아니다' 다.

민영보험회사들의 공격적인 광고와 마케팅에 길들여진 많은 사람들이 깜빡 잊고 있는 게 하나 있다. 민영보험사들이 이윤을 추구하는 기업이라는 사실이다. 온갖 화려한 말과 상술로 자신을 포장해도 기업은 결국 기업이다. 이윤이 남지 않으면 장사를 '안 한다' 가 아니라 아예 '할 수 없는 곳' 이라는 것이다. 이윤은 어디서 생길까? 당연히 우리가 낸 보험료다.

그래서 민영보험회사들은 보험 가입자에게서 걷은 이 보험료를 통해 최대 이윤을 남기는 것을 제 1의 목표로 둔다.

그러나 건강보험은 좀 다르다. 건강보험은 전 국민이 가입자다. 민영보험사들이 이미 질병에 걸려 있는 아픈 사람을 보험에 가입시켜주는가? 아예 명함도 못 꺼내는 것이야 모두 알고 있는 사실일 게다. 아픈 사람만이랴! 장애인이나 일정 정도 나이 이상의 노인들 역시 모두 마찬가지다. 이뿐이 아니다. 이전에 여러 가지 질병을 앓았던 소위 병력이 있는 사람 역시 가입을 안 받아준다. 하지만 건강보험은 가입이 된다. 왜 그럴까? 애초부터 건강보험은 이윤 추구를 목표로 만들어진 것이 아니기 때문이다. 전 국민이 가입해서 많이 버는 사람은 많이 내고 적게 버는 사람은 적게 내서 잘 사는 사람이 못 사는 사람을 돕고 젊은 사람들이 어린 아이나 노인들을 도우며, 건강한 사람이 질병에 걸린 사람들을 돕는 '사회연대성'에 기반을 두고 있기에 그렇다. 그래서 민영보험은 '상품'이지만 건강보험은 상품이 아니다. 2014년 건강보험의 흑자가 약 13조 원가량 발생했지만 민영보험사들이 이윤을 주주들의 배당과 각종 영업비에 쓰는 것과 달리 이는 모두 건강보험 서비스를 확대하는 것으로 국민들에게 되돌려진다.

■■■ 국민건강보험, 한 달에 5,400원으로
　　　전 국민 암 무상 치료를

　암 보험 드셨습니까? 그리고 전화를 하란다. 떵떵떵 AIG, 라이나생명은 과감하게 묻지도 따지지도 말라고 한다. 어느 보험회사의 암 보험 상품을 보니까 40살 남성이 80살 만기납의 상품을 매월 납부하면 한 달에 4만 9,900원을 내야 한단다(모 생명보험회사의 무배당 암 보장 상품이다. 암 진단 시 일반 암은 2,000만 원, 고액 암은 5,000만 원을 준단다). 만약 한 가구 4인 가족이 암 보장을 받으려고 한다면 얼마를 내야 할까? 아이들의 보험료가 상대적으로 싼 것을 감안하더라도 아마 월 15만 원은 족히 내야 할 것이다. 이쯤해서 그럼 국민건강보험을 보자.

2014년 암 치료비로 국민건강보험공단이 지불한 총비용은 4조 2,777억 원이다. 이 금액은 우리가 암 치료비용으로 내는 돈의 대략 60퍼센트 정도 수준이다. 이렇게 계산하면 암 걸려서 발생한 전체 비용 중 건강보험 공단이 지불한 치료비용이 60%인 4조 2,777억 원이라는 이야기고, 나머지 40%인 2조 7,000억 원은 우리가 냈다는 것이다(5%는 환자본인부담금, 35%는 비급여). 아무튼 이를 단순히 계산해본다면 환자들이 직접 부담하는 2조 7,000억 원 정도의 돈이 더 있다면 전체 암 환자가 무상으로 치료 받을 수 있다는 이야기가 된다. 치료비가 부담스러워서 암 치료를 미루고 있는 환자들이 있었다하더라도 약 3조 원의 돈이 마련된다면 가능하다는 결론이 나온다. 그럼 이 돈을 마련하려면 전 국민이 돈을 얼마씩을 더 내야 할까? 우리나라 국민이 약 5,000만 명이라고 할 때 평균적으로 한 사람이 한 달에 약 5,400원 정도의 돈―보험료―을 더 내면 된다. 4인 가족을 기준으로 한다하더라도 한 달에 2만 1,600원이다. 아니 한 사람이 한 달에 5,400원을 내고 암을 무상으로 치료 받는다고? 그렇다.

그런데 왜 이런 것을 안 할까? 이미 많은 국민들이 암이나 각종 질병의 치료비가 무서워서 암 보험이나 실손보험이다 해서 한 개씩 보험을 거의 들어 놓았고, 한 달에 보험료만 해도 수십만 원을 내고 있는 형편인데 아니 한 달에 기껏 돈 2만 1,600원으로 우리 가족 전체의 암 치료를 보장 받을 수 있다면 누가 이 돈을 내지 않겠느냐는 말이다. 그러나 여기에는 큰 장애물이 하나 떡 하니 가로막고 있다. 바로 보험회사다. 권력이 이 보험 금융 자본의 벽을 넘어서지 못하는 한 이는 매우 어려운 일이다. 결국 보험회사의 이윤을 위해 국민의 호주머니와 의료 공공성이 볼모로 잡혀 있는 꼴이다. 그럼 건강보험의 보장성과 공공성이 이렇게 강화되면 보험회사들은 다 망하는가? 그렇다면 의료 제도가 잘 되어 있는 소위 선진국—미국 빼고—의 보험회사들은 다 망해야 하는데 그런 일은 없다. 무상 의료 제도를 가지고 있는 영국도 안 그렇고, 우리나라와 같은 전민보험 제도를 운영하면서 국민들이 거의 돈을 내지 않는 대만 역시 민영보험들이 멀쩡하게 다 살아 있다.

그럼 뭐가 다른가? 한마디로 말해서 무엇이든지 먹어치우는 불가사리를 그 나라가 어떻게 키우고 있는가가 다르다. 아무거나 닥치는 대로 먹어치우게 풀어놓고 키우는지, 아니면 집에다가 묶어놓고 키우는지의 차이다. 왜 불가사리인가? 외국의 보험회사가 보험금 지급률이 전체 보험료 중 80퍼센트에 이르는 데 비해 우리나라는 겨우 60퍼센트 정도에 머물고 있고, 상황이 되면 갖은 수단을 동원해 보험금 지급을 안 하려고 하면서 남긴 돈으로는 거의 '사기'에 가까운 공격적인 마케팅을 통해 이윤을 챙긴다. 주주들에게 나눠주는 이윤 배당 외에 따로 마련된 예정 사업비(2006년 기준 16조 708억 원)는 보험 가입자의 보험 계약을 유지해 주는 관리보다는 '생명보험사의 사업

영역 확대에 필요한 경비' 로 쓰여 질 것을 목적으로 한 것이라고 보고 있다. 직원들의 월급과 관리 운영비라는 명목으로 한 해에 건강보험공단 운영비의 4배를 지출한다. 그래서 불가사리다.

■■■ 꼬드겨놓고 보험금 지급 거부하는 민영보험

텔레비전에서 민영보험 관련 뉴스를 방영했는데 60대 중반의 부부가 함께 실버보험에 가입한 후 할머니가 교통사고로 골절을 당한 이야기였다. 골절이 되었으니 보험을 가입한 당사자야 두말할 것도 없지만 사람들 역시, 골절부터 치매까지 몽땅 보장한다고 하니 보험회사가 당연히 보장하겠거니 생각할 수밖에.

그러나 보험회사는 보험금 지급을 거절하였다. 이유인즉, 할머니의 그 골절은 그 골절이 아니란다. 엥? 이게 무슨 소리? 보험회사가 생각하는 골절은 '뼈가 부러졌거나 분쇄된 부분을 절단해서 다른 물건(보철물)을 넣어 고정시켜서 원상태로 붙이는 것' 이란다. 다시 말해서 그 보험을 가입해봐야 뼈가 부러져도 보험금을 받을 사람이 많이 없다는 뜻이다. 이 내용은 바로 보험 상품의 약관에 나와 있었다. 하지만 문제는 거의 대부분의 사람들이 보험 가입을 하면서 약관을 읽어보지 않는다는 데 있다. 지금까지 이놈의 약관은 내가 무슨 사고가 나거나 병에 걸렸을 때서야 비로소 구석에서 먼지 털어 꺼내보는 것이었다. 그런데 그때는 이미 늦었다. 보험회사가 약관을 흔들어 보이면서 우리 눈앞에서 웃고 있을 때는 이미 늦은 것이다.

보험 가입을 꼬드기는 문구는 대문짝만하게 하고 글씨도 번쩍번쩍 색깔도 다양하다. 주의 사항이나 전제 조건은 대문짝만한 글자의 1/100도 안 되게 그것도 구석에 다른 여러 문구들과 함께 표시한다.

그래서 보험 상품을 고를 때 철칙이 있다. 작은 글씨부터 읽으라는 것이다. 그러나 눈 깜짝할 사이에 화면이 바뀌는 텔레비전에서는 거의 확인이 불가능하다. 무진단 무심사로 가입이 가능하다고 해서 전화했더니 그건 사망 시에만 지급이 되고 질병은 검진을 해야 한다는 소리를 한다. 그래도 이건 양반이다. 가입하기 전에 그나마 이야기를 했으니 말이다. 그것도 모르고 가입했다가 병이 다시 생기면 돈은 돈대로 냈으면서도 고지의무 위반으로 그냥 덤터기 썼을 테니. 이런 광고를 생명보험협회와 손해보험협회의 자체 광고심의위원회가 이름도 그럴싸하게 소위 '자율 규제'를 하고 있는 상황이니 더 말하면 무엇 하랴. 고양이에게 생선 가게를 맡겨두었으니 그 고양이가 생선을 그냥 두었을 리는 만무하다. 본능이니까.

사람들은 모든 나라가 다 우리처럼 건강보험을 운영하고 있는 줄 알고 있다. 하지만 우리처럼 이렇게 전 국민을 가입자로 하여 건강보험 제도를 운영하고 있는 나라가 생각보다 그리 많지 않다. 미국처럼 전적으로 민영보험회사들에게 국민의 생명을 맡겨서 의료보험을 아예 들지도 못 하고 살아가는 사람이 전체 인구의 16퍼센트(약 4,600만 명)이고, 돈이 없어서 제때 치료를 못 받아 죽는 사람이 매년 200만 명에 달한다고 하니, 그런 나라는 논의할 가치조차 없지만 사람들이 건강보험의 가치와 소중함을 알기 위해서라면 함께 비교하여 생각은 해볼 만하다.

미국에서 몇십 달러에 판매되는 약이 쿠바에서는 단 돈 몇 센트에 판매되는 것을 보고 충격 받아 만들었다는 마이클 무어의 영화 〈씨코〉(sicko : 환자라는 뜻)나 덴젤 워싱턴 주연의 〈존 Q〉는 도대체 의료가 무슨 일을 해야 하는지, 의료의 공공성이 확립되어 있지 못하면 사람들이 얼마나 불행해지는지를 잘 사는 나라 미국과 못 사는 나라 쿠바를 보여주면서 그 답을 주고 있다. 한번 보시기 바란다.

사람들은 국민건강보험이 보험료 거둬 가는 것과 보험료 올라가는 것만 신경 쓰지 실제 건강보험 제도가 없어진 이후의 상황을 생각하지는 않는 것 같다. 오히려 건강보험의 보장성이 기껏 잘해야 65퍼센트를 겨우 밑도는 상황에서 돈을 내고도 큰 질병에 걸려서 패가망신하는 환자들이 수시로 텔레비전 화면에 등장하는 것을 보고 차라리 건강보험을 폐지해라, 없애라 하는 사람들까지 생겨났지만 진짜 없어지면 우리가 더 행복해지기는 할까? 국민건강보험은 국민이 무조건 유리한 제도다. 현재의 보장성은 이제 겨우 60퍼센트를 넘어섰지만 이를 꼬투리잡고 무너뜨리려고 해서는 안 된다. 오히려 보장성을 강화하도록 전 국민이 힘을 실어주어야 한다. 보험료를 100원 내면 기껏해야 환급금과 배당금을 포함해도 63.6원을 돌려주는 민영보험보다 100원을 냈는데 109원(이것은 우리가 낸 보험료 외에 정부가 내는 정부 분담금 20%가 포함되기 때문에 그렇다)을 돌려주는 국민건강보험이 우리들에게 무조건 유리하다는 것은 너무나 분명하다.

우리나라는 민영보험에 가입한 가구가 전체 가구 가운데 무려 88퍼센트에 달하고, 가구당 민영보험 상품 가입 건수도 평균 3건으로 매우 많다. 국민 총생산에서 민영보험료 수입이 차지하는 비중으로 볼 때는 전 세계 4위이고, 국민들이 부담하는 전체 민영보험료 시장은 약 30조 원의 규모로 추정된다. 한마디로 말해서 '기형'이다. 이 괴물은 날이 갈수록 해마다 게다가 실손보험이 등장한 이후 무한정 자기 덩치를 키우고 있다. 상식적으로 덩치가 커지면 커질수록 관리하기가 더 어려운 것

민간의료보험의 문제점

가입자	아픈 사람 배제, 건강한 사람의 보험 가입 선호
보험금	지급 까다로운 보험금 지급 기준. 여러 기준을 내세워 보험금을 지불하지 않음.
보험 약관	읽기 어려움, 가입자의 권리 보호 못함.
보장 범위	과대 광고. 광고의 10퍼센트(규정)인데 반해, 한국은 60퍼센트 정도 수준(규정 없음).
보험료 대비 혜택 비율	서구 선진국이 80퍼센트(규정)인데 반해, 한국은 60퍼센트 정도 수준(규정 없음)
민영의료보험법	없음.
통제 제재	없음(전무한 상태).

국민건강보험과 민간의료보험의 비교

구분	내용	국민건강보험	민간의료보험
공통점	정의	갑작스런 사고나 질병으로 의료 서비스를 이용하게 될 때 치료비를 대비하는 보험	
차이점	목적	사회연대성을 위한 보험	이윤을 위한 보험 상품
	가입대상	전 국민	고위험군 제외
	보험료	소득이 높을수록 보험료 높아짐	연령이 높을수록 보험료 높아짐
	환급금	우리가 낸 보험료를 100원으로 가정했을 때 109원임 (정부의 재정 부담금이 있기 때문)	우리가 낸 보험료를 100원으로 가정했을 때 63.6원임 (기업이 이윤을 제외하고 보험금 지불하기 때문)

은 자명하다. 이미 이 덩치가 커진 불가사리는 건강보험을 반쯤 아가리에 쳐넣고는 실손보험과 각종 보험상품으로 이 의료보험을 양분하여 사실상의 2중구조로 만들어버렸다. 10년도 안 되어서 만들어진 일이다.

이런 민영보험의 시장 지배력 앞에 만에 하나라도 국민건강보험이 없어졌을 때 나같이 병을 달고 살고, 먹고살기에 바빠서 자기 몸도 제대로 챙기지 못하고 게다가 돈도 없는 그런 사람들은 그저 돈을 중심으로 돌아가는 약육강식의 자본주의 시장판에 자신과 가족의 생명을 그저 맡길 수밖에 없다. 혹시라도 그런 상황이 닥쳐서 그 가여운 사람들이 얼마나 많이 어둠 속에 버려질까를 생각하면 두려움에 몸이 떨린다.

의료 공공성 파괴하는
영리법인 이야기

■■■ 병원 세울 때 니들이 돈 줬냐? 웬 비영리법인?

어느 날 친구들 집에 모임을 갔었는데 신문을 보면서 "아니 이것들이 병원을 영리법인화하려고 별 짓을 다 하네." 그러니까 옆의 한 친구가 "병원은 지금도 영리법인 아니야? 모두들 돈 벌잖아? 영리법인화를 막아야 한다는 것은 무슨 소리야?" 했다. 하긴 그도 그럴 것이 그 친구 말대로 병원들이 다 돈을 벌고 있는데 뭔 소리 하냐는 것이고, 이미 돈을 벌고 있는데 영리법인이면 어떻고 비영리법인이면 어떻냐는 말이다.

그런데 이게 그리 간단한 문제가 아니다. 특히 의료를 경쟁력 있는 산업으로 키우자는 생각이 머릿속에 콱 박혀 있는 현 정부와 그 다음 정부의 권력자들이 의료를 야금야금 시장에 맡기려고 하는 것이 불을 보듯 뻔한 상황에서 병원의 영리법인화는 매우 중요한 문제다. 어떤 사람이 이야기하듯 "에이, 이왕

돈 벌려고 눈에 불을 켜고 있는데 규제를 풀고 그냥 벌게 해주지 뭐 그래" 하는 말대로 했다가는 정말 큰 코 다칠 문제다.

우리나라의 병원, 그러니까 자영업자인 의원을 제외한 모든 병원은 '비영리법인'이다. 이 비영리법인은 말 그대로 이 사회를 위해 비영리로 운영하는 것을 뜻한다. 그래서 허가도 세무서 허가도 허가지만 복지부에게 허가를 받거나 또는 학교재단이 투자해서 만든 병원이면 교육부에게 비영리법인 허가를 받아야 한다.

비영리? 사회봉사? 아니 이게 웬 개풀 뜯어 먹는 소리? 일반 국민들에게는 어쩌면 좀 생소한 문제일 수도 있을 터다. 어른들이 병원 다녀오신 후 자식들에게 "아이구 아그야, 아무튼 병원은 가믄 안뎌, 뭐가 그리 비싸. 걍 눈 깜짝할 새 코 베고 온 거 가텨" 하셨던 말씀은 보통 한두 번은 들었던 말일 정도로 사람들은 병원이 비영리로 사회봉사를 하는 곳이라고 생각하지 않기 때문이다. 그건 의원을 개업하고 있는 의사나 병원을 운영하고 있는 의사인 병원장에게 물어봐도 그 생각이 크게 다르지는 않다. 그 분들이 하는 말을 한번 들어보자. "아니 비영리요? 정부가 언제 우리가 병원 짓는 데 돈을 대줬습니까? 아니면 내가 의대 다닐 때 정부가 학비를 대줬습니까? 우리는 뭐 땅 파서 장사합니까?" 그렇다. 모두가 병원은 영리라고 생각하는데 법만 비영리다. 하지만 현실이야 어떻든 애초부터 왜 병원을 비영리법인으로 규정해 놓았는지 그리고 이것은 우리에게 무엇을 의미하는지 아는 것은 정말 중요한 문제다.

■■■ 돈은 부모도 팔아먹는다

사람들에게 옛날부터 가장 중요했던 문제는 그야말로 먹고 사는 문제였다. 바로 의·식·주다. 그러나 봉건제 사회로 넘어오면서 사람들의 삶의 질은 생산력의 발달에 힘입어 크게 변화했고, 특히 자본주의가 시작되면서부터는 예전의 부차적 필요들이 삶의 질을 결정하는 매우 중요한 요소로 등장하기 시작했다. 바로 교육과 의료가 그것이다. 교육과 의료는 개별 사람들의 필요를 넘어서서 사회의 노동력을 발달시키고 유지시키는 매우 중요한 요소들이기에 이를 국가 권력과 지배계급들이 목적의식적으로 집단화 제도화시켰다. 자본주의 초기 공교육과 공공의료는 그렇게 시작되었다.

그러나 교육과 의료는 예전부터 사람들 일반이 삶과 생활로부터 요구되는 것들이었고, 많은 사람들의 요구가 있었기에 목적의식적인 제도화가 가능한 것이었음을 잊어서는 안 된다. 그래서 교육 '제도'와 의료 '제도'는 사회를 유지시키고 사람들의 생활에서 뺄 수 없는 필수적인 것으로 인식되었다. 아주 돈 많은 사람들과 권력자들이 특별한 교육과 의료를 이용했을지라도 전체 국민 일반에게는 같은 질의 교육과 의료 서비스가 제공되었다. 이런 정신은 그래서 누구나 교육 받을 권리와 누구나 건강하게 살 권리로 법에까지 명시된다. 오늘날 사교육인 각종 학원이 판을 치고 있고, 의료 역시 대형 병원과 함께 동네에 있는 의원들까지 모두가 외래 환자 진료를 하고, 입원에다가 수술까지 하면서 그 둘의 구분 역시 사람 숫자와 규모 말고는 별로 구분이 쉽지 않을 정도로 돈벌이에 열중하고 있는 상황에서 교육과 의료의 제도 근간을 여전히 '비영리'로 묶어 두는 것은 적어도 교육과 의료는 사람의 기본권이고, 이를 지키고 유지해야 하는 것이 국가의 임무라고 보고 있는 것에 기초한다.

하지만 시작은 그랬을지 몰라도 지금의 권력자들은 이런 '공공성' 조차도 모두 자본의 관점에서 보고 있다. 수도사업(물)의 민간 위탁 추진 정책이나 병원의 영리법인화 추진은 바로 그런 것이다. 하긴 원래 돈이란 게 부모도 팔아먹는다고 하지 않았던가?

■■■ 정부의 생각은 이렇다

지난 2005년, 복지부에서는 우리 의료 체계의 근간을 흔들 소위 '보건의료서비스육성방안' 이라는 것을 발표했다. 이 방안은 자본의 의료 기관 투자 허용 검토, 건강보험과 민간보험의 관계 정립 등 국가 의료 제도 전반에 여러 변화를 초래할 수 있는 것들이다. 복지부는 이 방안의 첨부 자료에서 그간의 의료 정책을 '국민들의 의료 이용의 접근성을 확보했으나, 규제 위주의 의료 제도로 인해 국민들의 다양한 의료 선택권 보장이 미흡'했던 정책이라고 판단하고 있다. 하지만 이거야말로 미칠 노릇이다. 좋다. 동네에 슈퍼마켓보다 많은 의원들이 깔려 있고, 원하면 어느 때든지 동네 의원부터 대학병원에 이르기까지 1차 의료와 3차 의료 구분 없이 의료 전달 체계가 망가지든 뭐든 내 마음대로 이용할 수 있어서 의료의 접근성이 확보되었다고 치자. '규제 위주의 의료 제도로 인해 다양한 의료 선택권 보장이 미흡했던 정책'은 또 뭔가? 우리나라처럼 각종 첨단의 의료 장비 보유율이 전 세계 최고 수준이고, 의사들이 환자들에게 이름도 모르고, 실제 근거가 있는지조차 모르는 불투명한 갖가지 의료 행위를 하고, 또 적발이 되어도 돈만 다시 돌려주면 거의 문제가 될 게 없는 나라인데 다양한 의료 선택권 보장이 미흡했다니? 이게 아니라면 아, 혹시 다양한 의료라는 게 건강보험이나 수백 가지의 민간의료보험과 같은 제도를 이야기하는 건가? 그렇다. 결국 복지부는 국민들에게 다양한 의료 서비스를 제공하고 선택권을 보장하기 위해 병원 투자에 민간 자본 참여를 허용하여 병원의 영리법인을 허용하겠다는 것이고 이와 함께 민간보험회사들에게 우리나라 의료 제도의 '한 부분'을 담당하도록 하겠다는 것이다. 한 부분? 바로 건강보험에서 보험을 해주지 않는 비급여 부분을 국민들에게 민간보험을 들어서 해결해나가라는 뜻이다. 그래서 우리들이 돈 내면 받고 싶은—보험이 적용 안 되는—각종 의료 서비스를 민간보험회사를 통해서 다양하게 받을 수 있게 해주시겠다는 말씀이다. 물론 그렇게 받고 싶은 거 다 받으시려면 그만큼 보험료가 올라가는 것은 감안하셔야 한다. 여기엔 이를 뒷받침해주는 병원의 영리법인화가 매우 중요하다.

현재 우리나라의 공공의료 비율은 8퍼센트에 불과하다. 이는 영국 96퍼센트, 일본 36퍼센트, 그리고 그야말로 완전 민간보험회사에 의해 시장이 장악되어 있는 허접한 의료 체계를 가지고 있는 미국조차도 33퍼센트인데 이건 비교조차 하기가 부끄러운 수준이다. 이 상황에서 영리법인을 허용하자는 것은 무엇인가? 지금과 같이 비영리법인만이 허용되는 상황에서도 과잉 진료, 부당 청구, 허위 청구 등 각종의 편법과 불법이 만연한 것을 전 국민이 다 알고 있는데 결국 영리법인의 허용은 '이윤을 최대한 뽑아갈려면 국민들을 대상으로 수단껏 모든 방법을 동원해서 돈을 벌어가라는 것' 외에 다름이 아니다.

영리법인 허용과 민간보험 도입이라는 두 축은 상호 보완적으로 작용하면서 공공보험인 건강보험의 보장성을 갉아먹을 것이다. 병원 자본은 자신들끼리 치열한 경쟁을 통해서 약육강식의 논리가 횡횡하는 들판에서 서로 먹히고 먹는 재편 과정을 거칠 것이다. 이는 대형 병원의 중소 병원 흡수로 나타날 것이고, 전국적으로는 사람들이 몰려 있는 대도시 중심의 병원 체계로 편재되어 지역간 그리고 도농간 의료의 불균형이 심화될 것이다. 결국 병원 자본 중에서도 대형 자본의 의료 독점화 현상을 가져오는 결과를 가져올 수밖에 없다.

또한 민간보험 자본은 영리법인인 병원들과 지금의 국민건강보험처럼 직접 보험 계약을 맺으면서 환자(보험자) 유치 경쟁에 나설 것이고, 정부는 민간보험의 존재로 인해 애초에 가졌던 의료의 공공성에 대한 자기 책임을 잊기 시작할 것이다.

이런 상황들이 겪지 않아도 눈에 선명히 보이는데 과연 정부는 이런 상품 시장에서 국민의 생명이 보호될 수 있다고 믿는가? 시장에서 다양한 서비스와 선택권이 보장될 수 있는 사람은 결국 가진 소수의 계층일 수밖에 없다.

■■■ 영리법인 허용은 무조건 막아야 한다

영리법인은 그 병원에 투자한 투자자(주주)들이 주인이다. 그래서 그 병원은 의료를 가지고 '영리 활동'을 해서 이윤을 남겨야 하고 남겨진 이윤을 배당을 통해서 주주들이 나눠 갖는 것이 목적이다. 이때 이윤을 못 남기면—다시 말해서 경영을 잘 못하면—주주들이 고용한 병원장은 바로 잘린다. 이윤을 목적으로 하는 그 병원은 당연히 한 번 찍어도 될 MRI를 두 번 세

번 찍자고 덤빌 것이다. 진단 받을 때 한 번 찍고, 항암 치료 끝나면 "암세포 다 없어졌나 한 번 볼까요?" 하고 또 찍고, 3개월 있다가 "암은 재발이 무섭습니다" 그러면서 또 찍고, 6개월 있다가 "암은 추적 관찰과 평상시의 관리가 중요합니다" 하면서 또 찍고 … 또 찍자고 하면 우리들이 무슨 힘이 있나? 찍자면 찍어야지. 그래서 자본에게는 우리 몸도 이윤 추구의 수단에 지나지 않는다. 현재 비영리법인인 모든 병원이 남겨진 돈을 다시 병원 경영에 재투자할 수밖에 없는 것 하고는 본질적으로 다르다. 이제 대놓고 벌어라 할 때 나타날 수 있는 부작용은 우리가 생각하는 것보다 훨씬 더 넓고 깊다. 그리고 그것이 TV나 냉장고처럼 이용하지 않으면 될 것이 아니라 나와 내 가족, 그리고 모든 사람의 몸과 생명을 직접적인 대상으로 하는 일이면 그것은 생각하는 차원이 달라져야 한다. 이것은 지금 의사인 사람들과 병원을 움직이는 모든 사람들도 다시 생각해야 할 문제다. 당장 돈을 더 벌 수 있을지는 몰라도 결국 병으로부터 자유로운 사람이 없다면 전체가 피해자가 되는 일이기 때문이다.

적어도 (주)삼성병원, 서울아산병원주식회사 … 어쩌면 앞으로 우리가 만나게 될지도 모르는 병원 이름들일지 모르지만 다른 것은 몰라도 적어도 교육과 의료만큼은 그렇게 놓아두어서는 안 된다. 구로동 공장 지대에서 수십 년을 고물상 하시면서 간신히 당신의 이름 석자만을 쓰실 수 있는 내 아버님 생각에도 그건 '나라 망하는 일'이다.

진실 혹은 거짓, 의료 광고 이야기

■■■ 텔레비전 약 광고, 효능 진실일까?

어떤 사람이 텔레비전의 일반적인 음향과 음량보다 광고의 음향과 음량이 약 반 이상 더 높다고 말한 적이 있는 것으로 기억한다. 가만히 들어봐도 광고의 음이 훨씬 더 높은 톤인 것은 분명해 보인다. 그러기에 어른이나 아이 할 것 없이 무의식중에 CM송을 부르게 되는 이유는 소비자가 그저 배우지 않으려 해도 결국 '배우게 만드는' 광고의 힘 때문이다. 물론 광고야 많이 팔기 위해 상품의 이미지를 집약적으로 보여주기에 아이나 어른이나 할 것 없이 광고에 쏙 빠지게 하는 게 목표지만, 사람들은 기업이 매출을 올리기 위해 광고가 일정 정도 상품을 과대 포장하고 있다는 것을 언뜻언뜻 잊어버린다.

그렇기에 광고는 어느 나라에서든 특정 규정을 두고 제어하고 있다. 맥주 등 술 광고를 밤 10시 이전에는 광고하지 못 하게 하는 것이 그런 예다. 일반 상품들도 그럴진데 의료와 관련한 것은 광고가 잘못 전달이 되면 심하면 소비자들의 생명에도 심각한 위협 상황에 처할 수 있기 때문에 매우 조심스럽다. 그래서 의료 광고는 그간 광고의 내용과 범위 그리고 방식에 대해 매우 엄격하게 제재해 왔다.

여러분들이 보셨던 광고들을 한번 봐보자. 텔레비전을 켜면 잇몸 튼튼, 씹고 뜯고, 맛보고 하는 잇몸약 광고, 두통약 광고, 체한 데 먹는 약 광고, 관절염이나 근육통에 좋은 약 광고가 나오고, 보다가 심심해서 월간지를 뒤척거리면 포커스 인물 비뇨기과 의사 거시기, 장안에 소문난 명의 10인, 이거 먹고 나았어요 하면서 환자를 앞세운 약장사들이 판을 친다. 정보 쓰레기의 바다라고 하는 인터넷에 접속하면 진짜 여기는 각종 정보가 바다처럼 많다. 이곳은 아예 그냥 대놓고 광고를 한다. 방법도 모두 열거하기 어려울 정도로 다양하다.

하지만 사람들은 자신이 지금 보고 있는 의료에 관한 광고가 진실인지 거짓인지 잘 모른다. 오히려 열심히 보다보면 진짜인 것처럼 '착각'을 일으키는 게 일반적이다. 진짜 잇몸약을 먹으면 잇몸이 튼튼해질까? 실제로 모제약의 잇몸약은 이미 시장에서는 그 효과에 대해 매우 의심스러운 눈초리를 받고 있다. 암튼 약만으로 그렇게 되는 것이 아님에도 사람들은 이 약을 먹으면 모두 그렇게 될 것 같은 착각에 빠진다. 그야말로 광고빨이다. 장안에 소문난 명의 10인은 근거가 무엇일까? 그 근거는

'소문난'이다. 단지 소문이라는 것이다. 그것이 진실인지 거짓인지는 일요일 오전에 방영하는 〈신비한 TV 서프라이즈〉의 진실 혹은 거짓 프로에 올려봐야 알 것이다. 이렇듯 광고는 우리 입장에서 보면 뭐 좀 다양한 정보를 얻는 거 아닌가 하고 애써 좋게 생각할 수도 있겠지만 오히려 상품을 과장하여 인식함으로써 받을 수 있는 피해에 노출됨으로 인해 피해자 또는 예비 피해자들을 양산하는 역할이 훨씬 더 크다.

■■■ 동네 의원 간판에 숨겨져 있는 진실 혹은 거짓

이렇듯 광고 중에서도 의료 광고가 가질 수 있는 폐해는 우리가 생각하는 그 이상으로 심각한 문제다. 자 그럼 우리들이 가장 많이 보고 있는 의료 광고는 무엇일까? 그건 다름 아니라 바로 동네 의원의 간판들이다. 슈퍼보다 많은 동네 의원들의 간판을 우리는 길을 가면서 차를 타고 가면서 수시로 우리의 의도와 관계없이 볼 수밖에 없다. 하지만 이렇게 무심히 보고 가는 의원 간판에도 '아니 이렇게 깊은 뜻이?' 하는 내용이 담겨 있다.

내 이름이 강주성이니까 내 이름으로 예를 들어보자.

만약 동네에 강주성이라는 의사가 개원을 했는데 '강주성 내과'라고 간판을 붙였다 치자. 이 간판에 담겨 있는 뜻은 강주성이라는 의사는 '내과 전문의'라는 뜻이다. 엥? 뭘 보고? 그럼 만약 '강주성 의원'이라고 쓰고 그 밑에 진료 과목을 표시하면서 '내과, 소아과'라고 쓴 간판은 무엇일까? 그 강주성은 의대를 졸업하고 '전문의 과정을 거치지 않은 일반의사'라는 뜻인데 주요 진료과목이 내과 소아과라는 뜻이다. 이렇게 간판에서 일반의와 전문의를 구별하게 만든 것은 의사를 찾아가서 면허증을 확인하지 못하는 국민들에게 외부에서 의료인에 대한 정보를 의료 기관을 이용하는 환자들이 바로 알아 볼 수 있도록 하자는 취지다. 그런데 우리는 왜 이런 걸 모를까? 당연하다. 아무도 알려주지 않으니까!

그럼 내과 전문의인 강주성이라는 사람이 간판을 '강주성' 그리고(조그맣게 진료 과목이라고 표기한 후) 같은 크기의 글씨로 내과, 소아과를 병기하면? 이건 불법이다. 그 강주성이라는 의사가 간판을 '강주성 내과'라고 달고 그 밑에 같은 크기의 글씨로 진료 과목 소아과, 피부과, 성형외과라고 썼으면? 그것도 불법이다. 전문의는 자기 전문 과목 외의 다른 진료 과목을 표기할 때는 반드시 전문 과목 표기 글자 크기의 반 이하로 표기하게 되어 있기 때문이다. 2006년 이전에는 강주성이라는 의사가 비만 '클리닉' 또는 비만 치료 '센터'라고 표기해도 불법이었다. 클리닉이나 센터라는 표기를 의원에서는 못하게 했기 때문이다. 이는 일반의가 자기 의원의 간판을 특정 질병을 가져와서 ○○클리닉 또는 ○○센터라고 표기했을 때 사람들이 '아, 저 의사는 저 질병의 전문가구나' 라는 오해를 방지하기 위함이었다.

그러나 이 규정은 2007년 7월 의료 광고 심의 기준을 발표하면서 '가능한 행위'인 것으로 유권해석이 내려졌다. 야금야금씩 의료 광고의 허용 범위를 넓혀가는 셈이다.

■■■ 광고에도, 판결에도 철학이 필요하다

이는 2005년 10월 27일 당시의 의료법 제46조는 위헌이라는 헌법재판소의 판결이 나온 이후 달라지는 의료 광고 시장의 모습이다. 헌법재판소의 판결은 한국 의료의 상황과 의료의 특수성을 잘 모르시는 분들이 판결한 것으로 생각된다. 다른 분야도 그렇겠지만 특히 의료와 관련한 문제는 이의 사회적 파급력과 영향력이 어떠할지에 대한 관점과 철학이 매우 중요함에도 불구하고 판결이 이렇게 나왔다는 것은 매우 우려스럽고 실망스러운 일이다.

헌법재판소의 판결은 다수 의견과 소수 의견이 있는데 이 판결과 관련하여서는 한 명의 의견이 더 많아서 위헌판결이 난 것으로 알려졌다. 바쁘더라도 이건 판결의 핵심 내용을 한번 봐야 한다.

재판부의 다수 의견은 "의료인의 기능이나 진료 방법에 대한 광고가 소비자들을 기만하는 것이거나, 소비자들에게 정당화되지 않은 의학적 기대를 초래 또는 오인하게 할 우려가 있거나, 공정한 경쟁을 저해하는 것이라면, 국민의 보건과 건전한 의료 경쟁 질서를 위하여 규제가 필요하다. 그러나 객관적인 사실에 기인한 것으로서 소비자에게 해당 의료인의 의료 기술이나 진료 방법을 과장함이 없이 알려주는 의료 광고라면 이는 의료 행위에 관한 중요한 정보에 관한 것으로서 소비자의 합리적 선택에 도움을 주고 의료인들 간에 공정한 경쟁을 촉진하므로 오히려 공익을 증진시킬 수 있다"는 취지로 위헌판결을 내렸고, 소수 의견은 "의료인의 기능과 진료 방법은 의료인에 따라 매우 다양하며, 이에 대한 광고는 전문적이고 주관적인 내용으로 표현될 수 있는 것이고, 의료 기술이나 진료 방법에 대한 정보는 소비자가 이해하기 어렵거나, 소비자에게 잘못된 기대를 갖게 하거나, 현대의학상 검증되지 않은 것일 수도 있다. 그러므로 의료인의 기능과 진료 방법에 관한 광고는 환자의 입장에서는 잠재적으로 기만적인 것이 되기 쉽다"는 이유를 들어 반대하였다.

　　재판부가 이런 판결을 내렸던 이유는 바로 내용 중 '객관적인 사실에 기인한 것으로서 소비자에게 해당 의료인의 의료 기술이나 진료 방법을 과장함이 없이 알려주는 의료 광고라면'

에 있다. 그런데 이미 의료가 시장판이 되어 있는 상황에서 그렇게 광고를 할 의료 광고주가 있을까? 광고란 대중들에게 알리는 자의 일정한 목적을 전제로 하는 것이고, 일반의원과 병원이 광고를 한다는 것은 환자를 유치하기 위한 것이 목적인 것은 말해봐야 입만 아픈 거 아니겠는가. 그런데 그렇게 광고를 해서 환자를 유치하라고? 이는 의료 광고를 반드시 국민의 '건강권'이라는 관점에서 다루어야 함에도 불구하고 다분히 형식 논리적인 판단에 기울여진 결과라고 생각한다.

이 판결로 인해 지난 2006년 4월부터 TV와 라디오를 제외한 모든 매체에 대해 의료 광고의 길이 열렸다. 얼마 전 대전에 가보니 신기하게도 대전에는 택시 문에 모두 의료 기관 광고가 부착되어 있었다. 대전 지역의 의원들 광고였는데 모두 비뇨기과, 성형외과, 안과 등 보험이 안 되는 비급여 진료가 많은 과목들이었다. 이렇게 현재 의료 광고는 나날이 심각하게 나타나고 있다. '비만 전문 한 달에 8킬로그램 감량 보장' '부작용 전혀 없음' 등은 그나마 애교다. 특정 만성 질환에 대해서는 '5분이면 고통에서 해방'의 광고도 있다. 아예 성형외과 광고에는 '인생을 바꿔라' '조각 같은 몸을 원하십니까?'도 있다. 저런 광고들을 보고 꾸역꾸역 어렵게 돈을 만들어서 찾아갈 환자들을 생각하면 머리가 돌 일이다.

■■■ 우리는 이런 정보를 원한다

의사―환자의 관계를 설명하면서 다른 글에서 정보의 비대칭성의 문제를 이야기했다. 이 문제는 전문성이라는 미명 아래 정보의 독점 문제를 이야기할 때 매우 중요하게 이야기되는 문제다. 그리고 그 문제는 의사―환자 관계를 수평이 아니라 상하로 유지하게 하는 데 결정적인 역할을 한다. 그래서 이 정보의 비대칭성을 해결하려고 많은 노력들을 해왔다. 처방전 두 장 발행이나 고지의무 등은 그런 노력의 결과들이다. 하지만 의료 광고 허용론자들은 광고가 이러한 정보의 독점을 깬다는 관점에서 의료 광고 허용을 주장한다. 정말로 많이 알려주면 환자가 더 똑똑해지고, 의료 기관 선택을 올바르게 하며, 환자의 권리가 신장되는가? 한마디로 말해서 턱도 없는 소리다.

그러면 의료 기관을 이용할 우리들에게 또 이용하고 있는 모든 환자들에게 정말 필요한 정보는 무엇인가? 그것은 크게 3가지다. 질병 관련 정보, 의료비 관련 정보, 그리고 의료 기관과 의사에 관한 정보다. 예를 들어 내 병을 어떻게 치료해야 하는지, 또 얼마나 걸리는 질병인지(성, 연령별 10만 명당 환자 수) 등의 정보이고, 돈이 얼마나 들어가는지 그래서 내가 어느 정도의 돈을 마련해야 하는지이며, 어느 병원의 누가 이 병을 잘 치료하는지 그래서 어느 병원으로 일단 가야 하는지 등이 우리가 알고 싶은 정보다. 환자가 합리적 선택을 할 수 있는 객관적인 정보는 그래서 매우 중요하다. 한 발 더 나아가면 수술의 숙련도를 표현하는 수술 건수, 진료 방법별 시술 건수, 환자의 만족도와 건강 향상 정도, 의료 분쟁 발생 건수, 사망률 등이다. 그나저나 사망률 뭐 그런 거 공개하라고 하면 난리가 날 텐데…. 우리 사회에서 언제 그런 것이 가능할지 모르겠다.

먼저 우리가 내는 돈으로 움직이는 건강보험공단이나 건강보험심사평가원이 가장 객관적인 정보를 수합하여 예를 들어 '가입자를 위한 건강보험 통계 연보' 의 생산 등을 검토해 보면 좋겠다. 뭐 그래야만 좀 객관적이고 또 필요한 정보를 국민들이 얻을 수 있지 않겠나?

어떻든 의료 광고 허용은 의료 산업화 흐름에 탄력을 주게 될 것이다. 지금보다 훨씬 더 많은 광고가 쏟아질지 모른다. 그 광고에는 예상컨대 최고의 병원, 최고의 서비스, 최고의 의사 등등 확인되지 않은 그리고 확인할 수 없는 각종의 이미지 광고들이 넘쳐 날 것이다. 우리처럼 '최고' 를 좋아하는 국민들에겐 분명 그런 광고가 먹혀 들어갈 것이다. 보건 정책 당국자님들아. 아무리 의료법상의 의료 광고에 대해 위헌 판결이 났다고 하더라도 그런 광고는 허용해서는 안 된다. 하늘이 두 쪽 나도 말이다.

제3부

우리들이
만드는
희망의료

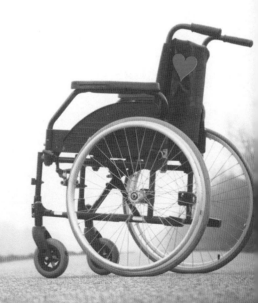

'의료급여 제도에 대한
국민보고서'를 읽고*

2006년 당시 복지부장관이었던 유시민 장관 시절, 우리나라 의료급여는 제도적으로 분명히 일보후퇴했다. 도덕적 해이를 방지하겠다고 의료급여에 환자의 본인부담금을 만들어 놓은 것이다. 아래 글은 2006년에 프레시안에 기고되어 게재된 글이다. 이번 개정판을 내면서 삭제할까 하였지만 8년이 지난 지금도 글의 내용이 여전히 유효하다고 판단하여 여러 통계수치들의 수정 없이 그대로 다시 싣는다.

유시민 장관이 추석 연휴에 썼다는 '의료급여 제도에 대한 국민보고서'를 보았다. 유 장관은 의료급여 제도의 여러 가지 문제들을 이야기하면서 '반성'을 운운했다. 목표 설정의 오류, 정보 시스템의 부재, 도덕적 해이에 대한 통제 부재, 엄정하지 못한 공급자 관리 등 많은 문제점을 거론했다.

* 2006년 12월 〈프레시안〉 기고

유 장관의 새삼스러운 호들갑을 보면서 환자로서 좀 열을 받아서 한마디 할까 한다. 예전에 백혈병이 걸린 후 의료급여 1종 혜택을 받았던 나로서는 그 글을 보고 여러 생각들이 들 수밖에 없었기 때문이다. 이번 글의 가장 큰 문제점은 의료급여 수급권자들의 도덕적 해이에 방점을 찍음으로써 의료급여 제도 재정 누수의 주범을 의료급여 수급권자에게 돌린 것이다.

"무슨 말이냐? 나는 수급권자들의 도덕적 해이와 함께 공급자들의 문제 역시 마찬가지로 지적했다"고 할지 모르겠다. 실제 글에서 유 장관은 의료급여 공급자의 문제점과 그 대책을 이야기했다. 그러나 공급자의 도덕적 해이와 관련한 근본적인 대안들이 부재한 상태에서 이런 언급은 면피용에 불과하다.

■■■ 도덕적 해이라고? 공급자들 관리나 잘 해라

유 장관은 의료급여를 "제한적인 무상의료의 첫 출발"이라고 하면서 "2005년도에 본인 부담금을 전혀 내지 않는 1종 수급권자는 99만 6,000명"이라고 말했다. 이런 언급은 의료급여 제도를 그야말로 '돈 한 푼 안 내고 이용하는 무상 의료 제도'로 이해하게 하는 것이다. 유 장관이 글에 집어넣은, 1년에 혼자 14억 원을 쓰는 혈우병 환자 이야기는 이런 인식을 더욱 강화하는 역할을 하고 있다.

그러나 의료급여 1종 환자라고 해서 실질적으로 본인 부담금이 없는 게 아니다. 현재에도 어마어마한 치료비를 내고 있는 수급권자들은 졸지에 돈 한 푼 안 내는 무상 의료 이용자가 됐다. 나 같은 백혈병 환자에게 의료급여 1종은 건강보험의 암 환자가 내는 입원 본인 부담금을 10퍼센트 덜 내는 의료비 할인 제도일 뿐이다.

건강보험 적용이 안 되는 '비급여 비용'이 전체 의료비 중 거의 30퍼센트를 넘나드는 의료 현실에서는 여전히 중병이 걸리면 아무리 의료급여 수급권자라 해도 패가망신의 길을 갈 수밖에 없다. 한국의 현실과 동떨어진 유 장관의 글은 의료급여 환자들을 그야말로 열 받게 하고도 남는다.

유 장관이 예로 든, 일년에 2,287회나 의료 서비스를 이용한 모 수급자의 도덕적 해이를 감싸주고자 하는 게 아니다. 그러나 만약 나보고 문제의 핵심에 방점을 찍으라 하면 나는 가차 없이 공급자의 도덕적 해이에 방점을 찍겠다. 공급자의 도덕적 해이가 훨씬 더 심각하다고 보기 때문이다. 공급자의 도덕적 해이를 예로 들어보자.

암에 걸린 모 환자. 그는 물론 의료급여 1종 환자다. 이 환자는 최근까지 총 5,077만 2,352원의 진료비를 냈다. 우리는 이 환자의 진료비 영수증을 가지고 올해 건강보험심사평가원에 진료비 확인 심사 요청을 했다. 부당하게 환자에게 청구한 금액이 그 중 얼마나 되었을까? 무려 2,468만 9,772원이었다. 전체 진료비의 48.63퍼센트가 부당 청구 금액으로서 환수 받아야 할 돈이었다.

이뿐이 아니다. 총 3,414만 1,210원의 진료비 중 58.3퍼센트인 1,990만 4,647원이 부당 청구 금액으로 나온 환자도 있다. 총 1,500여만 원 중 580만 원을 부당 청구 금액으로 환수 받은 내 경우는 '새 발의 피' 다.

문제는 이런 현상이 치료비가 많이 나온 몇몇 환자에게서만 나타나는 게 아니라는 점이다. 이는 의료급여 환자뿐 아니라 전체 건강보험 환자들에게서 나타나는 일일 정도로 도덕적 해이가 아주 일반화되어 있다. 물론 의료계는 건강보험심사평가원의 심사 기준을 욕할 테지만.

그러나 부당 청구의 자세한 내용을 뜯어보면 그 내용이 무엇인지 금방 알 수 있다. 대부분의 부당 청구 가운데 약 60퍼센트 이상은 보험 적용이 됨에도 불구하고 보험 적용이 안 되는 비급여로 속여서 직접 환자들에게 받아낸 돈이다. 환자들은 그 돈을 마련하기 위해 가산을 탕진하고 빚을 내기도 했다.

■■■ 홍길동 씨의 병원 방문기

유 장관이 글 중간에 홍길동 씨의 하루 일과를 소개했는데, 난 홍길동 씨의 병원 방문기를 소개해 볼까 한다.

홍길동 씨가 병원에 갔다. 병원 창구에서 환자에게 몇 가지 묻고는 선택진료(특진) 신청서를 내민다. 환자는 선택진료가 뭔지도 모르고 신청서를 써 낸다. 이 신청서는 복지부의 양식을 병원에서 자기 입맛대로 바꾼 것이다. 환자는 해당 진료과에 가서 의사가 하라는 대로 각종 검사와 치료를 받는다.

의사가 종양이 의심된다고 CT를 찍었는데, 그 비용도 비급여로 환자에게 다 받아낸다. 환자가 항의하면 이건 보험이 안 된다고 우기고, 나중에 진료비 심사를 해서 다른 결과가 나오면 기준이 잘못됐다고 투덜거린다. 물론 항의도 못하고 심사 청구도 안 한 환자라면 이런 경우에도 해당되지 않는다.

병원에서는 두 번 쓴 약을 세 번 썼다고 청구한다. 보험 적용이 되는 것은 비급여로 직접 환자에게서 돈을 받아낸다. 몇백만 원을 치료비로 내고 달랑 영수증 한 장 받아 든 환자들 가운데 자기 진료비가 왜 그렇게 나왔는지를 아는 이는 거의 없다. 영수증은 복지부에서 내려 보낸 양식이 교묘히 변형된 것이어서, 환자는 선택진료비를 냈음에도 자기가 어디에 얼마를 냈는지를 알 수가 없다.

진료비의 자세한 내역을 알기 위해서는 따로 진료비 세부 내역서를 떼어야 한다. 믿고 돈을 내고 믿고 치료를 받아야 하는데, 병원 문턱만 넘으면 뭔가 가슴이 답답해진다는 나의 부모님 같은 어른들은 그냥 "코 베이고 왔다"라고 말하시곤 한다. 건강보험 환자의 경우든 의료급여 1종 환자의 경우든 마찬가지다.

■■■ 돈이 없으면 주는 대로 먹어라?

유 장관은 의료급여 환자의 80퍼센트가 급여일 365일 미만
이고, 731일 이상 급여를 받은 사람은 전체의 3.2퍼센트에 불과
함에도 마치 의료급여 환자가 모든 문제의 근원인 것처럼 묘사
했다. 더 화가 난 것은 유 장관의 글 중에서 의료급여 환자의
차별을 정당화하는 듯한 다음의 구절 때문이었다.

"그러나 이것이 부당한 차별이라고 생각하지 않습니다. 동시
대를 사는 다른 국민의 도움을 받아 치료를 받는 사람으로서 이
런 정도는 감수할 수 있고, 또 감수해야 마땅한 것이라고 생각합
니다. 귀중한 그 무엇이 공짜로 제공되는 것은 좋은 일이 아니라
고 저는 믿습니다."

유 장관이 의료급여 환자들이 당하는 차별을 알고나 있는지
무척 궁금하다. 현재 의료급여 환자들은 각종 불법과 차별의
관행 한 가운데에 놓여 있다. 의료 기관을 이용할 경우 보증금
이나 보증인을 요구받고, 진료 거부나 조제 거부를 당하며, 의
료급여비 지급이 연체되고 있다는 이유로 소극적인 진료만 받

게 되는 경우가 비일비재하다.

얼마 전에는 서울의 큰 대학병원에서 뇌종양을 앓고 있는 환자가 수술을 해야 하는데 단지 보증인을 세우지 않는다는 이유로 보름 이상 입원을 하지 못하다가 서러움에 복받쳐 우리 단체에 전화를 걸어 왔다. 결국 입원을 하긴 했지만, 그 환자는 정말 서러웠을 것이다. 그는 IMF 때 사업에 실패했고, 부인은 가족을 버리고 떠났고, 그 후 병에 걸린 상태에서 아이 둘을 키워 온 사람이다. 그만해야겠다. 더 이야기하자니, 우리네 삶이 너무나 서러워진다.

■■■ 당신의 기회주의가 슬프다

유 장관의 글에 들어 있는 도전적인 질문들에 대해서는 더 이야기하지 않고 그냥 넘어가겠다. 그의 입장에서는 도전적일 수도 있겠다 싶지만, 사실 객관적으로 보면 별로 도전적이지도 않기 때문이다. 게다가 다음의 사항들에 대해 장관이 재임 기간 중 별다른 대책들을 내오지 않으면 도전적이고 뭐고 떠나서 굳이 더 이상의 언급이 필요하지도 않을 것이란 생각 때문이다.

첫째, 앞으로 어떻게 의료급여 수급권자를 늘리고 차상위 계층에 대한 대책을 세울 것인지에 대해서나 도전적인 질문을 하길 바란다. 현재 우리나라 수급권자가 약 3퍼센트 수준에 머물고 있다는 것은 익히 잘 알고 있을 테고, 정치인들이 좋아하는 선진국들과 비교할 때 속된 말로 '쪽 팔리는 수준'이라는 것은 유 장관도 이미 알고 있다.

둘째, 점점 더 확대되고 있는 건강 불평등에 대한 대책을 내놓기 바란다. 우리네 백혈병 걸린 환자들 가운데 허위 이혼을 해서 의료급여 환자가 되는 분들이 간간이 있다. 병에 걸린 후 계산기를 두드려보면 패가망신이라는 답이 딱 나오기 때문이다. 병원비와 생활비 등을 계산할 때 감당이 안 되는 게 뻔하기 때문에 생계형도 아닌 생존형 불법을 저지르게 된다. 물론 그 자체로서는 나쁜 행위다.

그러나 그것은 법을 들이밀어서 소위 이 잡듯이 뒤지고 닦달한다고 해서 해결되는 문제가 결코 아니다. 건강이 좋지 않은 것은 각자가 자신의 몸 관리를 잘못해서 그런 것이니 죽든 살든 당신들 맘대로 하라는 이야기가 아니라면, 정부는 건강 불평등을 줄이고 어떻게 건강 형평성을 이뤄나갈지를 이야기해야 한다.

셋째, 저소득층의 건강관리를 어떻게 할 것인가에 대한 대책을 강구해야 한다. 이미 이야기한 대로 저소득층은 각종의 차별을 받는 것과 함께 자신의 건강 문제에 대해 적극적으로 대처하지 못하고 있다. 이로 인해 빚어지는 결과가 저소득층의 건강 상태 악화이고 사회적 비용의 증가인 것은 너무나 당연한 일이다. 돈 때문에 건강이 악화되는 일을 막고, 노무현 대통령이 후보자 시절에 "돈 없어서 치료 못 받는 그런 나라는 나라도 아니다"라고 한 말을 증명할 정책을 내놓으란 말이다.

그리고 마지막으로 이미 누누이 이야기했던 공급자에 대한 관리다. 공급자에 대한 관리의 대안도 없이 수급자들의 도덕성 문제를 논하는 것은 강자를 등에 업고 약자에 대해 칼을 겨누는 것과 같다. 이건 비겁한 행위다. 그런데 지금까지 모든 정권들이 다 그랬다. 정작 문제는 돈 가진 자, 권력을 가진 자로부터 시작이 되었는데 두들겨 맞는 것은 국민들이었다. 이렇게 된 이유는 기회주의자들이 권력을 잡고 있었던 데 있다.

아주 소수의 의료급여 수급권자들의 부도덕한 행위들은 문제 삼으면서도 광범위하게 일반화된 공급자들의 부도덕한 행위에 대해서는 별로 도전적인 질문들을 하지 않는 유시민 장관의 글과 그 글에서 드러난 그의 생각, 그것이야말로 진짜 기회주의가 아닐까.

경남 창원의 희연병원 입원기

■■■ "환자의 삶에 대한 존경"

창원에 있는 희연병원에 입원했다. 몇 년 전에는 2층에 입원했었는데 이번에는 최근 확장한 6층 재활병동에 입원했다.

한 층에 천 평이 넘는 공간을 대담하게 통으로 터버리고 정중앙에 재활병동 콘트롤타워인 간호사실을 오픈형으로 배치했다. 거의 운동장 수준이다. 건물 사각 벽면으로는 모두 환자의 병실을 배치했다. 창문이 있는 벽면의 병실에 있다가 낮에 운동장 같은 중앙으로 모여 모두 재활치료를 하는 개념이다.*

이 요양병원은 다른 병원들이 견학을 오는 병원으로 유명하다. 병원경영의 이념과 철학을 '환자의 삶에 대한 존경'으로 자리매김하고 그 가치 아래 환자에게 필요한 요양과 복지의 모든 것을 하나의 조직으로 통합하여 운영하고자 하는 사회복지 복합체를 지향한다.

▲ *한 층 1,500여 평을 통으로 다 터버렸다. 가운데가 중앙간호사실이다.

▲ 엘리베이터를 타려고 문앞에 서서 버튼을 누르니 위에 붙어 있는 이 병원
포스터 안의 '간호의 다짐' 이라는 문구가 눈에 띈다.

■간호의 다짐

◆ 환자의 손과 발을 묶는 '신체구속'은 인간존엄성을 경시하는 간호임을 명심하고 있습니다.

◆ '욕창발생'은 환자에 대한 애정이 결핍된 간호임을 명심하겠습니다.

◆ 기억은 잃어버려도 인생을 잃는 것이 아님을 명심하겠습니다.

그렇다. 이 병원은 환자를 침대에 묶지 않는다 그것이 환자 돌봄의 원칙이다. 그래서 신체구속 폐지선언을 했다. 이 병원은 진료진이 환자를 묶는 것은 대부분 자신들의 편의 때문에 그렇게 한다고 생각한다. 물론 구속하지 않는 것이 환자의 권리라고 생각하는 것은 기본이다.

그러나 이런 갖가지 구호와 이념도 진정성이 보이지 않으면

"환자의 손, 발 을 묶는 것은 人生을 묶는 것입니다."

기본인연 희연

▲ "환자의 손, 발을 묶는 것은 인생을 묶는 것입니다."

금방 들통날 일이다.

하지만 이 병원은 거꾸로 이런 추상적인 이념을 전 직원의 수준 높은 환자 돌봄과 헌신적인 자세로 빛을 발하게 한다.

사람들은 보면 안다. 그리고 경험해보면 더욱 확실히 안다.

자신이 어떤 대접을 받고 있으며 상대가 나를 어떻게 생각하는지 말이다. 이렇게 환자가 환자로서 존중받는 것을 느끼게 해주는 병원이 여기 창원의 희연병원이다.

■■■ "병원들은 반성해야 한다"

▲ "이윽고, 저 자신이 간호를 받는 날이 올 것입니다. 그때 간호를 받고 싶은 것처럼 그러한 간호를 하겠습니다."

병실에 있는 것도 무료하고 해서 밖에 세워져 있는 간판들부터 시작해서 2층 3층 6층 병원을 모두 다시 둘러보았다.

건물 밖 입간판부터 엘리베이터와 각종 병원부착물들의 컬러를 오렌지색과 핑크를 기본으로 하여 환자들에게 편안함과 안정감을 느끼게 했다.

그러던 중 2층의 복도를 걸어가다 간호사실 데스크 위에 걸려있는 글귀에 걸음이 멎었고 잠시지만 가슴이 먹먹했다.

다시 복도를 걸었다

이 병원은 건물 사각의 벽면 쪽으로 병실을 배치하고 벽면의 창문과 병실 사이를 복도로 구성했다. 그 복도 중앙에는 노란 선이 그어져 있다. 매일매일 그 선을 따라 걸으라는 뜻이란다.

이런 생각을 기본으로 하는 이 병원의 환자재활기간은 재활 프로그램을 가동한 이후 반 이하로 줄었다. 누워 있던 환자가 앉고, 앉아 있던 환자가 걷는 기간이 반으로 줄었다는 이야기다. 환자 한 명에 재활치료사 한 명이 달라붙어서 정성을 다해 환자의 재활을 돕는다.

이런 시스템이 가능한 것은 환자의 입장에서 자신들의 시스템이 잘못된 것을 지적 받고 그것이 옳다고 판단되면 무조건 그 시각부터 고쳐나갔던 이 병원의 리더인 김덕진 이사장의 철학으로부터 기인한다. 그가 가진 환자케어에 대한 철학은 고스란히 병원경영에 접목되었다

3층 병원 약제실 위에 걸려 있는 " '삶에 대한 존경' ─기억을 잃어버려도 인생을 잃어버린 것이 아닙니다" 라는 글귀는 이 병원의 가장 중요한 이념이자 가치다. 이 가치 아래 모든 프로그램이 기획되고 만들어진다.

이미 위에서 이야기한 것처럼 환자를 묶는 환자구속 폐지선언 역시 이런 철학적 가치의 실천적 부산물이다.

이러한 실천적인 열정은 그 실무진에서 더 갈고 닦아진다. 최근 이 병원 실무진들은 자해하거나 자꾸 호흡기나 주사바늘을 제거하려는 환자에게 사용하는 환자용 큰벙어리 장갑조차 환자구속이라고 보고 이를 사용하지 않고 환자를 돌보는 방법

▲ 욕창발생은 간호사의 수치입니다!

을 연구 중이다. 이들은 환자가 이런 이상행동을 하는 이유를 알아야 가장 적절한 돌봄을 할 수 있다고 믿기 때문이다.

이를 보노라면 최근 전남 장성의 한 요양병원에서 건물에 불이 났지만 노인환자들이 침대에 묶여 있는 상태에서 죽음을 맞이한 것이 자꾸 생각난다. 그런데 그게 장성 그 병원만의 상황일까? 단언컨대 정도는 다를지라도 전국 거의 모든 병원들이 이런 상황으로부터 결코 자유롭지는 못할 것이다.

침대에 누워 있는 환자들에게서 흔히 발생하는 욕창 역시 마찬가지다. 이 병원은 욕창을 '의료사고'라고 규정한다. 간호업무를 맡은 의료진들이 제대로 환자간호를 못해서 일어난 일이라는 것이다. 그래서 욕창이 발생하면 해당 간호사는 바로 시

말서를 써야 한다. 작년에 이 병원 총 430병상에서 가벼운 욕창 환자가 단 두 명만이 발생한 것을 보더라도 간호진들의 노력이 어느 정도인지를 가늠해 볼 수 있을 것이다.

"우리는 일생에 가장 힘들고 외로운 시기에 도움이 필요해서 우리 곁에 오신 어르신을 위해 존재하는 것—이것이 우리의 임무이자 본질이다. 내가 편한 의료를 제공하겠다면 지금 당장 직업을 바꾸어야 한다."

리더가 이런 생각을 가지고 있으니 일하는 분들이 피곤하다 싶기도 한데 시간이 갈수록 이런 철학에 의료진들의 공감대가 커가는 것은 한편으론 그리 이상한 일이 아니다.
다른 병원들이 반성할 일이다

■■■ "병보다 환자에게 관심 가져라."

이전의 글에서도 언급했듯이 이 희연병원의 철학적 토대를 마련한 것은 고집쟁이 김덕진 이사장의 힘이었다. 나는 이런 철학적 관점과 일의 추진력이 전적으로 '그가 의사가 아니었기 때문에 가능했다' 고 믿는다.

사실 그는 국내에서 노인요양의료의 개념이 자리 잡기 훨씬 이전인 1992년에 약 250병상 규모의 요양병원을 시도했었다. 하지만 모든 일은 그야말로 때와 추구하는 바가 맞아야 하는 법! 결과는 부채 60억 원만을 남기고 폭삭 망했다. 그야말로 홀라당 말아먹은 것이다.

지금의 환자를 중심으로 하는 희연병원은 이런 경험적 토대에서 이루어진 것이다.

이 땅에 환자를 생각하지 않는 의사가 있겠냐만, 난 적어도 우리나라 의사 중에는 환자를 잘 아는 의사가 그리 많지 않다고 생각한다. 보통 우리나라의 의사들은 병을 알고 치료를 할지는 몰라도 환자를 잘 알지는 못 한다.

이 희연병원 곳곳에 묻어 있는 감동은 오직 환자의 입장에 선 자만이 만들어낼 수 있는 것이다. 아까 병실에서 저녁식사를 받고는 식판 위에 놓여있는 숟가락집에 "식사도 치료의 일부입니다" 그리고 젓가락집에는 "맛있다 라는 감동을 자아내는 식사를 만들겠습니다"라고 쓰여 있는 멘트 역시 아무 것도 아니지만 조그만 것에도 자신들의 의지를 담고 있다는 면에서는 다 칭찬할만한 것들이다.

이 병원 환자돌봄의 또 다른 관점은 "집에서 지냈던 그 일상적인 생활처럼"이다. 그래서 환자를 묶지 않는다. 그래서 기저

귀도 채우지 않는다. 그래서 간호도 그 자식들조차 그렇게는 하기 어려울 만큼의 정성으로 행한다.

최근에는 퇴원하는 재활환자의 홈케어 서비스의 하나로 집수리 활동을 시작했다. 보통 사람들은 한 3센티미터의 턱만 있어도 휠체어가 넘어가기 어렵다는 것을 잘 모른다. 이런 문제 때문에 사회복지사와 병원 내 설비 담당자 등 모두 7명이 한 팀으로 만들어져서 이제 인력과 수리차량 등의 모든 준비를 갖췄다. 아직 예산문제로 환자 가족이 재료를 구입하면 그것으로 집수리를 해주는 수준이지만 추후 지자체나 공익재단 등과 연계해서 적어도 저소득층 환자나 독거노인 등에게는 모든 지원이 가능한 시스템으로 만들어나갈 계획이다.

다시 두 시간마다 나오는 음악이 또 들린다. 낮이든 밤이든 하루 종일 내내 누워 있는 환자들의 체위를 바꾸는 시간이다. 낮이든 밤이든 새벽이든 음악이 들리는 그 시간에는 일제히 환자 옆에 있는 모든 직원들이 환자의 체위를 바꾼다. 욕창 발생률이 떨어지는 한 가지 이유다. 나도 더 늙고 아파서 언젠가 간호를 받게 되면 저런 간호를 받고 싶다.

환자의 입장을 생각하는
훌륭한 의사가
돼주세요!*

잘 지냈나요?

전에 강의 갔을 때 내게 명함을 달라고 했던 학생인가요?

아무튼 이렇게 메일을 보내주셔서 반갑고 또 고맙습니다.

보내주신 메일을 읽어보면서 먼저 문제를 바라보고 있는 관점의 측면에서 한 가지 이야기하고 넘어갈까 합니다. 님의 글에는 의료 문제를 매우 개인적인 양심의 차원에서 바라보고 있습니다. 현재의 의료 관계를 개인과 개인의 문제로 인식하면서 문제의 원인을 결국 양비론적 결과로 이야기하는군요.

70년대에 정부가 이런 홍보를 한 적이 있었어요. 집집마다 한 등을 끄면 1년에 무려 몇백 억이 절약된다는 내용이었지요. 하지만 사람들은 사실 그렇게 하지 않았습니다. 물론 개중에는

---

* 2007년 전남 광주 모 의대 본과 2학년에 재학 중이던 한 학생이 저자의 강의를 듣고 메일을 보내와 답장을 한 글이다.

정말 그것을 실천하는 사람도 있었겠지요. 하지만 이런 관점에서 시행되는 홍보가 결국 나중에 전력 소모가 많아지게 되면 국민들의 의식 문제(의식이 낮아서라는)로 그 원인을 돌리게 되는 것은 그 관점으로부터 이미 예정되어 있는 것입니다.

■■■ 비급여를 개발하고 양산하는 공급자

집단의 행동 양식은 어떤 개인에 의해 좌우되는 것보다는 그 집단 전체의 이해와 요구에 의해 결정됩니다. 현재의 의료 문제들을 보는 관점이나 그것에 대한 원인을 진단하는 것도 그래서 매우 집단적인 관계의 문제로 봐야 한다는 것이지요. 그렇지 않게 되면 최근 복지부가 개선안이라고 내놓은 의료급여 문제의 해결 방안과 같은 대안이 도출됩니다. 의료 쇼핑을 하는 환자들 때문에 의료급여 재정이 기하급수적으로 늘어난다고 보고 있는 관점에서는 막말로 그런 환자를 때려잡는 대안밖에 나올 수 없는 것이겠죠(재정 증가의 요인으로 그것을 이야기하기에는 너무 미미한 요인인데도 말입니다).

개별적으로는 아마 님이 이야기하는 것처럼 과다 이용을 유발하는 환자가 있을 수 있겠죠. 또한 그런 의사가 있을 수도 있는 것이고요. 하지만 이렇게 개인적인 문제로 환원을 시켜버리면 그 대안이라는 것이 결국 교육과 홍보를 통한 의식 개선 노력이나 과다 이용 환자 색출, 그리고 과다 의료 의사에 대한 징계나 의료비 삭감 … 뭐 이런 방법밖에 더 나올 수 있는 게 없을 것입니다.

아마 내가 강의 중에 "공급자는 비급여를 개발하고 양산하고자 하는 경향성을 갖는다"라는 말을 한 적이 있을 겁니다. 예전에 X-ray가 보험이 되니까 CT가 나왔습니다. 그리고 CT가 보험이 되니까 MRI가 나왔습니다. 또 MRI가 보험이 되니까 이제는 PET가 나왔습니다. PET도 이미 부분적으로는 보험이 되었고, 아마 전 질병에 대해 보험이 적용되면 또 다른 장비와 행위들이 비급여로 등장할 것입니다. 이것은 장비만이 아니라 치료 재료나 약제 역시 마찬가지입니다. 의료 공급자들은 이렇게 비급여를 개발하고 양산하는 일종의 '경향성'을 갖습니다. 이것은 더 나은 의료의 질을 국민들에게 제공한다는 측면에서는 결코 부도덕하거나 나쁜 것이 아니지만 현실에서는 의료비의 증가와 함께 관리되지 않은 영역의 확충으로 인해 탈세의 영역으로 기능하게 되지요.

■■■ 의료인들의 자기반성 필요

이런 전체적인 측면에서 문제를 바라봐야 합니다. 사회의 문제를 개개인의 도덕성의 문제로 보는 것은 아주 어리석은 일입니다. 질문하신 주사제 역시 마찬가지입니다. 주사제 처방을 선호하는 의사가 있을 수 있을 것이고, 또 마찬가지의 환자도 있습니다. 저 역시 '의사의 욕심으로만' 이런 문제를 호도하는 것은 문제라고 생각합니다. 하지만 이런 호도 행위를 무력화(?)시키기 위해서는 의사 집단 전체의 자정 노력이나 개선 의지를 국민들에게 확인시켜주는 것이 필요합니다. 그렇지 않는 한 님이 걱정하는 문제는 아마 계속될 것입니다. 여기서 개인의 양심과 인간성의 좋고 나쁨은 이 문제들을 해결하는 데 있어서 별다른 요인이 되지 못 합니다. 이렇게 볼 때, 그런 호도 행위가 지속되거나 더 힘을 가지게 되는 것은 전적으로 의료 공급자들의 책임이라는 사실을 아셔야 합니다.

'약을 많이 먹으면 아마 더 좋을 것이다' 라거나 '오늘 병원에 가면 주사 맞게 해달라고 해야지' 하는 생각들은 환자 스스로 만들어 낸 의식들이 아닙니다. 이런 의식들은 경증이든 중증의 질병이든 가리지 않고, 외국에 비해 무려 두 배 이상의 약을 쓰고 있는 우리나라 의료인들이 만들어 낸 것이고, 주사를 요구하는 환자에게 주사제의 부작용과 안전성에 대해 전혀 설명하지 않고 무작정 그 요구에 부응한 의료인들이 만든 문제들입니다.

교통사고 환자 중에 가짜 환자 문제가 계속 보도가 되었었죠? 낮에는 출근도 하고 여관처럼 밤에만 침대에 누워 있는 이런 가짜 환자는 환자와 의사 가운데 누가 더 문제일까요? 왜 이런 가짜 환자가 생겨났을까요? 자동차보험회사들은 이 가짜 환자들을 잡아내기 위해 병원 문 앞에서 카메라를 들고 사진을 찍으면서 탐정처럼 아예 환자의 뒤를 밟기도 합니다.

하지만 과연 이렇게 하면 가짜 환자들이 없어질까요? 아닙니다. 이런 가짜 환자들을 용인해주면서 함께 돈을 벌고 있는 병원을 잡아야만 현재 그 병원 안에 있는, 그리고 앞으로 그 병원에 와서 치료를 받을 수많은 가짜 환자를 근본적으로 없앨수 있습니다. 의사가 환자에게 퇴원을 명령하여도 부득불 병원 침대에 남아 누워 있을 환자는 없습니다(물론 개중에도 우격다짐으로 있을 환자도 있을 수는 있겠지요). 이렇게 가짜 환자가 있을 수 있는 이유는 의사가 그 환자를 암묵적이든 적극적이든 용인해주기 때문입니다. 이유는 누가 뭐라던 한마디로 말해서 돈 때문에 그렇습니다.

의료인들은 이런 문제들에 대해 스스로 국민들에게 자기 고백을 해야 합니다. 이것이 이 사회에서 전문가로서의 의료인들이 가져야 할 자세지요. 집단과 집단이든 개인과 개인이든 간에 상호간의 신뢰와 믿음은 이런 자기 고백의 과정을 거쳐야 합니다. 외부에서 '그건 문제다'라고 지적하는 부분에 대해 그 집단이 단 한 번도 자기반성을 하는 일이 없다면 아무도 그 집단에 대한 신뢰와 믿음을 가질 수 없습니다.

■■■ 누구나 적정하게 의료 서비스를 받아야 한다

스스로 건강해지려는 노력은 매우 소중합니다. 님이 보내신 내용처럼 자식을 건강하게 키우려고 하는 마음이야 이 땅의 어떤 엄마들이 안 가지고 있겠습니까? 초음파는 (비급여 항목에서 2013년 현재 급여 항목으로 변경되었습니다. 4대 중증질환 관련 환자만을 대상으로 일년에 횟수를 제한하여 급여 인정을 하고 있습니다만) 그 외의 비급여 환자의 경우 한 번 찍을 때마다 적게는 몇만 원에서 많게는 8만 원, 9만 원의 비용을 환자가 모두 내야 합니다. 임신을 인지한 후부터 한 달에 한두 번을 찍습니다. 임신부터 출산 때까지 무려 7~8회부터 많게는 20여 회도 찍고 있습니다. 이렇게 초음파를 찍어대는 나라는 전 세계에서 우리나라가 단연 1위이고 비슷한 나라도 아예 없다고 봐야 합니다. 문제는 이와 관련한 관점이 '자본주의 사회에서 자기 돈 내고 내 아이 건강진단하고 또 스스로 건강하자고 하는데 무슨 문제가 있나' 라는 생각입니다. 맞습니다. 여기는 자본주의 국가죠. 소비가 생산을 유발시키는 그래서 오히려 소비가 미덕인 체제입니다.

하지만 거의 대부분의 출산을 하는 여성들이 20번씩 초음파를 찍을 수 있는 경제적 여건을 가지고 있지 못합니다. 그렇다고 그게 돈 있는 사람들의 죄라거나 병원과 의사의 죄는 분명 아닙니다. 이 임신 여성들은 그러면 처음부터 스스로 초음파를 그렇게 많이 찍자고 했을까요? 그리고 경제적인 여건 때문에 그렇게 하지 못하는 사람들은 스스로의 처지를 한탄하며 부모로서의 의무도 하지 못하는 인생에 절망해야 할까요? (아는지 모르시는지 모르겠지만 이렇게 경제적인 요인을 자기 삶의 결정에 있어서 결정적인 기준으로 두고 살아가는 사람들이 그렇지 않은 사람들보다 이 땅에는 훨씬 더 많답니다.)

만약 과다 의료 이용의 문제가 엄마의 사랑을 말하면서 의료 이용을 늘려 나가는 국민들에게 그 원초적인 책임이 있다고 의료 공급자들이 주장한다면 많은 국민들은 웃습니다. 현실에서 그렇지 않다는 것을 그 누구보다도 잘 알고 있기 때문입니다.

'모든 의료는 적정하게 이용해야 한다'는 것은 경제적인 문제보다 건강의 문제에 더 기초한 말입니다. 그래서 나는 초음파도 건강보험 급여로 인정해주고 경제적인 문제에 의해서가 아니라 누구나 적정하게 의료 서비스를 받아야 한다고 생각하고 있습니다.

님은 메일에서 '의료라는 것은 서비스이고 이것은 고객 만족의 차원이지 일정 수준을 정해놓고 항상 이런 수준까지만 의료를 제공하라는 규범이나 제재는 환자 입장에서도 불필요한 것일 수밖에 없다고 생각해요'라고 자신의 생각을 이야기했습니다.

나도 자기 돈 가지고 그렇게 의료 이용을 하겠다는 것을 말리고 싶지는 않습니다(물론 그렇게 이용해서 환자의 건강을 해치는 수준의 과다 이용은 다른 이야기겠지만). 하지만 현재의 의료 제도는 건강보험 체계입니다. 자기 혼자만이 아니라 국민들이 낸 돈이고, 이를 적정하게 사용해야 합니다.

그러나 위에 내가 말한 것처럼 국민 건강의 관점에서 보더라도 의료 이용의 제한은 분명히 필요합니다. 말씀하신 내용 중에 '일정 수준을 정해놓고 항상 이런 수준까지만 의료를 제공하라는 규범이나 제제는 환자 입장에서도 불필요한 것'이라는 아마 건강보험 체계에서의 심사 기준의 문제를 이야기하는 것으로 이해됩니다. 지금까지 거의 모든 의료 공급자들이 그렇게 말하면서 건강보험 제도를 사회주의 의료라고 공격했지요.

하지만 건강보험(그게 민간 의료보험이든, 공공보험이든 간에)을 운영하고 있는 전 세계 어느 나라도 의사와 국민들이 알아서 마음대로 의료 이용한 것을 모두 보험 적용하는 나라는 단 한 곳도 없음을 아서야 합니다. 오히려 민간보험회사들이 거의 대부분을 차지하는 미국은 우리처럼 공공건강보험의 체계보다 훨씬 더 그 심사 기준이 엄격하지요. 우리나라에서는 환자의 동의가 있거나 아예 찍겠다고 통보만 하면 언제든지 찍는 MRI도 미국에서는 사전에 보험회사의 승인을 받아야 합니다. 훨씬 더 까다롭지요. 그런 것에 비하면 오히려 우리 의료 체계는 돈을 거의 그냥 주다시피하고 있다고 해도 무방할 정도입니다.

"의료는 임상 근거 중심의 의료가 되어야 한다"고 의료인들은 말합니다. 현재의 심사 기준은 안전성과 유효성이 입증된 임상적 근거에 기초해서 만들어진 것입니다. 만약 기준을 벗어나는 의료 행위가 의학적으로 타당성이 있다면 그에 대한 근거들을 제시해야 합니다. 그러나 이런 상황에서 관련한 내용들에 대해 임상적 근거를 제시하는 의료 공급자들이 별로 없습니다.

■■■ 국민과 환자의 입장에 서는 의료를 기대합니다

어떤 개인이 자신의 돈을 주체할 수 없어서 자기 하고 싶은 만큼 알아서 의료 이용을 하는 것이야 누가 말릴 수 있겠습니까? 하지만 건강보험 제도 아래에서는 그런 것이 가능하지도 않고 가능하게 내버려두어서도 안 됩니다. 오히려 저는 감기 환자에 대한 '표준 진료 지침'을 만드는 것조차 다른 곳에서 만든다고 하면 반대하는 의료 공급자들이, 반대 이후 어느 누구도 또 어느 학회도 만들지 않는 것을 볼 때 사실 좀 절망스럽습니다.

의료 문제에 있어서 객관적이라는 것은 없습니다. 다만 그런 말이 유의미하게 사용된다면 아마 그것은 '국민과 환자의 입장에 선'이라는 말로 대체할 수 있을지는 모르겠습니다. 의사 스스로 자신의 권위를 세우고 환자와의 신뢰를 건강하게 유지시키기 위해서는 지금의 현실에서는 환자보다는 병원과 의사들의 윤리를 세우는 문제가 훨씬 더 심각하고 중요합니다. 나 같은 사람들이 언론을 통해 의료계를 호도해서 그런 게 만들어 진 게 아니라 이미 만연해 있고 또 깊어져서 그냥 치유가 되기 쉽지 않은 문제들에 대해 나는 그저 작은 불만 당긴 사람입니 다. 그 고통 속에서도 자신의 이야기를 세상에 하지 못했던 수 많은 환자들의 이름으로 말입니다. 국민과 환자를 생각하는 훌 륭한 의사가 되시기 바랍니다.

당신과 나 그리고
후대를 생각한다면

■■■ 건강은 권리다

우리나라 사람들만큼 건강에 대해 신경 쓰는 사람들도 없는 것 같다. 몸에 좋다하면 지렁이부터 곰쓸개까지 싹쓸이해서 먹어치우다 보니 거래가 금지된 각종 동식물을 혹시라도 수입하나 싶어 각 나라에서도 눈 크게 뜨고 지켜본다. 그래도 여전히 우리나라는 곰쓸개, 사향, 녹용 등 소위 몸에 좋다는 것들을 수입하든 밀수를 하든 전 세계 소비량 1위 국가다.

그나저나 그런 우리나라 사람들이 과연 건강에 대해서 그렇게 신경 쓰는 것만큼 정말 건강에 대한 관심이 있을까? 답은 '글쎄요' 다. 새우깡에 생쥐머리가 나오고 참치캔에 칼날이 나와도 여전히 그 회사가 버젓이 장사를 하게 놔두고 있으며, 아이들 과자나 우리가 늘상 먹는 각종 음식에 무엇이 들어가도 그 회사가 딱히 망했다는 소리를 들어본 적이 없으니 우리들에게 건강이라는 문제는 아직까지 개인적인 차원에서 '이기적'으로 지켜야 할 그 무엇의 수준이다.

상황이 이러다보니 이제 사회는 건강을 '권리'로 이해하기 시작했다. '건강권'이 바로 그것이다. 권리? 그나저나 이게 권리일까? 권리라 하면 누구나 누려야 하고 지켜져야 할 그 무엇인데 과연 건강이 그럴 수 있는 것일까? 이런 개념에서 출발한 것이 또 '건강형평성'이다. 이건 한술 더 뜬다. 형평이라니? 어떻게 건강의 문제가 형평이니 평등이니 하는 개념에 적당한가 말이다. '형평'은 '평등'이라는 개념과 또 다르지만 어떻든 이 개념은 적어도 건강의 문제에 있어서 '평등을 지향한다'는 의미가 담겨 있다.

이런 개념이 도입된 것을 거슬러 올라가다 보면 세계보건기구가 그 출발점임을 알 수 있다. 세계보건기구는 출범 당시 건강을 '질병이나 병약이 없는 상태일 뿐만 아니라 신체적, 정신적, 사회적으로 완전히 안녕한 상태'로 정의하고, '도달 가능한 최고수준의 건강을 누리는 것은 모든 사람의 기본적인 권리'로 선언했다. '도달 가능한 수준?' 뭐 적당하다거나 적절한 수준도 아니고 도달 가능한 수준이라는 것이다. 이것은 아주 중요한 의미이다. 우리가 오늘 각종 건강상의 문제를 바로 이런 관점에서 이해하고 해석해야 한다는 점에서 그렇다.

■■■ 이미 사회는 자신의 건강을
스스로 지키지 못하게 되었다

그러나 이런 선언에서 이야기하고 있는 것과는 다르게 여전히 우리 사회는 건강을 개인이 지키고, 해결해야 할 것으로 간주한다. 돈이 없으면 아프지 말아야 하고, 그것도 걱정이 되면 사보험을 들어서라도 미리 방어막을 설치해야 한다. 그나마도 못하고 병이 덜컥 걸리면 건강관리 못한 내가 잘못이고 게다가 돈이라도 없으면 돈 못 번 나는 '죽어도 싼 놈'이 된다. 이러다 보니 건강의 문제는 개인의 사회적 지위와 경제적 상황에 의해 좌지우지되기 시작한다. 다시 말해서 서두에서 이야기한 것처럼 형평성에 금이 가는 것과 동시에 건강이 사회경제적 제 여건에 의해 누리고 지켜져야 할 권리로 기능하지 못하게 되는 것이다. 그런데 이 글을 읽는 대부분의 분들은 그게 그리 이상하지 않을 것이다. 왜냐하면 그렇게 살아왔고. 그런 만큼 그것이 사회적 상식으로 자리 잡고 있기 때문이다. 이런 인식들을 고착화시키는 것에는 텔레비전에서 하는 여러 가지 모금방송 프로그램도 한 몫 한다. 일단 돈이 없는 아픈 아이들이나 성인의 환자들을 내세워 허접한 살림살이를 전국에 방영하면서 국민 감정에 호소한다. 그리고 돈을 좀 내시란다. 화면 위에서는 시청자들이 ARS로 후원하는 금액이 연신 바뀌면서 올라가고,

방송국은 아픈 사람들에게 500만원~2천만 원의 후원금을 건넨다. 그나마 출연을 해야 2천만 원 수준이고, 화면에 나오지 않으면 5백만 원이나 천만 원 정도다. 하지만 그런 돈은 이들에게 항암치료 두어번을 하면 그냥 바닥나 버리는 돈에 불과하다는 것을 자주 잊어버린다. 다시 말해서 결국 결코 이런 행위들로 인해서 그들의 문제가 단 한명도 풀려질 수 없다는 것을 알긴 알아도 자주 잊어버리게 된다는 것이다. 하지만 이 사회가 아직도 기부문화가 척박한 수준이고 사람이 사람에 대한 애정과 사랑을 어떤 형태로든 표현하는 것이 당연하다고 할 때 그 프로그램은 분명히 의미 있는 것이다. 그러나 그 프로그램이 건강의 문제를 개인의 사회경제적 처지로 인해 지켜지지 못하는 것을 보여주고 이에 그것을 개개인들의 기부로서 무엇인가 풀려지길 바라면서 그 외의 다른 해결방안들을 제시하지 않거나 또 하지 못할 때 그 프로그램은 건강을 권리로 이해하게 하는데 오히려 사회적 장애물로서의 기능을 할 뿐이다.

이제 이 사회에서의 질병은 단지 개인적으로 건강관리를 잘한다고 해서 걸리고 안 걸리는 수준을 벗어났다. 이미 질병에 걸릴 각종의 요소들에 우리들은 너무 쉽게 그리고 많이 노출되어 있기 때문이다. 세계 최고의 매연을 자랑하는 서울에서 숨을 안 쉬고 살 수 없듯이 환경과 오염된 각종의 먹거리 역시 우리를 위협한다. 아침부터 저녁 늦게까지 죽어라 하고 일을 하는 우리나라 사람들의 스트레스 지수는 어떠한가? 가히 세계 최고 수준이 아닌가? 이런 상황에서 이미 질병은 내 의지와 관계없이 찾아온다.

이렇듯 이미 우리의 건강은 우리가 개인적으로 책임질 수 있는 수준을 벗어났다. 이 말은 이미 질병과 건강의 문제에 대해 사회적 대응력을 높여야 한다는 것이고, 서두에 말한 것처럼 이제 건강을 권리로 이해해야 하는 상황이라는 것이다. 이것은 넓은 의미에서의 보건이라는 개념과 좁은 의미에서 의료라는 개념에 이르기까지 모두 마찬가지다.

그러나 보건이든 의료든 이 권리의 수준은 매우 취약하다. 하지만 최근 한 5년간의 사회변화에서 건강과 의료의 문제가 매우 중요한 사회적 이슈로 등장한 것은 매우 긍정적이다. 특히 의료문제는 그 내용이나 제도가 워낙 복잡하고 어려워서 일반인들이 이해하고 정책에 접근하기 매우 어려웠던 것이 사실이다. 그리고 이런 의료의 특성 때문에 모든 사회분야 중에서도 유독 의료의 공급자 독점이 잘 깨지지 않고 유지되어 온 이유도 거기에 있다. 이렇듯 의료는 이용자인 환자와 국민에게 '알려줘도 이해하기 쉽지 않고 잘 모른다.' 는 특성이 있다. 바로 정보의 비대칭성의 문제이다. 의료법상에 환자가 치료비를 지불하고 그 내용을 알기 위해 진료비 세부내역서를 발급 받는 것이 의료 이용자인 환자의 권리이고, 이를 발급해주는 것이 공급자인 병원과 의사의 의무라고 나와 있긴 하지만 그걸 떼어서 꼼꼼히 본들, 환자는 내용을 이해하기도 어렵고 알 수도 없다는 것이다. 이런 의료의 특성 때문에 환자는 이용자로서 돈을 내고 그 돈으로 병원, 의사, 간호사, 약사 모두가 먹고 살아도 자신의 권리를 행사하기가 어렵게 된다. 다른 분야에서는 돈을 내는 소비자를 '왕'이라고 표현하기도 하지만 의료에서의 이용자인 환자는 그저 무지렁이 '환자'일 뿐이다. 이렇게 정보가 공급자에게 일방적으로 독점되어 있는 분야는 모두 똑같다. 교육계나 법조계를 떠올리면 '역시 마찬가지다'라는 것을 쉽게 알 수 있는 것이다. 이런 분야에서는 다른 분야와는 달리 소비자가 맨 아래에 위치해 있다. 그래서 이미 법으로도 보장되어 있는 자신의 권리를 행사하기조차 힘들어진다.

희귀질환 중에 혈관기형이라는 게 있다. 보통 어린아이들이 주로 이 질병에 많이 걸려 있는데 이 질병은 국내에서 모 기업이 설립한 병원의 어떤 의사 한명만이 진료를 하고 있다. 이런 경우 해당 환자의 보호자들은 만에 하나라도 병원이나 의료인이 어떤 잘못을 했더라도 그 병원이나 의사에게 어떤 항의도 할 수 없게 된다. 항의를 하고 더 적극적인 행위를 한다는 것은 국내에서의 치료를 포기하고 이제 외국으로 나가서 치료하겠다고 해석되기 때문이다.

■■■ 인식과 실천의 지평을 넓히자!

이렇듯 건강과 의료에 있어서의 권리는 병원 현장에서는 지키기도 알기도 어려울 뿐더러, 국가 차원에서는 그 내용이 더욱 복잡하고 어려워서 일반인들의 접근성이 그리 용이하지가 않다. 국가차원에서의 국민건강 문제는 개별 의료현장을 넘어서서 제반 사회 경제 문화 환경적 측면이 모두 고려되어 정책이 결정되어야 하고 이들 정책에 대해 감시하고 대안을 제시하는 것 자체가 매우 포괄적이고 전문적이기 때문이다.

현실이 이렇기에 이 사회가 건강의 문제를 권리로 이해하기 위해서는 정책 입안자들 외에 각 분야에 포진하고 있는 시민사회 세력이 자기 영역을 넘어서는 연대의 망을 확립해야 한다. 몇 년전 한 포탈 사이트에 어느 시민이 "당연지정제 폐지를 반대합니다"라는 글을 올려서 이에 대한 찬반토론이 격렬하게 진행되었던 것도 우리 사회에서 건강의 문제를 권리의 문제로 인식하고 점차 그 인식의 폭이 넓어짐과 동시에 이에 대한 앞으로의 대응 수준도 이전과는 분명히 다를 것을 예고하고 있는 것이다.

이렇듯 이것을 권리로 인식하고 이 인식의 사회적 지평이 지속적으로 넓혀져야 한다. 그래야 덴마크에서 이민 온 사람들을 장애인(언어장애)으로 한시적 등록시키고 사회에서 다른 사람들과 마찬가지로 혼자의 힘으로 살아갈 때까지 언어를 배우게 하고 돌봐주는 것을 이해할 수 있다.

건강의 문제는 질병에 걸리기까지 항상 추상성 속에 있다. 병이 걸리는 순간 건강과 의료의 문제는 구체성을 갖는다. 그래서 항상 대응력이 늦다. 구체적인 상황을 맞닥뜨려야 부랴부랴 움직이기 시작하기 때문이다. 그러나 그때는 매우 늦다. 이미 만들어진 쳇바퀴 속에서 같이 돌아야 하기 때문이다. 아프지 않을 자신이 있는가? 확률 상 살면서 적어도 4인 가족 중의 한사람이 암에 걸린다고 한다. 내 가족은 안 걸릴 자신이 있는가? 그렇지 않다면 건강을 권리로 인식하게 이 사회를 변화시켜라. 그게 자신만 아니라 지금의 우리 가족도 그리고 앞으로 살아갈 우리의 후대들 모두가 살 수 있는 길이다.

폐차된 버스에서 살 때

■■■ 내가 처음 만났던 조국

아마 79년이었을 겁니다. 벌써 30년이 넘었군요. 당시 저는 고등학교 2학년이었습니다. 우리 가족은 아버지의 사업실패로 모든 것을 잃고 서울 한 귀퉁이 벌판에서 살았습니다. 현재 김포공항으로 가는 길에 인공폭포가 있죠? 지금은 모두 없어졌지만 예전에 이 폭포 뒤는 모두 판자집이었습니다. 그런데 우리가족은 그 판잣집도 하나 없어서 허허벌판에 폐차 버스 두 대를 놓고 한 대에는 가족이 살고 한 대에는 어머님이 라면장사를 하셨습니다. 차 안에서 한 가족이 옹기종기 살았던 그 버려진 버스는 추운 겨울 머리맡에 놓아둔 물이 꽁꽁 얼어버릴 정도로 추웠고, 여름에는 주변의 강에서 올라온 파리와 각종 벌레가 우글거렸죠. 말하기조차 갑갑할 정도로 그랬습니다.

그런데 어느 날 내가 학교에서 돌아와 보니 어머니가 울고 계셨고, 우리집이었던 그 버스는 창문이 모두 부서져 있었습니다. 아버지는 부서진 창문에 신문지를 바르고 계셨지요. 그날 구청 직원들이 트럭에 한가득 타고 와서 무허가라고 쇠파이프로 모두 부수고 갔다는 겁니다. 이게 비교적 어린 나이에 내가 공권력과 조국을 경험했던 처음의 일이었습니다. 하지만 우리와 같이 이렇게 사는 사람들이 이 땅에 무수히 많다는 것을 알게 된 것은 아주 나중의 일이었습니다.

■■■ 복지도 권리다

이런 내가 소위 복지를 다시 생각하게 된 것은 어른이 되고 병이 걸린 후였습니다. 99년 백혈병이 걸린 후 일을 중단하고 아내까지 내 병간호를 위해 아무 것도 못하는 상황에 이르자 나는 생활보호대상자 신청을 하게 되었고, 그전에는 잘 알지도 못했던 의료급여 1종 환자가 되었습니다. 그래서 매달 구청에서 넣어주는 30만원 가량의 쥐꼬리만한 돈과 친구들이 도와주는 돈으로 간신히 생활을 하였지요. 당시 '의료보장' 이라고 찍힌 보험증을 가지고 병원을 가면 왜 그리 탐탁치 않게 맞이했는지를 안 것도 그때였습니다. 그런데 참 이상했지요. 동사무소든 구청이든 병원이든 복지관이든 어디라도 가면 내가 뭐라도 구걸하러 온 사람인양 왜 그리 위축되고 쪼그라드는지 참으로 이상했어요.

이런 내가 왜 그렇게 작아졌는지를 안 것도 아주 아주 한참 시간이 지난 후였습니다. 방학이 되면 저소득층의 아이들이 밥을 굶을까봐 학교에서는 방학식 하는 날 우유를 방학 일수만큼 아이에게 주어보냈습니다. 우유를 받아오는 우리집 꼬맹이는 자기만 왜 우유를 받아오는지 몰랐고, 또 다른 아이들은 왜 재만 우유를 받아 가는지 몰랐습니다. 그런 우리집 아이가 그것이 '창피한 것'이라고 생각하게 된 것은 한두 해 지나고 아이가 더 큰 이후였습니다.

명절이 되면 구청이나 복지관에서 나눠주는 그 무슨 구호물자 같은 물건들을 받았습니다. 박스를 열어보니 그 안에는 누런 양은 냄비, 부탄가스, 버너와 함께 국수니 과자니 하는 것들이 들어 있었습니다. 그런데 그걸 받아보고는 너무 화가 났어요. 먹을거리 중의 일부가 이미 유통기한이 한 달씩이나 지난 것을 보았기 때문입니다. 푸드뱅크에서 그것들을 받고 행정적 절차를 거치면서 날짜가 지났거나 이미 지난 것들을 나눠준 것이지요. 나야 그것들을 모두 싸들고 행당 복지관에 가서 "당신들도 이걸 먹느냐?" 따졌지만 이런 복지혜택의 울타리에 들어와 있는 일반적인 생활보호대상자들은 아무도 항의하지를 않습니다. 그런 것들을 나눠주는 기관이나 그것을 받는 사람들 모두가 그런 대접을 감수하는 것을 아주 당연한 것으로 받아들이며 살고 있다는 것을 그때서야 알았습니다.

그랬지요. 소위 우리나라의 '복지'란 나에게 그렇게 경험되었습니다. 이 사회가 못사는 나에게 시혜적으로 주는 것이었고, 그걸 받아먹고 사는 나는 마음에 상처가 나든 굴욕적이든 그저 받아야 하는 것이었습니다. 그래서 그 더러운 꼴 안 보려고 어떻게 해서든지 그 굴레를 빠져나가야 하는 것이 일순위였지요. 저만 그랬을까요? 아닙니다. 많은 사람들이 그랬고 지금도 그렇습니다. 여전히 그 사람들에게 한국사회에서의 복지는 비굴하게 먹고 사는 방법의 하나일 뿐입니다.

정말 복지가 권리일까요? 당당히 요구해야 할 우리의 권리일까요? 그렇습니다. 복지도 권리입니다.

그러나 복지를 '성장을 통한 분배'라는 관점으로 볼 때는 절대로 '권리'가 되지 않습니다. 이렇게 시혜적인 관점으로는 복지가 권리로 위치 지워지기는 매우 어렵습니다. 뒤집어서 '분배를 통한 성장'이라는 관점도 마찬가지입니다. 무엇인가 성장이라는 결과로 나오지 않고 돈만 들어가는 복지는 생각하지 않을 것이기 때문입니다.

복지가 권리가 되기 위해서 어떤 관점을 갖고 정책을 만들어 나가야 할까요?

그것은 사회를 유지시키는 '사회적 투자'의 관점입니다. 복지는 투자. 모두 함께 고민해 보기를 바랍니다.

환자 중심의 병원을
만들어 주세요

■■■ 환자 중심의 병원을 생각한다

몇 년 전에 어떤 분이 병원을 만드는데 환자 중심의 시스템을 도입하고 싶다고 하여 잠시 이 새로운 병원의 시스템을 구축하는 데 몇 달간 일을 해준 적이 있다.

이 병원은 치과 · 성형 · 피부과를 포함하여 해외환자 진료까지 망라하는 그야말로 소위 돈되는 비급여 진료를 몽땅 합쳐서 장사를 하고자 하는 곳이었는데 이런 병원이 환자 중심의 진료 프로그램을 만든다니 사실 좀 앞뒤가 안 맞고 이상하기도 했다.

그러나 땅값 비싼 강남에서 많은 돈을 들여 돈을 벌려고 하든, 일반적인 진료 중심의 병원을 만들려고 하든 사실 '환자 중심' 이라는 생각은 그것이 어떤 병원이든 환자진료를 하는 병원이라는 간판을 달고 있다면 가장 기본 중의 기본이 아니겠는가?

　최근의 고객 서비스의 개념은 옛날의 '고객은 왕' 이라는 고전적인 생각을 넘어 고객만족 그리고 더 나아가서 고객감동의 차원으로까지 확대되었다. 이 병원의 관계자는 아마도 이런 서비스를 염두에 둔 그런 '시장적인 서비스'를 요구하는 것이었을 테다. 하지만 이런 생각의 기저에는 '그간 내가 다녀 본 병원의 서비스는 사실 엉망이었어요' 라는 일반적인 생각들이 깔려 있는 것이다. 하지만 우리 국민들이 병원을 이용하면서 개별 의료진 외에 그 병원의 시스템에서 감동을 느낀 적이 있긴 있었나? 하는 생각을 해보면 그도 틀린 생각은 아니다.

　어떻든 몇 달간 일을 해주면서 내가 생각하는 환자 중심의 프로그램을 만들어 주었다. 이런 내 생각의 이면에는 "그 병원이 어떤 병원이더라도 아마 이렇게 환자 중심의 프로그램을 운영한다면 주변의 다른 병원 아니 더 나아가서는 여타의 모든 병원들이 이렇게 변하지 않으면 '앞으로 잘못하면 망하겠구나.' 하는 생각을 가지게 될 걸" 하는 병원 변화에 대한 개인적인 바람이 있었다. 그리고 그것은 적어도 나에게는 확신이기도 했다.

　지금부터 이야기하는 나의 생각이 혹시라도 비현실적이고 주제넘은 것이 있다 하더라도 병원과 의료인은 한번쯤 곱씹어 생각해주시길 부탁드린다.

그리고 아래의 모든 내용은 병원에서 자동적으로 움직이는 시스템으로 구축해야 한다는 것을 먼저 말해둔다..

■■■ 환자에게 명함을 줘라

이 사회에서 상대방(고객)이 지불하는 돈으로 먹고 사는 사람들은 누구나 영업(?)을 위해 자신을 소개하는데 이때 명함을 건네는 것은 아주 일반적이다. 명함에는 이름 소속 직책 연락처 이메일 주소 등이 쓰여 있다. 상대방이 자신을 기억했다가 꼭 필요한 일이 생기면 연락을 주십사 하는 뜻이다. 하지만 병원에서는 이런 일이 거의 없다. 적어도 나는 아직까지 초진의 환자에게 자신의 명함을 주는 의사들을 단 한 명도 본 적이 없다. 왜 그럴까? 환자는 일단 기본적으로 병원에 올 때 의사가 누군지 알고 오니까? 그런 거 줬다가 시시때때로 전화하고 문자하고 이메일 보내고 하면 피곤하니까? 뭐 그럴 수도 있다. 어떻든.

이 글을 읽는 분들에게 한번 물어 보고 싶다.

"당신은 당신을 진료한 지금까지의 그 많은 의사들 중 단 한

명이라도 그 의사의 연락처나 이메일 주소를 알고 있는가? 또는 그런 내용이 적힌 명함을 진료 전후로 받아본 일이 있는가?"

아마 예상컨대 99% 이상 답은 '없다' 일 것이다. 사실 나도 모른다. 단 한 명도. 안 가르쳐주니까.

의사에게 물어보기가 뭐한 환자는 진료 후 간호사에게 의사의 전화나 이메일을 묻기도 하지만 오히려 간호사는 "그걸 왜 묻냐"는 투다. 필요하면 병원으로 전화하란다. 하지만 병원으로 전화해서 환자가 그 해당 의사와 통화할 수 있는가? 아마 당신이 들을 수 있는 대답은 "필요하면 진료예약하세요" 정도일 거다.

환자와 보호자들은 병이 중하면 중할수록 진료 이후 일상생활에서 자신의 질병과 관련한 여러 가지 답답함이 생긴다. 하지만 어떤 환자나 보호자도 자신이 다니는 병원의 의사에게 진료실 밖에서 이런 것을 상담하는 사람은 거의 없다. 상담하려면 진료예약을 해야 한다. 그나마 지방의 환자들은 그냥 궁금함을 삭히거나 인터넷에서 해소하는 게 고작이다. 물론 병원의 홈페이지에서 상담을 할 수 있는 곳이 더러 있기는 하다. 하지만 이것도 젊은 사람들이 아니라면 그리 녹록치 않기도 하거니와 환자의 대부분은 알지도 못할 뿐더러 잘 이용하지도 않는다.

사실 일반적으로 병원들은 의사들이 환자들에게 명함을 준다는 것을 별로 생각해본 적이 없을 것이다. 뭐 그렇게까지 안 해도 환자들은 예약조차 잡기가 쉽지 않을 정도로 넘치고 병원이나 의사들은 적어도 지금까지는 굳이 이런 형태의 환자 스킨십이 필요하지도 않았으니까.

그러나 앞으로는 환자용의 명함을 만들어서 연락처와 이메일을 알려주고 적어도 환자전용 상담전화나 이메일 상담을 할 수 있는 환자와의 소통 구조를 확립해야 한다. 환자는 자신의 의사에게 연락이나 상담을 할 수 있는 무언가가 연결되어 있다는 것만으로도 심적으로 든든해진다. 이 심적인 든든함은 의사와 환자의 신뢰를 만들어가는 출발점이다. 여기에다 의사가 먼저 환자와의 소통을 시도하면 그건 금상첨화다. 아래 이야기처럼.

■■■ 진료 받고 돌아간 후에 전화를 해라

내가 두 번째로 만들어 준 그 병원의 시스템은 환자에게 전화 걸기다. 이것은 최소한 초진 환자에게 진료 후 이틀 이내에 병원에서 간호사든 누구든 임무를 부여 받은 사람이 먼저 환자에게 전화를 하는 것이다.

전화를 해서 "지난번에 다녀가신 병원입니다. 진료 후 몸 상태는 어떠신지요? 저희 선생님이 통화하고 싶다는데 지금 통화가 가능하신지요?" 이런 전화 통화 상황을 여러 가지 고려해두고 환자와의 전화 통화 매뉴얼도 만들어주었다.

병원을 다녀가면 그 다음날 이런 내용이 단순 문자로 발송되는 것은 요새 더러 보기는 했지만 실제 환자와의 소통을 이런 형태로 하는 병의원은 아직 보지 못했다.

이렇게 의사의 전화를 받은 그 환자는 거의 100% 그 병원의 충성 환자가 된다. 설령 아프지 않아서 오지 않는다 하더라도 그 환자는 끝없이 밖에서 바이럴 마케팅을 하는 병원의 전방위 부대가 된다. 특히 동네의 개원의들은 난 그러해야 한다고 생각한다.

내가 장담컨대 명함 주고 전화하는―이 아주 작은 보잘 것 없는 행위를 일 년간이라도 진정으로 실천한다면 그 병의원은 절대 문 닫을 일이 없는 그 지역의 중심병원으로 자리매김하게 될 것이다. 적어도 주변 병원이나 의원은 망하거나 아니면 그렇게 변해야만 아마도 살 수 있을 것이다.

■■■ 의료진들의 교육 시스템을 확립해라

이 사회에서 변화의 속도가 아주 느린 집단이 몇 군데 있다. 학교와 법원 그리고 병원—이 세 곳이다. 교육자와 법조인과 의료인들의 권위주의적이고 자기중심적인 자세와 관점이 잘 바뀌지 않기 때문이다. 법도 세상의 변화에 따라 만들어지거나 바뀌고, 교육의 내용과 치료의 방식도 과학기술의 발전에 부응하여 눈부시게 발전하지만 그 내부의 주체들은 변화의 속도가 그에 따르지 못한다. 이 세상 정보의 양이 늘어난다고 하여 사람들의 행복지수가 올라가거나 양심과 도덕적 지평이 넓어지는 게 아닌 것과 마찬가지다. 기술과 과학이 발전하고 인터넷의 소통으로 사람들이 접하게 되는 지식의 양이 무한대로 늘어나지만 오히려 사람들은 더 불행해지거나 전쟁과 파괴로 더 고통스러워한다.

특히 의사집단은 근래에는 아주 나아졌지만 환자와 국민들이 보기에 아주 오랫동안 '갑'의 위치와 교육을 받아 온 분들이다. 그래서 너무 능숙하게 '갑'의 입장에서 병원의 문화를 환자가 '을'로 위치 지우게 만들어 온 분들이다. 이 집단은 학교를 떠나서도 다시 집단 내의 사람들이 다시 교육을 담당하기에 출신학교별 진료과목별로 줄을 서면서 얽히고설킨다. 특히 의사의 권위를 환자에 대한 권위로 해석하여 인턴 때부터 선배들에게 속된 말로 '쪼인트' 까이며 그 권위와 자세를 훈련 받왔기에 일반적인 병원의 문화가 일하는 모든 사람들이 의사를 정점으로 수직적으로 구조화되어 있고, 이에 환자는 맨 아래 바닥에서 자의반 타의반으로 '을'의 자세와 태도를 훈련받아 왔다.

그랬기 때문에 위에 내가 이야기한 명함주기와 전화걸기 같이 이 단순하고 어찌 보면 당연한 행위들은 결코 '갑'이 하면 좀 이상한 행위들이었을 터이다. 이런 의료진들을 교육시키는 것은 그래서 매우 어렵다. 하지만 이 교육은 매우 중요하다. 동네에서 개원한 의사들이야 경쟁에서 살아남기 위해 스스로 변화의 요구를 가지겠지만 병원급의 조직에서는 매우 어려운 일 중의 하나이다.

내게 요구했던 강남의 그 병원에 만들어주었던 것은 이 외에도 중요한 시스템들이 있지만 여기서는 위의 세 가지만 이야기한다. 이 글을 읽는 어떤 분들은 "왜 뜬금없이 병원 마케팅 방법을 이야기 하냐?"고 할지도 모르겠다.

그렇다. 마케팅 방법이다. 돈 버는 방법일지도 모르겠다. 하지만 그 결과는 의료계의 변화로 나타나질 것이고, 최종적으로는 치료 받는 환자의 행복과 의료인-환자간의 튼튼한 라뽀를 형성하는 것으로 만들어질 것이다. 나도 그런 의사를 만나서 그런 병원에서 치료 받고 싶다.

한미 FTA를 찬성했던
노건강 씨 투병 이야기
(한미 FTA 협정 발효 이후의 가상 시나리오)

이 글 역시 한미FTA가 끝났지만, 여전히 유효한 내용이라고 판단되어 삭제하지 않고 그대로 두었다. 이 글을 읽으실 때는 아래 표기된 주석 내용을 꼭 함께 보셔야 한다.

나 노건강, 난 원래 공평한 것을 좋아해. 요새 시민단체들이 반대한다는 한미 FTA라는 것도 그래. 아 말이야 바른 말이지, 다른 나라에 물건 팔아서 우리만 이득을 보려고 하면 쓰나? 안 그래? 내가 이득을 보면 손해 볼 때도 있는 거지. 그런 면에서는 한미 FTA도 국가 경쟁력을 키우기 위해선 잘한 일이야. 얼마 전 간만에 비준 동의안을 가결한 국회도 허구한 날 놀고먹고 하더니 오랜만에 쓸 만한 짓을 하나 하긴 했다 싶었어.

지금까지 난 그렇게 생각하면서 살아왔었거든, 그런데 얼마 전 아파서 병원에 간 후에 내 생각을 완전히 바꿨다는 거지. 왜 바꿨냐구? 그래서 내가 오늘 그걸 이야기하고 싶은 거야.

■■■ 민간의료보험 때문에 쪼그라든 국민건강보험

　내가 원래 골초여. 한미 FTA 이후에 관세나 뭐 이런 거를 확
내려놔서 거 외국 담배 값도 매우 싸서 기분 좋게 피웠지. 뭐
담배 피면서 폐암 걸린다고 확신하고 피우는 사람 봤어? 그런
데 내가 걸린 거여 글쎄. 요새 왕창 쏟아져 광고하는 그 흔한
'에이씨 보험'도 하나 안 들어 놓았는데 이거 큰일 났다 싶었
어. 하긴 그거 들어 놓았어도 그게 도움이 되었을지는 모르겠
어.

　요새는 뭐 보험을 금융감독원에 신고도 안하고* 지들 맘대
로 상품을 개발해서 판다며? 내 아는 사람이 감기부터 골절·
화상·치매까지 보장해 준다는 그 '뭐시기 보험'을 들었는데
나중에 알고 보니까 다른 건 모두 안 되고 딱 그거 4가지 밖에
안 해준다고 해서 보험회사하고 소송을 한다나 어쩐다나. 돈

---

*　협정문 제13장 금융 서비스 부속서 13-나, 제9절 보험의 신속한 이용 가능성 : "미
합중국은 상품 신고 절차에 대하여 예외목록접근방식에 기초한 정책 및 절차를 이 협
정의 발효 후 1년 이내에 채택하기로 한 대한민국의 계획을 환영한다."(이 문맥에서
예외목록접근방식의 채택이라 함은 상품 신고의 대상이 되는 특정 절차 또는 상품의
목록을 개발하는 것을 말한다. 좀 더 명확히 하기 위하여, 목록에 있지 아니한 상품 또
는 절차는 사전 상품 신고를 하지 않아도 된다는 뜻이다—저자 주)

벌어서 죄다 그눔의 보험회사들만 좋은 일 시킨 꼴이지 뭐. 그 꼴 보니 애시 당초 난 안 든 게 다행이다 싶기도 하지만 막상 걸리고 보니 그나마 그것도 아쉽긴 해. 요새는 민간보험회사들이 국민건강보험처럼 환자들이 내는 비용을 다 내준다고* 하니 안 든 사람이 바보가 될 만큼 하나씩은 다 들어놓았더라고. 맞아, 나 같은 놈이 바보지 뭐. 나도 그렇지만 안 들고 싶어서 안 든 게 아니라 들고 싶어도 돈 형편이 여의치 못해서 못 들었을 텐데 그러면 바보가 되고, 든 사람들은 든 사람들대로 이중으로 보험료 못 낸다고 하면서 아예 건강보험을 없애자고 이야기하니 앞으로 어떻게 될지 걱정이야.

그런데 정말 문제는 뭔지 알아? 민간보험들이 국민건강보험에서 보험 안 해주는 각종 약이나 1인실 2인실의 병실료도 보험으로 비용을 내주고 있으니까 이눔의 정부가 군이 건강보험에서 돈 들어가는 일을 하려고 하지 않아서 이제 국민들이 국민건강보험은 완전히 맛이 갔다고 생각한다는 거여. 그냥 반쪽짜리 보험이 된 거지. 그러다보니 한 달에 건강보험료를 많이

---

* 협정문 제13장 금융 서비스 부속서 : 예외목록접근방식에 의한 보험 상품 출시(민영보험은 환자들이 내는 본인 부담금을 포함한 실제 지출되는 비용 전체에 대해 보험 지급을 하는 상품을 이미 출시했고 앞으로 이는 더 늘어날 전망이다. 이 상품 출시가 가능한 이유는 바로 위의 각주 "예외목록접근방식의 채택"으로 가능하다. 이 상품에 의해 본인 부담이 없어지게 되면 환자와 병원 양쪽의 도덕적 해이가 극심해지고 이는 결국 건강보험의 재정 악화로 연결되어 사회보험인 건강보험의 존재 자체가 위협 받을 것이다—저자 주)

내는 돈 많이 버는 사람들이 건강보험을 아예 없애자고 난리
래. 떠드는 말들이 이해는 간다만 그래서 건강보험 없애버리면
우리 같은 사람들은 그날로 다 죽는데 그런 걸 알긴 아나? 하긴
그 사람들이야 시간나면 건강검진하고 좋은 거 먹고 그러는데
병원 갈 일이 우리네처럼 없을 건데 한 달에 건강보험료를 수
십만 원씩 내면 아깝기도 하겠지?

요새는 송도에 있는 외국 합작 병원에 치료 받으러 엄청 간
다며? 그 병원은 병실 전부가 1인실이라는데 참 돈이 좋긴 좋
아. 이제 문제가 많다고 다시 없앨 수도 없다는데* 이거 아무리
돈이 중심인 자본주의 사회라지만 사회가 너무 이상하게 돌아
가는 거 아냐?

■■■ 뭔 놈의 병원비가 이리 비싼 거야?

병원과 의사들도 난리인가봐. 인천 송도, 부산, 광양, 그리고

---

* 협정문 24장 최종 규정 부속서11(서비스 투자분야) 역진 방지 조항 채택 : "대한민
국은 사람을 대상으로 하는 보건 의료 서비스와 관련하여 어떠한 조치도 채택하거나
유지할 권리를 유보한다. 다만 이 유보는 경제자유구역의 지정 및 운영에 관한 법률
(법률 제 8369호, 2007.4.11) 및 제주특별자치도설치 및 국제자유도시조성을 위한 특
별법(법률 제 8372호, 2007.4.11)에 의한 의료 기관 및 약국 등의 설치에 관련된 특례
와 그 법률에서 특정하고 있는 지역에 대한 원격 서비스 관련 특례에 대하여는 적용되
지 아니한다."(한번 결정된 것은 다시 되돌릴 수 없다. 그것이 해당 국민들에게 위해
가 되더라도 특정 지역(경제 특구 등)에는 적용되지도 않을 뿐더러 그 권리를 유보해
야 한다는 것이다—저자 주)

여기저기 짓는 외국 병원들에 있는 의사들의 상당수가 국내 의사들인데 똑같은 땅덩어리에서 같은 시험 봐서 면허를 땄는데 왜 월급이 몇 배씩 차이가 나느냐며 난리고 병원들도 마찬가진가봐. 똑같이 국내 의사들이 같은 땅에서 같은 돈 들여서 진료하는 데 어떤 병원은 100원 받고 자기들은 10원, 20원 받으면 좋아하겠어? 결국 뭐겠어? 진료비용을 왕창 올려 병원이 돈 더 많이 가져가게 해서 그 돈으로 의사들 월급 더 주는 거 말고 방법이 뭐가 있겠어? 국내 병원보다 경제자유특구에 있는 이 외국 병원들이 지금 우리들이 내는 진료비용보다 대여섯 배는 더 비싸니까 그게 가능한 거지 다른 게 뭐 있나.

지난 번 신문에 난 기사를 보니까 한 가족 4명이 감기가 옮고 옮고 해서 모두 쪼르륵 걸려 그 비싼 병원에 갔다는 거야 글쎄, 갔더니 진찰받고 약비용까지 해서 한 60만 원을 냈다는 거거든. 어휴 그거 보면 그럼 대여섯 배가 아니라 적어도 일고여덟 배는 되나봐. 그렇게 진료비용을 내면 우리 건강보험은 에이 몇 배가 올라도 안 될 텐데? 건강보험료를 그렇게 올리면 나도 뭐 미쳤어? 그냥 민간보험 들고 말지. 그래도 아직까지는 그나마 돈을 내고 있는 국민건강보험이 있긴 하잖아. 나처럼 맨날 월급 받아 사는 사람들이야 그래도 그거라도 믿어야지 어째? 건강보험이야 내가 내면 우리 가족이 어떻든 다 해결되는데 민간보험이야 뭐 그런가. 우리 부부와 애들 둘해서 모두 4명이 하나씩 다 들어야 되잖아. 어휴 그럼 돈이 얼만데….

참, 지난달에 민간보험회사들이 우리 정부를 국제중재기관인가 하는 데에 제소를 했다는 데 그거 사람들이 뭔지 잘 모르더라고. 내가 내용을 자세히 보니 이게 진짜 기가 막히더군. 민간보험회사들이 상품 광고를 하면서 하도 광고에 문제가 많아지고, 상품 약관도 이상하고(가입을 해도 약관을 읽어보는 사람은 거의 없고—당신도 읽어본 적 없잖아. 맞지?—또 약관 자체가 가입하는 사람에게 불리하게 되어 있거든), 또 갖은 수를 써서 어떻게든 보험금을 안 주려고 하고, 개인 정보와 관련한 문제도 너무 극심해서 정부가 이거 안 되겠다 싶었던 가봐. 그래서 그 뭐냐 '민영의료보험 규제에 관한 법률'이라는 것을 만들어서 돈에 눈먼 보험회사들을 한방 먹이고, 맨날 당하는 소비자들을 챙기려는 비교적 싹수 있는 생각을 했나 보더라고.

그런데 어떻게 됐나고? 그거 꼭 물어봐야 알아? 우리 정부가 왕창 깨졌잖아. FTA 조항에 투자자 국가 소송제라는 게 있데. 나도 예전에 인터넷 신문 어디에서 본 것 같기는 한데 그게 뭔지 읽어도 난 그땐 몰랐지. 한마디로 말해서 어떤 놈이 장사하고 있는 데 국가가 정책이든 뭐든 만들어서 지금보다 장사가 안 된다 싶으면 해당 장사꾼이 그 나라를 상대로 피해 보상 소송을 할 수 있다는 거지.* 한마디로 말해서 뭘 한번 다시 잘해보려고 정책을 바꾸고자 해도 원천적으로 다시 되돌리기가 어려워졌다 이거지.

암튼 몇 년 전 그 시끄럽던 한미 FTA 끝나고 요새 상황이 이런데 엎친 데 덮친 격으로 병에 걸려서 병원에 갔더니 아 글쎄 이제는 확실히 그눔의 한미 FTA의 포스를 실감하겠더라고. 어쨌든 자기에게 구체적으로 확 뭔가가 닥쳐오지 않으면 아무도 신경 안 써요. 사실 그래서 쪽박 찼던 일이 사실 많았는데도 말이야.

■■■ 또 약값은 왜 이리 비싼 거야?

나도 맨 처음엔 폐암인지 몰랐지. 가슴에 찡징거리면서 통증이 생겼는데 처음에야 뭐 흔한 협심증 정도이겠거니 그랬거든. 아프니까 일단 병원에 가서 우찌된 건지 물어는 봐야잖아. 일단 병원에 갔지. 그런데 아이고 병원이 언제부터 그랬노? 지하 식당가에 맥도날도 햄버거 들어와서 장사하고 그 옆에는 병원이 운영한다는 모 여행사, 또 그 옆에는 각종 의료기기를 대놓고 팔고, 아따 완전히 시장바닥이데…. 소아 환자들이 지하 식당가에 내려서 맥도날드 햄버거 사다 먹고 그러는데 환자 치

---

* 협정문 제11장 서비스 투자 분야 제11,16조 청구의 중재 제기 (투자자 국가 소송제 : ISD) : "분쟁 당사자가 투자 분쟁이 협의 및 협상을 통하여 해결될 수 없다고 판단하는 경우. 청구인은 자기 자신을 위하여, 다음의 청구를 이 절에 따른 중재에 제기할 수 있다…"(외국에 투자했다가 현지 정부의 부당한 정책으로 피해를 볼 경우 국제 중재기관에 제소할 수 있는 제도. 정부 정책으로 손해 보면 국가 상대 제소를 인정한다는 것이다—저자 주)

료한다는 병원이 저래도 되는 거야? 에라 내 코도 석자다 그리고는 예약한 시간이 돼서 진찰실로 들어갔지. 환자가 아프다고 그러면 첨부터 칼 들이대는 게 아니잖아. 일단 진단방사선과 가서 MRI 찍으라 하고 혈액검사다 뭐다 검사라고 이름 붙은 검사란 줄줄이 다 하데. 그래서 돈 왕창 퍼주고 난 결과가 결국 폐암이래는 거야. 환장할 노릇이지.

원래 젊었을 때 돈 벌었다가 늙어서 병원에 다 갖다 주고 죽는 거라는 생각은 하고 있었지만 막상 내가 그 상황이 되니 영 갑갑한 게 아니더라고. 그런데 정말 환장할 일은 처방전 받으면서 생겼어. 그나마 예전보다 약은 좋은 게 나와 있다고 하는데 이눔의 약값이 장난이 아닌 게야. 암 환자라고 건강보험에서 90퍼센트의 약값을 내주는데도 내가 무려 한 달에 50만 원을 내야 된데. 그러니까 제약회사가 가져가는 약값이 한 달에 500만 원이라는 이야기지(약값이 비싸다는 것은 우리가 내는 본인 부담금 말고도 건강보험료를 그만큼 더 내는 거야 기본이겠지?). 병 걸려 직장도 못 다녀서 벌이도 없는 내가 죽을 때까지 꼬박꼬박 그걸 어떻게 내냐 이 말이야. 그리고 약값만 드나. 생활비 들어가, 애들 교육비 들어가, 차비도 있어야지, 툭하면 입원하니까 다른 비용에 각종 검사비 정기적으로 들어가, 그래서 환장하는 거야. 약국에 가서 그 약을 봤거든. 크기가 좁쌀한 10개 모아 놓은 거 같아. 그게 15만 원이래. 금보다 몇 배가 비싼 거야.*

■■■ 약장사하기 편해진 대한민국,
   환자들은 비싼 약 땜에 허걱

옛날에는 혁신적이다 생각하는 신약이 들어오면 미국, 영국, 프랑스, 일본, 스위스 등의 선진국 7개국 약값을 평균내서 마진 이니, 관리비니 이것저것 붙여가지고 약 80퍼센트까지 약값 ** 을 해줬대. 예전에 백혈병 환자들이 글리벡이라는 약값이 비싸다고 약값 깎으라고, 보험 적용하라고 국가인권위원회 점거해서 막 농성도 하고 그랬잖아. 그 후에도 이거 없애라고 몇 년을 싸웠다지 아마. 이 몇 개 안 되었던 혁신적 신약들이 이게 FTA 이후에는 앞으로 나올 수백 수천 개의 모든 약(다국적 제약회사 이눔들은 나오면 무조건 다 신약이래)에 다 적용되고 있다는 거야. *** 그나마 보험 적용이 되는 환자들은 팔다리 부러지

* 실제 암 환자인 기스트 환자들이 먹어야 할 다국적 제약회사 화이자의 신약 '수텐'은 한 알에 15만 7,000원(2007년 현재) 가량 된다. 실제 무게로 따져도 금보다 몇 배가 비싸다.

** 건강보험요양급여비용 중 A7 평균 약가 산출법, 2007년 현재 그동안 이 약가 산출 방법에 의해 혁신적 신약으로 등재된 약 종류는 글리벡을 포함하여 총 13개다.

*** 협정문 제5장 제5.2조 (혁신에의 접근) : "적절한 규제 당국이 안전하고 유효한 것으로 승인한 의약품 또는 의료기기에 대한 급여액을 그 당사국이 결정하는 경우, 그러한 결정이 경쟁적 시장 도출 가격에 기초하도록 보장한다."(여기서의 경쟁적 시장이란 약가가 형성되는 세계시장을 말하는 것이며, 결국 선진 A7 국가들에 기초한 약값을 의미하는 것이다—저자 주)

는 정도로 타격이지만 보험 적용도 안 되는 환자들은 그야말로 허리가 휘어지다 못해 부러지는 거야.

그래서 내가 하도 답답해서 국내에 들어와 있는 '아메리카 제약회사'에 다니는 내 조카 놈에게 전화를 걸어서 지랄지랄 했다는 거 아냐. 그랬더니 이눔이 어느 날 내게 이메일을 하나 달랑 보냈는데 이메일을 보다가 도리어 화병으로 죽을 거 같았어. 내 그거 보여 줄게.

■■■ 약장사하기 너무 편해졌어요

이모부, 아프시다는 데 건강은 어떠신지요?

이모부 전화 받고 일단 상황을 먼저 파악하시라고 먼저 작금의 상황을 잘 설명 드려야겠다 싶었어요.

한미 FTA가 끝난 지금은요, 우리 회사가 약값을 괜찮게 받는 게 너무 쉬워졌어요. 이모부가 말씀하신 것처럼 예전에는 '혁신적 신약'이라고 판단되어야만 선진국 일곱 개 나라의 평균 약가를 내서 산출하는 약가 결정 방식에 적용되었는데 요새는요 신약이라고 나오면 무조건 다 옛날보다 높게 받아요.

아시겠지만 신약이라는 게 개발하는 데까지 드는 비용이 만만치 않거든요. 일단 약값 자료를 제출하면 건강보험심사평가원에서 심사를 하고 그 자료에 기초해서 건강보험공단 약가 협상팀에서 제약회사하고 약가 협상을 한다지만 에이 우리가 바본가요? 거기랑 협상하게. 건강보험공단은 요새 애들 말로 좀 까칠하거든요. 그냥 약가 협상하는 시늉하다가 파토 내버리고 복지부 내에 있는 '의약품/의료기기 위원회'로 넘기는 게 더 이득이에요. 이 위원회에는 미국의 통상 공무원이 한국 정부와 공동으로 의장으로 있거든요.* 그리고 문제가 있으면 양국이 실무작업반을 합의해서 구성하기 때문에 제약회사를 대변하는 사람들이 제법 들어가거든요.**

그런데 여기서도 우리가 생각하는 약값이 먹히질 않는다 싶으면 방법은 또 있어요. 2단계로 한국 정부 밖에 '독립적인 이의 신청 기구'를 설치*** 할 수 있는데 우리는 약값 결정이 맘대로 안 되면 요거 활용해요.**** 여기에는 한국 정부의 누구도 못 들어오거든요.***** ㅎㅎㅎ

---

* 협정문 제5장 제5.7조 (의약품/의료기기 위원회) 3항 : "위원회는 각 당사국의 보건 및 통상 공무원이 공동 의장이 된다."
** 협정문 동장 동조문 중 6항 : "위원회는 … 작업반을 양 당사국이 협의하는 대로 설치하고 그 범위와 임무를 결정할 수 있다."
*** 협정문 제5장 제5.3조 마호 (투명성) : "… 신청자(다국적 회사들이겠죠)의 요청에 따라 발동될 수 있는 독립적인 검토 절차가 이용 가능하도록 한다."
**** 협정문 제5장 (의약품 및 의료기기의 부속서한) 가호 : "각주10에 있는 협정문 제5장 5.3조 마호 (투명성)를 이행함에 있어 대한민국은 … 의약품 또는 의료기기의 가격 산정과 급여에 관한 권고 또는 결정을 검토하는 검토 기구를 설치하고 유지한다."
***** 협정문 제5장 (의약품 및 의료기기의 부속서한) : "(위원회에는) … 중앙정부의 보건 의료 당국의 피고용원이나 구성원이 되어서는 아니 된다."

■■■ 1, 2, 3, 4단계로 드리워진 약가 결정의 장막

제가 말씀드리기 좀 쑥스러운데 뭐 여기까지만 있는 것도 아니에요. 한국 정부가 색다른 정책을 내서 약값을 깎거나 우리 장사를 방해한다 싶으면 3단계로(이모부님도 알고 계시겠지만) 투자자-국가 소송제도 있고요, 4단계로는 '비위반제소권'이라는 것도 있어요. 비위반제소는요, 보시는 바처럼 말 그대로예요. 비위반, 즉 협정을 위반하지 않았음에도 불구하고 앞으로 시장(다국적 회사들의 시장이겠죠)에 심각한 위협이나 영향을 줄 수 있는 정책이나 행위들이라고 판단되기만 해도 협정문을 들이대고 미국이 한국 정부를 제소해도 된다는 거죠.

이렇게 몇 겹으로 안전장치들을 만들어 놓았으니까 우리 회사 중역들은 때대로 "야, 한국은 참 장사하기 좋은 나라야"라는 말을 종종합니다. 저야 월급 많이 받으니까 좋긴 한데 이모부는 좀 그렇긴 하겠네요. 그래도 이게 다 국가 경쟁력을 키우고 국가 신용도를 높이는 데 무척 기여했다고 그냥 생각하세요.

■■■ 국내 제약회사 이것들은 죽었어!

그런데 이모부, 지금까지 제가 말씀드린 것은 이미 다 만들어진 약의 약값을 결정할 때 변화된 상황이고요, 실제 우리 회사가 짭짤하게 재미 보는 건 한국 제약회사들이 싼 복제약을 못 만들게 하는 거예요. 물론 우리 회사도 그간 전 세계적으로 돈이야 많이 벌었지요. 그런데 그간 가장 속 썩였던 게 다른 중소 제약회사에서 복제약(제네릭, 일명 카피약이라 함)을 만드는 거였거든요. 물론 판매야 특허 기간 안에는 못했죠. 그런데 이것들이 약을 미리 만들어 놓고 특허가 끝나자마자 약장사를 하는 거예요. 한미 FTA에서는 요거를 확실히 잡았다 아닙니까. 이 문제의 가장 핵심이 그것들이 약을 미리 연구해서 만들 수 있도록 우리가 냈던 자료를 열람하고 취득할 수 있었던 제도 때문이었거든요. 그래서 요걸 시판 승인일로부터 5년에서 10년간 못 하게 만든 겁니다.* 개발자의 노력도 있는데 뭐 이 정도의 지적재산권은 보호되어야 하는 거 아닙니까? 또 그 정보를 가지고 약을 만들었다고 하더라도 봐서 소송을 걸어버리면 나중에 만든 약은 자동으로 시판 정지가 되거든요.** 좀 야비하긴 하지만 똑 같은 약이라도 중간에 새롭게 약효가 승인된 것은 또 그것대로 다시 걸면 시판 정지가 또 연장이 되니까….

---

* 협정문 제18장 제18.9조(특정 규제 제품과 관련된 조치) 1항 : "… 정보를 이전에 제출한 인(다국적 제약회사)의 동의가 없이는 다른 인이 … 유사한 제품을 판매하는 것을… 의약품에 대하여는 최소한 5년 그리고 농약에 대하여는 최소한 10년간 승인하여서는 아니 된다."

** 특허 소송 기간 동안 후발 의약품의 시판 허가가 정지된다. 미국의 경우, 자동 정기 기간을 30개월로 한정하지만 한미 FTA 협정문에서는 "국내적으로 이행 가능한 적절한 이행 방안을 강구한다"로 표현되어 정지 기간이 무한대로 늘어날 가능성이 농후하다.

이모부, 저도 이렇게 살긴 싫지만 사실 어떻게 보면 이렇게 해야 개발자의 지적재산권이 보호되고, 이렇게 모은 돈으로 또 다른 신약을 개발해서 환자들을 살리는 거 아니겠어요? 이모부가 드셔야 할 약이야 우리 회사가 만든 약은 아니지만 제약회사들의 입장도 충분히 이해해주세요. 그런데 이모부가 드시는 약은 좀 비싸긴 하네요(그놈들 너무 많이 남겨 쳐 먹는 거 아녜요?).

이모부, 너무 화내지 마시고, 몸 관리 잘하시고 얼른 병을 이겨내세요. 조만간 찾아뵐게요. 안녕히 계세요.

'이놈이 누구 열 받아서 죽는 걸 보려고 하나? 그나저나 어쩔까? 이미 병은 걸렸고, 세상은 변했는데 우리처럼 힘도 없고 돈도 없고 빽도 없는 우리네는 이제 우짤까. 병이야 내가 걸리고 싶어서 걸리는 것도 아닌데 이제 우짤까. 돈이야 다 까먹으면 파산 신청이라도 하지만 병든 이 몸은 우짤까. 몸의 파산 신청은 죽는 것인데… 그냥 죽어버려?

병원 다녀오다 전철역 화장실에 몇 년 전 한미 FTA 반대했던 시민단체들이 붙여 놓았던 스티커가 아직도 있더라고. 그거 읽어주고 난 이제 집에 간다. 그래도 살려면 약은 먹어야지.

"의료의 공공성을 확립하여 국민이 주인인 의료를 만들자!!!"

돈이면 모든 게
해결될까?

■■■ 여전히 독도의대는 내신 1등급만 간다

예전에 누군가가 말했는데 "만약 독도에 의대가 만들어진다면 독도의대의 인원이 다 차고 나서야 아마 서울대의 인문대나 자연대의 인원이 찰 것"이라고 한 적이 있었다. 그만큼 의사라는 직업이 아직도 괜찮은 직업으로서 각광 받고 있다는 말일 게다. 하긴 정년도 없으니 요새처럼 청년실업이 해가 갈수록 늘어나는 이런 시절엔 이만한 직업도 찾기가 그리 쉽지는 않아 보인다.

그러나 요새는 이 직업도 어려운 상황에 직면해 있나 보다. 양방 의료 100년 사에 최근에는 개원을 했다가 문을 닫는 의원과 병원들이 생겨나기 시작했기 때문이다. 중소 병원들도 폐업하는 경우가 속출하고 있다.

아니? 병원이 망하다니? 그래도 내가 대한민국에서 의사면허를 따서 개원을 했는데 망하다니? 의사들로서는 어쩌면 자존심에 상처를 입었을지도 모르겠다. 사실 이런 현상은 의사들 자신들도 받아들이기 어렵지만 일반인들의 생각에도 매우 이상한 현상으로 비춰진다. 지금까지 이 사회에서 의사라는 직업을 가진 이가 몰락했던 경우는 무리하게 다른 사업을 하다가 망하거나 빚보증을 잘못 섰거나 주식 투자를 하다가 날리거나 아니면 부정한 짓을 하는 경우가 아니면 그런 경우가 거의 없었기 때문이다. 그러니까 어렵다 어렵다 해도 여전히 독도의대(?)가 다 찰 수 있는 것이다.

그런데 왜 망할까? 당연히 장사가 안 되니까 망하는 것이지만 예전에는 안 망했는데 왜 지금 망하게 되었느냐는 말이다. 이 질문에 의료인들은 모두가 한마디로 입을 모은다. 바로 '의료 수가가 낮아서' 다. 게다가 공산당식으로 의료를 통제하는 이 사회주의 의료가 자신들이 코너에 몰린 주범이라고 보고 있다. 하지만 많은 사람들은 그 대답에 대한 진위를 파악하기가 사실 어렵다. 이에 그게 거짓말인지 아닌지를 판단하기 위해서는 몇 가지 문제를 생각해 볼 필요가 있다.

■■■ 망하는 것은 오히려 자연스러운 일

2014년 현재 우리나라의 전체 의사 수는 131,391명으로 그 중 약 9만 710명이 의사협회에 신고한 회원이다. 나머지는 치과의사와 한의사들이다. 의사협회가 '10만 회원, 10만 회원' 하는 것이 허언은 아니다. 이 중 서울을 비롯한 대도시 주변에 신고 회원 중 60퍼센트가 넘는 의사들이 개원을 했다. 해마다 대도시 집중은 적어도 증가하는 추세다. 그런데 문제는 주변의 의원들이 망하는 것을 보면서도 계속 대도시 또는 그 주변에다 의원을 개업하는 것이다. 실제 동네에 가면 의원이 슈퍼마켓보다 많다는 것을 쉽게 볼 수 있다. 서울 송파구의 어떤 10층 건물은 1층의 약국을 포함하여 아예 건물 전체가 각 과의 의원들로 꽉 차 있을 정도다.

현재 보건의료 전문가들은 서울의 경우, 수요 대비 공급 비율이 약 120퍼센트에 육박하고 있다고 이야기한다. 수요에 비해 공급이 초과 상태라는 것이다. 의사들이야 대도시에 사람이 많으니 설령 망하더라도 거기서 승부를 던지고 싶을 것이고, 설마 내가 망할 리가 있나 하는 심정으로 개업하는 것은 의사들이나 일반 식당 주인들이나 모두 마찬가지다. 아무튼 시장원리로 보면 초과되는 20퍼센트는 자연히 도태되게 마련이다. 만약 그게 아니라면 예전에 100원을 벌다가 120명이 이제 80원을 벌면서 함께 먹고 살게 되는 것이다. 이럴 때 전체 제도와 상황은 굳이 보려고 하지 않으면 보이지 않는 법이다. 그 속에서 먹고 사는 개개인의 의사들로서는 주변에 망하는 동료들이 생기고, 예전보다 수입이 떨어지는 상황을 보면서 도저히 수가가 낮아서 못살겠다고 말하는 것이다.

일반 국민들은 사실 식당을 개업하거나 사업을 하면 보통 5년 안에 90퍼센트가 망한다고 한다. 그나마 버티는 나머지 10퍼센트도 떼돈을 버는 게 아니고, 기껏해야 근근이 버티는 정도다. 아마 그 중 한두 명이 "요즘 돈 좀 법니다" 하면 다행이다. 일반 국민들이 이럴진대 사실 전문 직종의 의사들은 실제 100퍼센트가 어떻든 먹고 살 수 있도록 되어 있다(여기서 초과되는 20퍼센트는 예외고, 먹고 사는 정도의 문제는 이와는 별개의 이야기다). 이것은 대부분의 나라에서 그렇듯이 사람의 생명을 다루는 의사들을 사회적으로 대우해주는 일련의 특권 때문이다.

국민들은 개업을 해도 90퍼센트가 망하는데 20퍼센트의 초과되는 개업의들을 사실 국민들이 진료비를 올려서 먹여 살릴 이유는 없다. 서울이나 대도시 외곽의 지역에서는 아픈 사람들이 주변에 의원이 없네, 너무 멀어서 자주 가지도 못 하네 하는 와중인데 자신들이 스스로 대도시 주변에 몰려서 넘어지는데 이걸 국민들이 먹여 살릴 이유가 있을까? 2014년 현재 전국 성형외과 수는 828개다. 그 중 서울에만 428개고, 거의 대부분이 서울의 그 잘나간다는 강남구(아마 압구정동 주변일 게다) 한 구에만 320명이 개원해 있다. 이 경우를 서울 전체로 확장해서 보면 이해가 쉽다. 이렇게 몰려서 망한다면 이건 국민들 잘못이 아니라 의료인들 잘못이다. 이미 국민들은 수요 대비 공급

100퍼센트의 의료인들을 제도적으로 먹여 살리고 있다.

■■■ 판돈을 가져가려면 먼저 패를 보여줘야 한다

하지만 그건 나의 주장이고… 혹시라도 정말 수가가 낮아서 망하는 것은 아닐까? 그렇다면 정말 큰일 아닌가? 더 큰일이 벌어지기 전에 꼼꼼히 봐야 할 일이다. 그럼 이걸 확인하기 위해서는 무엇을 해야 하나? 그렇게 주장하는 의사들의 말만 믿어? 알고 보면 다 착한 사람들일 텐데 그냥 믿어? 그래도 국민들이 걷어서 낸 돈인데 줄 때 주더라도 근거를 마련하고 주어도 주어야지 그냥 줄 수는 없지 않은가? 그렇다면 이게 진실인지 아닌지를 파악해야 하는데 아쉽게도 방법이 딱 하나밖에 없다. 바로 얼마나 버는지를 조사하는 것이다.

그런데 이게 아주 갑갑한 일이다. 어느 누구도 구체적으로 내용과 규모를 다 봤다는 사람이 안 나오니 말이다. 그냥 망했다는 주장은 하고 있는데 회계는 아직 오리무중이다. 현재의 수가가 원가의 70퍼센트 정도밖에 안 된다는 이야기는 계속하고 있는데 정작 건강보험에서 받는 돈 말고 신고하지 않는 각종 비급여 행위에서 얼마의 매출을 올리고 있는지는 알려주지 않는다. 이러다보니까 정부는 '비급여에서 알아서 자기들이 먹고 살겠지' 하고 생각한다. 이 결과는 정부가 비급여를 전혀 관리하지 않는 것으로 나타날 수밖에 없다. 그냥 손놓고 있을 뿐이다. 괜히 관리한답시고 잘못 건드렸다가는 줄어드는 비급여 액수만큼 건강보험으로 보장하라는 요구를 의사들은 당연히 할 것이고, 이에 따라 국민 건강문제에 돈 투자하기 싫어하는 정부로서야 가장 손쉬운 방법이 건강보험료 올리는 것이니 결국 이게 정부가 가지는 부담이라는 이야기다.

하지만 사실 내 생각에는 그렇게 비급여를 관리해서 비급여 행위들이 줄어들고 건강보험의 보장성이 늘어남으로 인해 국민건강보험료를 더 내야 한다면 쌍수를 들고 환영할 것이다.

그러나 여기의 핵심은 공급자인 의료계가 먼저 회계 투명성을 극대화해야 한다. 이게 되지 않으면 수가의 현실화와 국민들의 불신 해소가 쉽지 않기 때문이다. 예전에 국세청이 의사나 변호사 등 전문직 고소득 자영업자들에게 연말정산 간소화를 위해서 의사들에게 건강보험공단에 신고하지 않는 비급여 행위들에 대한 내역도 모두 신고하라고 요구했다. 그런데 한마디로 '난리가 났다.' 의료계가 국민들의 진료 정보 유출을 이유로 반대를 했지만 정말 많은 국민들이 그걸 곧이곧대로 믿었을까. 판돈을 가져가려면 먼저 패를 보여줘야 한다는 것을 의료계는 알아야 한다.

이러다보니 어떤 이들은 우리나라 의료 제도가 규제에 초점이 맞춰져 있어서 효율이 떨어졌고, 그런 게 바로 사회주의 의료라고 주장한다. 뭐가 사회주의 의료인지 나야 잘 모르지만 세계 어떤 나라를 봐도 국가가 일정한 기준을 가지고 의료를 통제하지 않는 나라는 없다. 그런데 우리나라가 더 규제가 심한가? 그런데 그 이야기는 참 이상하다. 우리나라처럼 별다르게 큰 통제 없이 진료비용을 청구하면 청구하는 대로 대부분 주고, 별다르게 의학적 근거도 없는 의료 행위들도 비급여라는 이유만으로 신고도 안 하고 적발이 되었다 하더라도 받았던 돈이나 다시 환자에게 돌려주면 대부분 끝나는, 이런 나라가 뭐그리 강력한 통제를 하고 있다는 것인지 참으로 이해하기 어렵다.

현재 건강보험공단에 진료비용을 의료 기관이 청구하면 연간 약 10억 건 이상의 청구 건수 중 실제 의료 기관의 현장에서 제대로 조밀하게 청구비용을 심사하는 건수는 겨우 1퍼센트에 불과하다. 나머지는 컴퓨터 스크리닝을 통해서 이상이 발견되는 건에 한해 심사를 하고 있을 뿐이다. 각종 민원 등 이런 거저런 거 다 포함해도 거의 98퍼센트 이상의 청구건은 별다른 이상이 나타나지 않으면 그대로 지급한다. 상황이 이러다보니 각 병원별로 컴퓨터 스크리닝에서 걸리지 않기 위해 병원별로 따로 보험급여실을 운영한다. 이는 청구 건수를 분석하여 진료비 심사 평가에 걸리지 않게 진료비 청구 내용을 적당히 손(?) 보는 것이 주요한 목적이다.

그럼 다른 나라는 어떤가? 미국은 민간보험회사들이 운영한다. 당연히 이 보험회사들은 이윤을 남겨야 하기 때문에 칼 같은 기준을 만들어 놓고 이를 어기면 가차 없이 패널티를 가한다. 만약 부정하게 허위 청구를 했거나 반복적인 진료비 조작 등이 발견될 경우 보험회사는 아예 해당 의료 기관과 의료인을 검찰에 고발해버린다. 몇 년 전에는 아예 우리나라의 3차 병원급의 대형 병원을 폐쇄시켜버리기도 했다. 일본은 또 어떤가? 최근 문제가 되는 임의 비급여(사실 이런 말은 병원과 의사들이 만들어냈다. 임의로, 다시 말해서 의사들이 알아서 별다른 과학적 의학적 근거도 없는 각종 의료 서비스를 비급여로 받는 것인데 이게 좋게 말해서 임의 비급여지 한마디로 말하면 불법 의료 행위다. 개중에 의학적 근거가 있고 이를 입증할 수 있다면 그것은 급여로 해주어야 마땅하다) 행위가 발견되면 우리나라는 환자에게 전액 의료비가 아니라 해당 행위에 대한 의료비만 다시 돈을 돌려주는 것으로 끝나지만, 일본은 그 환자에게 들어간 임의 비급여 행위 이외의 모든 비용을 몽땅 회수한다. 우리와는 비교가 안 될 정도로 강력하다.

우리처럼 허위 청구를 하고 이를 또 반복적으로 하다가 적발되어도 벌금이나 돈을 환불하는 정도로 끝나는 이 현실은 오히려 너무나 헐렁하지 않은가? 만약 민간보험이 의료를 주름잡고 진짜 정석대로 규정에 맞게 심사하고 관리한다면 우리나라는 의사들이 모두 이민을 갈지 모르겠다. 다시 말하면 우리나라는 정말 의사들의 천국이라는 말이다.

건강보험이 그나마 있을 때 잘하시라. 처방권과 진료 행위는 의사들의 고유 권한이라지만 이는 제한된 범위에서 허용된 것일 뿐, 어떤 나라도 의사들이 마음대로 행위를 하게 하고 이를 규제하지 않는 나라는 단 한 곳도 없음을 알아야 한다.

■■■ 어떤 가치를 지향하는가가 중요하다

"국민들은 자장면 값 내며 진료 받고 뷔페 수준의 진료를 요구한다?"

이 말의 기저에는 '자신들의 행위에 대한 보상을 적정하게 해 달라'는 의미가 깔려 있고, 표면에는 국민들을 '궁민'으로 보는 권위주의 의식을 보여주고 있다. 이걸 종합해보면 '너희는 우리가 하는 고급 의료를 돈 얼마 안 내고 받으면서 뭐 그리 바라는 게 많아?'다. 이런 이야기를 글로 쓰면 다시 병원과 의사들이 무진장 욕을 해댈지 모르지만 내가 이야기하는 내용들은 의료와 관련한 인터넷 기사의 댓글을 보면 얼마든지 볼 수 있는 내용들이다.

그러나 이런 허접한 이야기에도 세상과 상황을 바라보는 관점과 가치가 숨어 있다. 사람들은 고급의 지식, 낮은 지식을 돈과 전문성이라는 잣대로 나눈다. 그래서 의학적 지식이나 법률적 지식, 그리고 각종 분야의 학술적 전문가들을 매우 고급의 지식을 갖춘, 그래서 그 이유로 돈을 많이 벌어도 다른 사람이 별로 기분 나빠하지 않아야 할 것으로 본다. 반면에 노동하며 물건을 생산하거나, 사시사철 땀 흘리며 논밭에서 일하는 농민들은 저급하고 못 배운, 그래서 그런 사람들은 그 노동의 대가가 적어도 당연한 것으로 받아들인다.

어떤 의사들이 내 기사에 대한 댓글에 "너도 이눔아 우리 의사들이 고쳐주지 않았으면 벌써 죽었어. 그런데 이제 다 살려주었더니 보따리를 달라고 해?" 하는 글을 얼마나 많이 보았는지 모른다. 하지만 농민들은 "너 이눔들, 내가 생산한 먹을거리로 먹게 했더니 나를 오히려 노예 취급하고 거저먹으려고 해?" 하는 말을 절대 하지 않는다. 이 이야기를 하는 이유는 의료계가 모든 국민들에게 도덕적으로, 윤리적으로 올바르게 서 있는 모습을 보여주지 않으면 자신들의 처지를 더욱 어렵게 만들 수밖에 없음을 알아야 한다는 말을 하고 싶어서 그렇다.

환자와 국민들은 의사를 버릴 수가 없다. 의사 역시 국민과 환자를 버려서야 어떻게 존재가 가능할 것인가? 그렇다면 이 둘은 싸워서는 안 되는 존재들이다. 하지만 가치에 있어서 충돌하면 싸울 수밖에 없다. 그러면 우리는 어떤 가치를 지향해야 하는가? 바로 모든 사람이 빈부에 의해, 권력에 의해, 지위에 의해 차별 받지 않고 건강한 삶을 유지하고 누릴 수 있게 하는 그런 의료 제도를 만들어나가는 것에 함께 집중해야 한다.

그런데 우리도 하고 싶지만 '돈이 없어서' 또는 '돈이 안 되서'라는 말은 1960년대부터 국방비의 55퍼센트를 의료에 투자하고 우리보다 더 어려운 시절에 자기들보다 더 어려운 나라의 사람들을 위해 다른 나라에 의사들을 파견하고 있는 쿠바를 생각하면 너무나 부끄러운 일이다. 진정한 가치는 돈으로 만들어지는 게 아니다. 혹자는 "쿠바는 의사들도 모두 국비로 공부를 시켜주잖아? 그런데 우리는 나라가 그렇게 해줬어?" 하고 반문하기도 하지만, 어떤 누구도 정부가 설령 그 돈을 다시 의사에게 돌려주더라도 그렇게 할 의사가 별로 없을 거라는 생각은 우리를 슬프게 한다.

의사 분들에게 미안하고 죄송하다. 더욱이 착하고 진실하며 그래서 환자를 눈물겹도록 사랑하는, 내가 알고 있는 내 주변의 많은 의사 분들에게 이 글이 상처가 될까 너무 미안하고 죄송하다.

제4부
대한민국
병원
사용 설명서

불법 청구된
진료비를 되찾는 법

1. 진료비는 정말 제대로 내고 있는 건가요?

병원에 가서 진료비를 내고 오면서도 '무슨 놈의 진료비가 이렇게 많아?' 하고 느낀 적이 한두 번이 아니다. 슈퍼에 가서 단돈 1만 원어치의 장을 봐도 콩나물 얼마, 두부가 얼마 하고 줄줄이 영수증에 찍혀 나오는데 유독 병원은 병원비를 1,000만 원을 내도 2,000만 원을 내도 달랑 영수증 한 장만 줄 뿐이다.

그러나 내용을 자세히 알려줘도 우리 환자들이 잘 알 수 없는 게 병원 영수증이기도 하지만 어쨌든 많은 사람들은 그저 병원이 '알아서 규정대로 그리고 양심대로 받겠지' 하고 생각한다.

그런데 정말 그럴까? 안타깝게도 그렇지 않은 경우가 많아서 문제다. 십년 전, 국감에서 "3년간 총 2,356개 요양기관 중 1,658개 기관(70.4퍼센트)이 허위 부당 청구 등 비위 사실을 한 것이 적발됐다"고 지적될 정도이니 우리가 아직 모르는 게 많은 건 분명하다. 특히 우리들이 내는 선택진료비(예전의 특진)의 여러 불법적인 사례와 의료급여 환자들에게 급여항목인데 비급여항목으로 받는 행태 등은 거의 모든 대형종합병원에서 편법과 불법들이 적발되었다. 그런데 문제는 병원의 이런 행태들이 계속 적발되어도 잘 안 고쳐지고 있다는 사실이다.

그나저나 편법과 불법이라면 고쳐야 하는데 왜 안 고쳐질까? 이는 복지부가 관리 감독을 등한시하는 것에 힘입은 바 크고, 병원은 적발되어도 솜방망이 처벌만을 받기 때문에 병원의 이러한 행태가 근본적으로 근절되지 않는 것이다.

그런데 이런 행태들이 안 고쳐지는 또 하나의 이유가 있다. 바로 병원을 이용하는 우리 시민들의 권리 의식이 미약한 게 바로 그 이유다. 이미 여러 규정에는 진료비를 확인하는 것이 국민들의 권리이고 이를 어떤 방법으로 하라고 제도도 만들어져 있는데 아예 이런 것을 모르고 있기도 하거니와 알고 있다 하여도 이를 이용하지도 않는다.

2. 그럼 진료비는 어떻게 확인이 가능할까?

진료비의 세부 내역은 일반인들이 잘 모르는 약물 용어와 의료 행위 용어들로 가득 차 있다. 그러니 사실 우리들이 봐도 잘 모를 수밖에 없다. 바로 이런 문제 때문에 우리들이 낸 진료비를 확인하고 심사해주는 곳이 있다. 그곳이 바로 건강보험심사평가원과 건강보험공단이다. 특히 건강보험심사평가원은 명칭 그대로 의료비의 심사와 평가를 전문적으로 하는 공공기관이다. 우리들이 내는 보험료로 먹고 사는 곳이기 때문에 의료 이용을 함에 있어서 진료 또는 그 비용에 대해 환자의 권리를 보호해주어야 할 의무가 있다. 그럼 일단 진료비 확인 심사가 어떤 규정에 근거하는지 먼저 보자.

[국민건강보험법]

제48조 (요양급여 대상 여부의 확인 등)

① 가입자나 피부양자는 본인일부부담금 외에 자신이 부담한 비용이 제41조 제3항에 따라 요양급여 대상에서 제외되는 비용인지 여부에 대하여 심사평가원에 확인을 요청할 수 있다.

② 제1항에 따른 확인 요청을 받은 심사평가원은 그 결과를 요청한 사람에게 알려야 한다. 이 경우 확인을 요청한 비용이 요양급여 대상에 해당되는 비용으로 확인되면 그 내용을 공단 및 관련 요양기관에 알려야 한다.

③ 제2항 후단에 따라 통보받은 요양기관은 받아야 할 금액보다 더 많이 징수한 금액(이하 '과다본인부담금' 이라 한다)을 지체 없이 확인을 요청한 사람에게 지급하여야 한다. 다만, 공단은 해당 요양기관이 과다본인부담금을 지급하지 아니하면 해당 요

양기관에 지급할 요양급여비용에서 과다본인부담금을 공제하여 확인을 요청한 사람에게 지급할 수 있다.

[의료급여법]

제11조의3 (급여 대상 여부의 확인 등)

① 수급권자는 본인부담금 외에 부담한 비용이 제7조 제3항에 따라 의료급여의 대상에서 제외되는 사항에 해당하는 비용(이하 '비급여비용'이라 한다)인지에 대하여 급여비용심사기관에 확인을 요청할 수 있다.

② 제1항에 따라 확인을 요청받은 급여비용심사기관은 그 확인결과를 확인을 요청한 수급권자에게 알려야 하며, 확인을 요청한 비용이 급여비용에 해당하는 것으로 확인되었을 때에는 급여비용지급기관 및 관련 의료급여기관에도 각각 알려야 한다.

③ 제2항에 따라 통보받은 의료급여기관은 과다 징수한 금액을 지체 없이 수급권자에게 반환하여야 한다.

④ 급여비용지급기관은 제3항에도 불구하고 의료급여기관이 과다 징수한 금액을 반환하지 아니하면 그 의료급여기관에 지급할 급여비용에서 과다 징수한 금액을 공제하여 그 공제한 금액을 수급권자에게 지급할 수 있다.

[전문개정 2013.6.12]

어떤 사람들이 이 제도를 이용할 수 있을까?

첫째, 진료 받은 사람(환자) 본인과 배우자
둘째, 진료 받은 사람(환자)의 직계 존비속과 형제자매
셋째, 진료 받은 사람과 동일 건강보험(의료급여) 관계가 있는 가입자, 그리고 그 피부양자

민원 요청인이 위 사항에 해당되지 않은 경우에는 진료 받은 사람(환자)의 인감이 날인된 위임장과 진료 받은 사람 인감증명서를 첨부하여 민원을 요청하면 된다. 하지만 공공기관 개인정보보호에 따라 본인 동의 없이 제기한 민원은 처리가 불가하다.

진료비 확인 심사 요청을 하기 전에 어떤 서류가 필요할까?

아주 간단하다. 해당 진료비 영수증과 신청서만 있으면 된다.

만약 영수증이 없다고? 분실했다고? 절대 걱정하지 마시라. 영수증은 5년 이내에 재발부가 되므로 병원 원무과에 가서 다시 떼어달라고 하면 된다(그런데 요새는 병원들도 영악해져서 영수증 안 떼어주고 버티는 경우도 왕왕 있다). 건강보험심사평가원에 신청서를 제출할 때는 영수증 원본은 그대로 가지고

있고, 사본만 제출하기 바란다. 그나저나 요새 뭘 좀 아는 환자들이 진료비 확인 심사 요청을 한다고 병원에 가서 몇 년 지난 영수증을 재발부해달라고 하니까 병원이 방어적으로 안 떼어준다고 버티는 경우가 점차 늘어나고 있다. 이런 경우, 진료비 세부 내역서를 발부받아 제출하면 된다. 병원의 각종 기록물에 대한 법적 근거는 2부에 있는 의료사고 관련 이야기를 참조하기 바란다.

신청은 이 글 아래쪽에 있는 신청 방법대로 하면 된다.

10년 전에 냈던 진료비도 확인이 가능한가?

진료비 확인은 보통 5년 내에 하는 게 좋다. 진료비 세부 내역서나 몇 개의 기록물은 보관 기간이 5년이기 때문이다. 그러나 환자 본인이 해당 진료비 영수증과 진료비 세부 내역서를 모두 가지고 있으면 민사적으로 10년까지도 가능하다. 하지만 영수증 재발급을 안 해주는 경우가 많기 때문에 병원을 이용하고 진료비를 낸 후 퇴원할 때는 반드시 영수증을 받는 것과 함께 진료비 세부 내역서도 떼어달라고 해서 가지고 있는 게 무조건 유리하다. 진료비 세부 내역서는 말 그대로 진료비의 자세한 내용이 적혀 있는 것이다. 이 내역서는 환자의 요구시 법에 의해 규정된 대로 병원은 발급해주어야 할 의무가 있고, 발급 기한 한도 역시 5년이다. 참고로 진료기록부는 10년이

다.(의료법 시행규칙 제15조 '진료에 관한 기록의 보존')

어떻게 신청하면 될까?

첫 번째, 인터넷으로 신청한다.

인터넷의 건강보험심사평가원 홈페이지로 가면 첫 번째 화면에 종합민원 또는 진료비 확인 요청이라는 칸을 클릭하여(누르면) 신청서를 띄운다. 이 신청서의 내용을 쓰고, 해당 진료비의 영수증을 팩스나 이메일로 보내면 된다.

두 번째, 전화로 신청한다.

물론 진료비 영수증과 신청서를 팩스나 우편으로 보내주어야 한다. 이때 신청하고 문의할 전화는 다음과 같다.

| 건강보험심사평가원 |

- 주소 : 서울 서초구 효령로 267
- 문의전화 : 1644-2000
- 홈페이지 : www.hira.or.kr

이렇게 진료비 확인 심사 요청을 하면 아래의 절차를 거치게

된다.

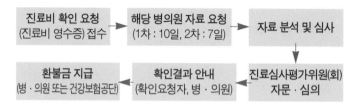

진료비 확인 요청
(진료비 영수증) 접수 → 해당 병의원 자료 요청
(1차 : 10일, 2차 : 7일) → 자료 분석 및 심사

환불금 지급
(병 · 의원 또는 건강보험공단) ← 확인결과 안내
(확인요청자, 병 · 의원) ← 진료심사평가위원(회)
자문 · 심의

　확인 요청서를 접수하면 민원을 받은 건강보험심사평가원
이 환자가 치료를 받았던 병원에게 확인 요청을 한 환자의 자
료를 제출하라고 요구한다. 병원이 자료를 제출하면 심사평가
원은 해당 자료를 분석하여 착오 청구나 허위 청구 등의 불법
청구가 있는지, 진료비는 적정하게 받았는지를 심사하여 이 내
용을 위의 표에 보는 것처럼 심사위원회 심의를 거치게 된다.
이렇게 심사까지 거친 내용은 해당 환자에게 결과가 서면으로
통보가 되는데 만약 심사 결과 불법 청구가 발견되면 해당 금
액을 환자의 계좌로 송금을 하게 된다. 전체 처리 기간은 보통
짧게는 3개월, 길게는 6개월이 걸린다.

3. 진료비 심사 확인 요청 후에 일어나는 일(?)

　보통 병원 원무과에서 일주일 안에 전화가 온다. 그럼 어떻
게 알고 전화했을까? 신청서를 내면 심사평가원이 환자에 대한
자료를 병원에 요구하기 때문에 금방 알 수밖에 없다.

이때 병원은 전화를 해서 일반적으로 민원 취하를 요구한다. 왜냐하면 해당 병원에 대해 일정 건수 이상의 민원이 들어오면 복지부가 병원을 현지 실사토록 되어 있기 때문에 병원은 이 민원 건수를 줄이기 위해 전화로 민원을 넣은 환자에게 취하를 요구한다. 집까지 찾아오기도 하고, 심지어 목욕탕까지 왔던 경우도 있다. 나는 동네 목욕탕의 이발사 아저씨를 대신해 심사 요청을 하기도 했는데 해당 병원 원무과 담당 직원이 목욕 탕까지 와서 민원 취하 확인서를 받아 갔다. 일반적으로 돈을 다시 돌려줄 테니 취하해달라고 하는 게 보통이다.

그러나 이 경우 특별한 상황 외에는 취하를 해주면 안 된다. 왜냐하면 돌려주겠다고 하는 금액은 보통 심사가 완전히 끝나 고 나온 금액에 비해 적은 게 보통이고, 또 이렇게 금액을 환불 받고 취하를 해버리게 되면 우리가 함께 이 운동을 하는 의미 와 목적이 상실되기 때문이다. 심사 결과를 통계 내서 병원의 횡포에 맞설 통계 근거도 만들 수 없고, 또 병원에게 아무런 제 제 조치를 가할 수 없기에 병원의 행태를 근본적으로 변화시키 기도 어렵고, 행태 변화를 위한 각종 법규나 규정들을 만들기 가 어려워지는 이유도 있다.

또 진료를 해주었던 의사가 직접 환자에게 취하 요구를 하기 도 한다.

이런 경우가 환자로서는 제일 난감하다. 특히 전화를 건 의 사에게 계속 진료를 받아야 하는 환자라면 난감함이 더 할 것은 뻔하다. 우리 사회에서 의료인에 대한 환자의 위치는 약자일 수밖에 없는 현실에서 병원이 바로 이를 이용하는 것이다. 얼마 전, 여의도성모병원을 상대로 한국백혈병환우회에서 환자의 가족 100여 명이 진료비 불법 청구와 관련해 진료비 심사확인 요청을 할 때도 모두 이미 돌아가신 환자의 가족들이었다는 것만 봐도 환자가 얼마나 사회적으로 큰 약자인지 알 수 있다. 의사가 진료비 문제를 가지고 환자에게 직접 전화를 해서 취하 요구를 하는 것은 의료인의 윤리에 위반되는 사항임에도 불구하고 별다른 문제의식 없이 이런 행태를 하고 있다. 이럴 때 단호히 거절해야 하는데 이 글을 읽는 여러분은 과연 어떨까?

건강보험 환자의 경우에는 건강보험심사평가원의 심사 결과를 통보 받은 건강보험공단이 환자에게 먼저 환불 금액을 송금하고, 추후 해당 병원에게 지불해야 할 전체 의료비 가운데 불법 징수한 금액을 차감하고 지급하기 때문에 비교적 신속하게 환불을 받을 수 있으나, 의료급여 환자의 경우에는 이전까지 의료급여 환자의 진료비를 환자가 거주하는 시군구 등의 해당 지자체에서 진료비를 지급하였기 때문에 건강보험 환자의 경우처럼 신속히 환불을 받지 못했다. 이런 경우 병원이 1년 이상씩 환불을 질질 끌기 때문에 환자가 해당 병원을 상대로 반환소송을 했던 경우가 많았다. 하지만 현재는 의료급여의 진료비도 건강보험공단에서 관리하고 있어서 이 문제가 해소되었다.

그나저나 병원을 계속 다녀야 하는 환자로서 혹시 불이익은 없을까? 사실 이게 제일 문제다.

그러나 그럴 경우는 없다. 만약 치료 거부를 할 경우에는 의료법상의 진료 거부 행위로 명백한 불법이다. 그러나 법을 따지기 전에 그런 마음이 드는 것은 약자인 환자로서는 당연하다. 하지만 이런 문제에 대해 모두가 하나같이 '막연한 불이익' 을 생각하기 때문에 해결이 안 되었다는 것은 알고 있어야 한다. 오히려 당연히 제도를 이용하고 환자의 권리를 침해하는 행위에 대해 당당히 대처해야만 병원이 최소한 그 환자에게는 불법 청구를 못하게 된다. 당당해야 한다. 하지만 이런 말을 하면서 마음이 찜찜하고 미안한 마음이 드는 것은 어쩔 수 없다. 약자가 당당해야 한다는 것이 정말 어렵기 때문이다.

4. 그런데 정말 부당하게 낸 진료비를 받을 수 있나?

먼저 위에서 말했던 한국백혈병환우회의 예를 들어 보자.

2006년 여의도성모병원에서 치료받은 한국백혈병환우회가 건강보험심사평가원에 진료비 심사 확인 요청을 낸 환자들 가운데, 진료비 환급 결정 내역을 통보받은 10명의 결과를 분석해 보니 조사 결과,

1) 총 환자 본인 부담금 중 불법 부당 청구 비율이 40퍼센트 이상

• 최소 1,400만 원에서 최대 4,000만 원의 불법 청구가 발견되었고,

• 총 진료비 중 평균 2,500만 원 수준이 불법 청구된 것으로 나타났다.

2) 진료비 불법 과다 징수 유형을 살펴보면,

첫째, 건강보험 급여되는 항목을 임의로 비급여 항목으로 분류하여 환자에게 징수하는 경우(약 72퍼센트).

둘째, 식품의약품안정청에서 허가된 기준을 넘어 사용하여 비급여로 환자에게 징수한 경우(약 18퍼센트).

셋째, 불법으로 선택진료비를 징수한 경우(약 7퍼센트).

넷째, 처치와 치료 재료 등을 중복으로 징수한 경우(약 3퍼센트)였다.

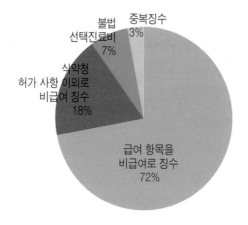

특히 선택진료비의 경우, 대부분의 병원에서 불법과 편법을 자행하고 있다는 것을 알아야 한다. 이 선택진료비의 일반적인 편법과 불법의 유형은 앞의 2부에서도 자세히 설명했지만 다시 한 번 환기하면 다음과 같다.

첫 번째, 가장 많은 경우가 해당 진료과 의사 외에 타과 진료 시(마취료, CT나 MRI 비용 등등) 발생하는 진료비에도 여지없이 선택진료비가 부과되는 경우다. 거의 대부분이 이 경우에 해당된다. 이것이 불법이 아니고 합법이 되려면 타과 진료 시 모든 과마다 선택진료 신청서를 작성해야 하는데, 그러나 이렇게 하고 있는 병원은 거의 없다.

두 번째, 자신이 선택한 의사가 진찰·수술 등을 하지도 않았음에도 선택진료서를 작성하였다는 이유만으로 선택진료비가 부과된 경우다.

세 번째, 선택진료 신청서를 아예 작성하지 않는 경우다.

예전에는 진료비 영수증에 선택진료비 세부 항목을 볼 수 있도록 선택진료비 부과 항목이 세부적으로 표시되어 있었으나 최근 몇 년 동안 선택진료비 부과에 대한 환자들의 소송과 민원이 끊이질 않자 근래에는 영수증 양식에 선택진료비 항목을 급여 항목(보험이 되는 항목)의 맨 끝에 선택진료비를 합산하여 단일하게 표시하게 함으로써 환자가 어느 항목에 얼마의 선택진료비가 부과되었는지를 근본적으로 알아보지 못하게 변경해 놓은 경우가 많다.

5. 시민들의 참여가 세상을 바꾼다!

제일 중요한 것은 주변에 병원을 이용했던 사람들, 그중에서도 특히, 입원 치료를 받았던 사람과 외래 진료를 받았던 사람들 중 해당 진료과만 아니라 타과에서 각종 검사를 받았던 사람들에게 이런 내용을 알려주고 '진료비 바로 알기 운동' 에 참여하도록 방법을 알려주는 것이다.

이렇게 단순히 권리를 행사하는 것만으로도 병원의 행태가 바뀔 뿐더러 이 땅에 환자의 권리를 새롭게 생각하는 분위기가 만들어질 수 있다.

아울러 내가 일하는 단체를 비롯하여 여타의 시민단체들은 모든 힘과 활동의 결과를 모아 법령을 정비하고 규정을 만들기 위한 제도 개선 활동에 계속 정진해야 할 것이지만 문제는 우리 각자가 권리를 위한 노력들을 게을리 하지 않아야 한다는 것이다. 우리의 참여가 세상을 바꾼다!

우리 동네
좋은 약국 찾는 법*

■■■ 이런 약국이 좋은 약국이다

첫째, 약사가 조제(판매)하는 약국

일회용 밴드를 사는 데는 약사가 없어도 별 상관이 없겠지만, 약이 필요해서 약국을 찾은 사람이라면 반드시 확인해야 할 사실이 있다. 내 이야기를 듣고 내게 필요한 약을 주는 사람이 약사인지 아닌지 말이다. 요즘은 많이 줄었다고는 하나, 아직도 일부 약국에서는 약사가 아닌 사람(일명 카운터, 또는 카운터맨)들이 환자를 직접 대면하고 상담하면서 약을 파는 일이 비일비재하기 때문이다.

그러나 약사가 아닌 사람에 의해 이루어지는 의약품 판매는,

---

* 이 글은 건강세상네트워크의 시민 홍보 자료(건강사회 실현을 위한 약사회의 최인순 전 회장이 작성)로 만든 것을 저자가 부분적으로 재정리한 것이다.

보건의료인이 가져야 할 책임감이 전혀 없이 순전히 돈을 벌려는 이윤 동기에 의해서만 이루어진다는 점에서 그 폐해가 심각하다. 일단 약사인지 아닌지를 알아보기 위해, 우선 약사 가운을 입고 있는지 아닌지를 살펴봐야 한다. 대부분의 약국에서 약사는 백색의 위생복을 입고 있으나, 약사가 아닌 종업원은 백색 가운을 입고 있지 않다. 하지만 글을 보시는 분들은 '아, 이 사람 정말 순진하네. 아무나 그냥 가운 입고 있으면 되는데… 뭘 그런 걸 봐' 하고 생각할지 모르겠다. 그렇다. 정말로 환자를 속이려고 작정을 한 약국이라면, 약사가 아닌 사람이 가운을 입고 있을 것이다. 이런 경우 약국에 걸려 있는 약사면허를 확인해야 한다. 현행법에 의해 약국에는 잘 보이는 곳에 약사의 면허증을 게시하게 되어 있으니까 조금만 둘러보면 틀림없이 면허증을 볼 수 있다. 면허증을 게시하지 않았다거나 (또는 잘 보이지 않는 곳에 게시하고) 가운을 입지 않은 사람들이 약국 카운터 앞에 포진하고 있는 약국이 있는지 확인할 필요가 있다.

그런데 '저 면허증 정말 당신 거 맞아?' 하고 물어보기가 어렵기에 요거 참 어려운 일이다. 일단 원칙을 알아두되 아래의 내용들과 함께 살펴볼 수밖에 없다.

둘째, 의원과 담합하지 않는 약국

의원을 방문하여 진료를 하고 처방전을 받았는데, 그 처방전이 알아볼 수 없는 약어로 되어 있으면서 특정 약국으로 가라는 이야기를 들었다면, 그 의원과 약국은 담합 관계에 있다는 혐의를 받을 만하다. 의약분업은 단순히 처방은 의사가 하고, 조제와 투약은 약사가 하는 기계적인 분업이 아니라, 처방전의 이중 감사를 통해 환자에게 가장 적절한 투약이 이루어지도록 하기 위한 제도다.

그런데 의원과 약국이 담합 관계에 있게 되면 이런 의약분업의 의의는 실현되기가 어렵다. 그리고 담합 약국은 환자의 건강보다 의원과의 담합 관계를 유지하는 데에 더 큰 관심을 두고 있어, 환자에게 필요한 정보를 일부러 빠뜨리거나 왜곡하여 전달할 우려가 있다. 가령 일부 비만 클리닉에서 사용되고 있는 식욕억제제의 경우, 이 약물이 식욕과 관계된 신경 이외의 신경에도 영향을 미쳐 3개월 이상 연속하여 복용하지 말라는 주의가 있고 고혈압, 심장질환, 갑상선질환자의 경우 투여해서는 안 된다는 주의가 있음에도 이런 사실이 충분히 전달되지 않는 사례가 있다. 또한 관절염 치료로 전국적으로 유명하다는 모 의원의 경우에도 필요 이상의 스테로이드제가 처방되고 있지만, 이를 약국에서는 잘 설명하지 않는다.

셋째, 약물 부작용에 대해 충분히 이야기하는 약국

처녀 시집 안 간다는 이야기, 노인 빨리 죽고 싶다는 이야기, 장사꾼 남는 것이 없다는 3대 거짓말에 덧붙일 4대 거짓말이 있다면, "이 약은 부작용이 하나도 없다"는 이야기일 게다. "모든 약은 독이다"라는 이야기도 있거니와, 약은 약답게 이용할 때만 약이지 잘못 이용하면 독이 될 수 있다. 가령 오랜 기간 동안 치명적인 부작용 없이 사용되어 온 해열제인 아스피린은 어린이의 수두, 홍역, 볼거리로 인한 발열에 사용하였을 때 레이증후군이라는 부작용을 일으켜 심한 경우 사망에 이르게도 하니 절대로 안전한 약물이란 단 하나도 없다. 그럼에도 불구하고 이 약은 부작용이 전혀 없다고 단언한다거나, 어느 병에나 좋다는 만병통치약이 있다면 이는 100퍼센트 거짓말이다. 약은 전혀 부작용이 없기 때문에 투약되는 것이 아니라, 약을 먹었을 때의 이익이 약을 안 먹었을 때의 피해보다 클 경우 투약될 수 있는 것이다. 암 환자에게 이루어지는 항암 치료를 예로 들면 항암 치료 후 속이 울렁거리거나 머리카락이 빠지는 부작용이 있다 해도 항암 치료를 하지 않아 암세포가 온 몸에 퍼지는 것보다는 낫기 때문에 항암제를 투약하는 것이다.

증상이나 질병을 치료하기 위해 투약된 약물이 일으킬 수 있는 부작용에 대해 미리 설명해주고, 부작용이 일어날 경우에 대한 대처 방법까지 충분히 이야기해준다면, 설혹 약물로 인해 부작용이 일어나도 환자가 당황하지 않고 슬기롭게 대처할 수 있을 텐데, 주변을 한번 쭉 둘러보시라 그런 약국이 얼마나 있는지. 게다가 우리들이 내는 보험료와 본인 부담금에는 이런 복약지도를 하라고 소위 '복약지도료'를 주고 있는데, 사실 이

거 안 하면 약국이 그냥 우리 돈을 날로 먹는 것이다. 그럼 이런 것 외에 복약지도가 뭔지 한 번 살펴보자.

넷째, 복약지도를 잘 하는 약국

① 약을 복용해야 하는 시간을 자세히 알려주는 약국

하루 세 번, 식후 30분. 이거 가장 일반적인 약의 복용 방법이다. 예를 들면 부신피질호르몬제는 신체의 정상적인 생체 리듬이 방해받지 않도록 가급적이면 아침에 복용하고, 계속 복용하다가 중단하려할 때는 밤, 낮, 아침의 순서로 투약량을 줄여가며 서서히 중단해야 한다. 변비치료제는 보통 복용 후 8시간여가 지나야 약효가 나타나므로, 통변은 아침에 일찍 보는 것이 좋다는 점을 감안하면 취침 전에 먹는 것이 좋단다. 이렇듯 약물에 따라 가장 적절한 복용 시간이 다르기 때문에 언제 약을 복용해야 하는지를 그 이유와 함께 잘 설명해주는 약국이야말로 의약분업 시대 좋은 약국의 필수적인 조건이다.

복용을 잊었을 때는 생각난 즉시 바로 1회분을 복용하나 만약 다음번 복용 시간이 가까우면 다음 회부터 정확하게 복용하도록 하고 한꺼번에 2회분을 복용하지 않도록 한다.

② 음식이나 다른 약물과의 상호 관계에 대해 설명해주는 약국

특정 음식과 함께 먹으면 그 약효가 없어지거나 오히려 부작용이 생기는 경우가 있다.

일반적인 약품의 복용 시간

식전 30분	위장관운동조절제, 위궤양치료제, 과민성대장증후치료제, 이담제, 식욕촉진제, 혈당강하제, 기타 일반액제, 영아에게 약을 복용시킬 때, 당뇨병약
식사 직후	위장장애가 있는 약, 오심, 구토 유발이 심한 약
식후 1~2시간	제산제
식후 2시간	음식물에 의해 흡수가 저하되는 약
일정 시간 간격	항균제, 항원충제, 항바이러스제, 서방형 제제
오전	각성제나 우울증 치료제, 이뇨제(수면을 위해 오후 3시 이후에는 가급적 복용 금지)
취침전	변비치료제

- 테라마이신 : 우유와 같이 먹으면 우유와 약이 결합하여 체내에 흡수될 수 없는 형태가 되어 효과가 없을 뿐 아니라 경우에 따라서는 결석이 생길 수도 있다.

- 둘코락스(변비치료제) : 우유나 유제품과 함께 먹으면 안 된다.

- 철분제(빈혈약) : 계란, 우유, 유제품, 커피 녹차 등과 같이 먹으면 흡수율이 떨어지고 위장 장애를 일으킨다.

- 에리스로마이신, 암피실린 : 산성 음료(오렌지쥬스)와 함께 먹을 경우 약의 효과를 나타내는 부분이 파괴되어 약의 효과가 떨어진다. 음식 이외에도 다른 약과 함께 복용했을 때 약효가 떨어지거나 부작용이 일어나는 경우가 있다.

- 테라마이신 : 탈시드(제산제)와 함께 복용하면 약효가 떨어

짐은 물론 위장 장애를 초래할 수 있다.

• 흡착지사제(장에서 나쁜 성분을 흡착하여 설사를 멎게 하는 약) : 다른 약과 함께 복용하면 그 약의 약효를 방해할 수 있으므로 반드시 일정한 시간 간격(2시간 정도)을 두고 먹는 것이 좋다.

이렇듯 특정 음식, 특정 약물과 함께 먹었을 때 나쁜 영향을 미칠 수 있는 경우를 충분히 설명해주어 약의 효과를 극대화시킬 수 있도록 복약지도를 하는 약국이야말로 소비자가 필요로 하는 좋은 약국이다.

③ 약을 보관하는 방법을 상세히 이야기해주는 약국

약은 서늘하고 건조한 곳에 보관하는 것이 좋다. 오래 보관하는 경우, 냉장고에 넣어두는 사례가 있는데, 습기를 흡수하여 오히려 나쁠 수 있다. 의약분업 이후 어린이에게 드라이시럽을 투약하는 사례가 많이 늘어나고 있다.

질좌제의 경우, 체온에 의해 녹게 설계되어 있는 제형의 약은 냉장고에 보관해두지 않으면 더운 여름날은 약이 녹을 우려가 있고, 비타민C처럼 햇빛에 약한 약은 차광 용기에 담아 보관하도록 하고, 습기를 흡수하기 쉬운 약(니세틸, 오구멘틴 등)은 포장을 벗기지 않고 보관하는 등, 특정 조건에서 보관이 필요한 약에 대해 친절히 설명해주는 약국이 좋은 약국이다.

④ 특수한 제형의 약에 대해서 그 사용 방법을 정확하게 지도해 주는 약국

우리들이 가장 일반적으로 대하는 약은 먹는 약이지만 다른 제형의 약도 많이 있다. 코에 분사하여 약효를 실현시키는 약(비액, 일부 골다공증 치료약)도 있고 인후두에 분사하는 약(천식약 등)도 있으며 혀 밑에 넣어 약효를 실현시키는 약(협심증 치료제인 니트로글리세린)도 있다. 또 질이나 항문에 넣어 체온에 녹도록 설계되어 있는 약도 있고, 입에 머금고 가글한 후 뱉어버리는 약도 있다. 이런 약들에 대해 그 사용 방법을 자세히 이야기해주는 것은 약국에서 반드시 해야 할 일이다.

⑤ 영수증 발급과 신용카드 결제를 하는 약국

모든 상거래에 있어 영수증 발급과 신용카드 결제는 기본적인 것이나, 약국을 비롯한 의료 기관들은 아직 영수증 발급을 하지 않거나 신용카드 결제를 기피하는 경우가 있다. 의료 기관에서 영수증을 받으면 소득세를 낼 때 의료비를 공제받으므로 소비자에게는 여간 이로운 것이 아니다. 또 신용카드 결제는 해당 약국과 의료 기관의 매출이 노출되어 세무당국이 세금을 정당하게 부과하는 데 도움이 된다. 이렇게 영수증을 한 장 한 장 떼어주고 신용카드 결제를 마다하지 않는 약국이라면 환자가 안 갈 이유가 없다.

⑥ 환자 관리를 엄격히 하는 약국

장기 환자인 경우 약을 잘 복용하고 있는지 확인하고, 전 처방을 확인하여 부작용은 없었는지를 잘 체크하여 특이 사항에 기록하며, 처방 내용이 변경되었을 때는 이를 차분히 설명하는 등 환자의 약력 관리를 과학적으로 하는 약국이면 정말 '아이고 하느님 할 텐데…' 그나저나 이제껏 약국을 수없이 다녀 봤어도 그런 약국을 하나도 못 봤다. 혹 약국을 운영하시는 약사님께서 이 책을 보고 계시다면 부디 환자 관리를 엄격히 하는 약국으로 만들어 주시길 간절히 바란다.

■■■ 약사에게 질문하거나 꼭 확인해야 할 사항

그럼 좋은 약사 만나서 약사가 주는 대로 받아먹기만 하면 되는가? 아니다. 우리도 해야 할 것이 있다. 위에 이야기한 것들을 거꾸로 환자 스스로가 다시 확인하는 것이다. 정말 조제 일수에 맞게 약을 처방했는지, 이거 혹시 우리 아이 약인데 어른이 왔다고 해서 약사가 잘못 알고 어른 용량으로 약을 처방했는지 용량도 확인해야 한다. 위에 말했듯이 복약지도를 약사가 하게끔 오히려 환자 스스로가 적극적으로 물어보기도 해야 한다. 어떻게 먹어야 하는지, 또 다른 음식과의 관계도 묻고, 특히 약물 부작용에 대해서는 꼼꼼히 물어보시라. 가령 코감기나 알레르기 질환에 사용되는 항히스타민제는 졸음을 유발할 수 있는데 하루 종일 운전을 하는 사람이 이를 모르고 복용하였다면 큰 사고가 날 수도 있고, 신경통이나 몸살 등에 사용되는 소염진통제는 일반적으로 위장 장애를 유발할 수 있는데 이를 모르고 위가 약한 사람이 빈속에 먹는다면 급성위염을 유발할 수도 있기 때문이다.

끝으로 확인할 사항은 정말 의사가 처방한 약을 조제하였는지를 확인해야 한다. 간혹 다른 이름의 약을 처방하는 경우가 있는데 이는 둘 중의 하나다.

첫 번째는 합법적인 대체 조제의 경우다. 대체 조제란 약사가 처방전에 기재된 의약품을 성분?함량과 제형이 동일한 다른 의약품으로 대체하여 조제하는 것을 말하는데 이게 '합법'이 되려면 사전에 그 처방전을 발행한 의사의 동의를 받아야 한다. 또한 이미 처방전에 기재된 의약품을 대체 조제한 경우에는 그 처방전을 소지한 환자에게 즉시 그 사실을 알려야 하고, 그 처방전을 발행한 의사에게 대체 조제한 내용을 1일(부득이한 경우 3일) 이내에 통보해야 한다.

두 번째는 약사의 불법적인 임의 조제다. 이건 의사의 처방대로 조제하지 않고 약사가 임의로 약을 조제하는 경우인데 잘 살펴봐야 한다. 간간이 이런 사례들이 발견되기 때문이다. 이런 여러 가지 경우가 발생하는 것을 대비하여 환자의 알권리를 위해 처방전을 두 장 발행하라는 것인데 많은 의원들이 처방전을 달랑 한 장만 발행하고 있기에 이를 악용하는 약국이 더러 있다. 한 장만 받아 와서 그거 한 장 약국에 갖다 주면 환자는 약만 덜렁 받아오기에 처방전과 약을 대조할 자료가 사라진다. 그래서 꼭 두 장 받으라는 것이다.

모르면 손해다,
올바른 병원 이용법

　요새 원칙이 많이 망가졌지만, 원래 우리나라 의료 체계는 1차 의원, 2차 병원, 3차 종합병원과 요양전문병원 순으로 이용하게끔 되어 있다. 어떤 이들은 '뭐 이리 복잡하게 만들어?' 하기도 하지만 이는 과다한 의료 이용을 억제하고 전체 국가 의료 자원의 효율성을 높이기 위한 것이기에 필요한 절차다. 특히 우리처럼 1차 의원이나 3차 대학병원이나 모두 감기 환자도 진료하고 입원실과 수술실을 만들어 놓고 똑같이 수술까지 하는 상황에서는 사실 이 체계를 더 강화해야 한다.

　상황은 그렇지만 어떻든 현재의 규정에 의해 병원을 이용하는 법 중 중요하게 알아두어야 할 것들 몇 가지를 살펴보도록 하자.

진료 의뢰서를 반드시 챙겨야 한다

　요양전문병원에 갈 때는 건강보험증과 1단계 진료 기관(의원, 병원, 종합병원)에서 교부한 진료 의뢰서를 꼭 가지고 가야 한다. 발급일로부터 7일 이내(공휴일 제외)에 진료를 받아야 정상적으로 보험 처리를 받을 수 있고. 전화 또는 인터넷으로 진료를 예약한 경우에는 예약 접수일을 서류 제출일로 간주한다.

진료 의뢰서는 각 병원에서 의무적으로 발급하게 되어 있으며, 필요시 환자는 진료 의뢰서와 각종 검사 기록 사본을 요청할 수 있다. 건강검진(종합검진)을 한 경우, 건강 진단 결과 정상 이외의 소견이 기재되어 있으면 진료 의뢰서와 같은 용도로 사용할 수 있으며, 발급일로부터 60일 이내에 사용해야 한다.

건강보험증을 잊고 병원을 찾은 응급환자 또는 외래환자는 반드시 원무과에 의료보험 환자임을 신고해야 보험 적용을 받을 수 있다. 진료 받은 날부터 7일(공휴일제외) 이내에 건강보험증을 제출하면 진료 시작 일부터 소급하여 건강보험 혜택을 받을 수 있다.

병원을 방문하면 다음과 같은 절차를 거치게 된다.

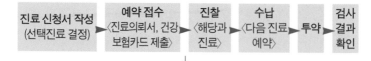

진료 신청서 작성 (선택진료 결정)	예약 접수 〈진료의뢰서, 건강 보험카드 제출〉	진찰 〈해당과 진료〉	수납 〈다음 진료 예약〉	투약	검사 결과 확인

초진 : 처음 병원을 찾은 경우로 이전에 그 병원에서 진료를 받은 적이 없는 경우

재진 : 초진 이후 같은 해당 진단의 치료가 끝나지 않아 계속 병원을 찾는 경우로 완치 여부가 불분명하여 치료의 종결 여부가 명확하지 않은 경우 90일 이내. 또 해당 상병의 치료가 끝난 후 다시 같은 진단명으로 진료 받는 경우 30일이 경과 했을 경우

처음 병원을 찾았을 때 많은 진료과 중 어느 과를 선택해야 하나 당황하게 되는데 병원마다 진료 각과의 의사와 전공 분야를 소개, 명시하고 있으며 접수할 때 문의해도 된다. 2단계 진료를 받아야 할 경우 1단계 진료를 담당했던 주치의로부터 어느 과 진료가 필요한지 설명을 듣게 된다. 이때 미리 진료 예약(전화, 인터넷, 방문)을 하면 대기 시간을 줄일 수 있다.

그래서 진료과가 정해지면 보통 큰 병원(종합병원이나 대학병원 등)에서는 의사를 선택하게 되고 이때 선택진료 신청서를 작성하게 된다. 물론 선택진료는 그야말로 '선택' 사항이지만 선택진료제를 시행하고 있는 보통의 경우, 선택을 빙자한 '강제' 진료를 받게 된다. 한마디로 권유하기도 하지만 일반 의사를 선택할 여지가 별로 없기 때문이다. 이는 선택진료 의사 수가 67%를 차지하고 있기 때문에 해당 진료과에 선택진료가 아닌 일반 의사가 거의 없는 것이 그 이유다. 그야말로 울며 겨자

먹기다.

선택진료 신청서를 작성할 때 주의할 점

선택진료와 관련하여서는 이미 제2부 '선택진료제'와 관련한 글에서 그 문제점에 대해 이미 설명을 했으니 참고하기 바란다.

일단 과가 정해지면, 어떤 의사에게 진료를 받을 것인가? 선택진료를 할 것인지, 아닌지를 결정해야 한다. 선택진료란 환자 또는 그 보호자가 특정한 의사를 선택하여 진료를 받는 제도로, 선택진료를 받으면 보건복지부령이 정하는 범위의 추가비용을 환자가 모두 부담해야 하기 때문에 꼼꼼하게 살펴봐야 한다. 선택진료를 하려면 수납 창구에 비치된 선택진료 신청서를 작성해 접수해야 한다. 이때 주의할 것은 해당 과의 선택 의사 이름을 쓸 때 본인이 직접 자필로 쓰는 게 좋고, 나머지 빈칸은 줄을 그어서 다른 이름을 타인이 의도적으로 써 넣지 못하게 만들어야 한다. 간간이 다른 빈칸에 병원이 자신들의 불법을 감추기 위해 직접 의사 이름을 써 넣는 경우가 있기 때문이다. 아울러 서명 역시 꼭 해야 한다. 필수다. 이외에 선택진료 신청서를 작성한 적이 없는데도 비용을 부과하는 것은 모두 불법이다.

선택진료 내용과 추가 비용은 건강보험 진료 수가 기준으로

첫째, 진찰 (40퍼센트 이내)

둘째, 처치, 수술, 마취 (50퍼센트 이내)

셋째, 정신요법 (30% 이내, 다만, 심층분석은 60% 이내)

넷째, 의학관리료(입원료) (15퍼센트 이내)

다섯째, 검사 (30퍼센트 이내)

여섯째, 영상진단(15퍼센트), 방사선 치료(30퍼센트 이내) (단,
방사선 치료는 30퍼센트, 방사선혈관 촬영료는 60퍼센트 이내)

일곱째, 침구 및 부항(50퍼센트 이내)

예를 들어, 건강보험 가입자로서 입원을 하던 중 10만 원에
해당되는 방사선 치료를 받는 암 환자의 경우, 일반 진료에서
는 95퍼센트인 9만 5천 원을 건강보험에서 지불하고 환자 본인
부담금은 5퍼센트, 즉 5천 원이다. 그리고 선택진료를 신청한
경우에 환자 본인 부담금 5천 원 외에 선택진료비(방사선 치료
최소 30퍼센트 이상 본인 부담) 3만 원을 합하여 3만 5천 원을
지불해야 한다.

① 선택진료 대상 의사의 자격

병원급 이상의 의료 기관에서 근무하는 전문의 자격 취득 후
10년이 경과한 의사와 전문의 자격을 취득 후 15년이 경과한
치과 의사와 한의사다. 단, 대학병원의 경우 전문의 취득 후 5
년 이상이면 조교수는 가능하다는 규정 때문에 대부분 전문의

자격을 취득하면 의도적으로 병원이 조교수 자격을 부여하여 선택진료 의사로 임명한다. 환자는 그야말로 눈 뜨고 코 베이는 격이다.

② 선택진료의 변경 또는 해지

환자 또는 보호자가 선택진료를 변경 또는 해지할 수 있으며, 선택진료 변경(해지) 신청서를 작성하여 접수 창구에 제출하면 된다.

다시 말하지만 선택한 진료 과의 의사가 다른 과에 가서 무슨 검사를 해라 하여서 여기에 부과되는 선택진료비, 그리고 수술하기 전 마취과에서 한 마취 행위에 붙는 선택진료비와 함께 해당 선택 의사가 하지 않았던 수술 등 모든 행위에 대해 따로 선택진료 신청서를 작성하지 않았음에도 불구하고 자동으로 선택진료 비용이 부과되고 있는 것은 두말할 것도 없이 이는 모두 불법이다.

검사할 때 환자(보호자)의 알권리

첨단 의료 장비와 혈액, 방사선 , 조직 검사 등 다양한 검사 방법이 정확한 진단 내리는 것을 도와주지만 검사의 주체는 환자 자신이므로 시행 전 궁금한 것이 있으면 언제라도 다음의 내용을 확인해야 한다.

첫째, 검사의 목적

둘째, 검사 부위와 검사 방법

셋째, 통증이나 불편감 정도

넷째, 검사에 앞서 피해야 할 음식, 약물, 처치

다섯째, 검사 후 주의 사항과 그 결과 등

입원할 때 환자(보호자)의 알권리

외래와 응급실 진료를 통해 입원 치료가 결정되면 주치의가 입원 결정서를 작성하며 원무과 입원계에서 입원 수속을 한다. 보통 입원 수속 창구에서 입원 약정서를 작성한 후 건강보험증을 보여주고 입원 약정서는 제출한다. 이때 어떤 병원에서는 입원과 수술 보증금을 요구하기도 하는데 이 또한 불법이다. 만약 거부한다고 해서 입원을 안 시키면 '치료 거부'가 된다. 복지부와 관할 보건소에 반드시 신고한다.

당일 입원이 불가능할 경우, 입원 결정서를 입원계에 접수하고 집으로 가면 병실이 비워지는 대로 병원에서 연락한다. 입원을 하면 병실이 결정되고 병동 간호사에게 입원 결정서를 제출하면 입원 생활에 필요한 사항을 듣게 된다.

수술할 때 환자(보호자)의 알권리

크든 작든 수술을 앞둔 환자, 보호자의 마음은 가볍지 않다.

불가항력적으로 야기될 수 있는 합병증 혹은 우발적 사고, 그리고 수술 결과에 대한 염려로 두려움과 불안을 경험하게 된다. 일생에 여러 번 있어서도 안 되고 또한 그 경험이 결코 유쾌하지 않기에 수술 전 충분한 설명을 듣고 최적의 상태를 유지하여 시기를 선택해야 한다. 또 현재의 증상과 과거 건강 이력 등에 대해 의료인에게 정확한 정보를 주어야 한다.

수술 전 의료인의 역할

첫째, 집도 의사

문진, 신체 검진 등 필요한 검사 실시 후, 그 결과를 확인하여 수술 방법을 결정하고 환자의 상태에 대한 정확한 설명과 수술의 중요성, 수술 과정, 예상되는 결과, 성공률, 대안, 합병증 등에 관하여 환자와 가족에게 설명해야 한다. 이 설명을 들을 권리가 환자에게 있고, 의료인은 이를 설명해주어야 할 의무가 있다. 이게 고지의무다. 또한 필요시 마취 의사와 상의해 마취 방법을 결정하는 책임이 있다.

둘째, 마취 의사

수술과 마취 경험, 수혈 알레르기 유무 문의, 신체 검진 검사 결과, 체중을 확인하여 모든 자료를 종합해 마취 방법과 종류, 용량을 결정한다.

셋째, 병동 간호사의 역할

문진과 신체 검진을 통한 환자의 신체적, 심리적, 사회적 요구, 특히 수술과 마취에 대한 반응을 사정하고 회복에 미치는 영향과 수술 후 수행되는 간호에 대해 교육하며 수술을 위한 신체적, 정신적 준비를 시행한다.

수술 동의서 한 번은 읽어보라

의사로부터 수술에 대한 정보를 듣고 자의에 의한 선택임을 동의하는 서식이다. 원하지 않거나 알지 못하는 수술로부터 보호받기 위한 권리이기도 하다. 하지만 보통 약자인 환자는 병원이 만들어 놓은 동의서에 별다른 생각 없이 그냥 서명하는 것으로 끝난다. 거기에는 상당수의 병원이 나중에 책임을 회피하기 위해 만들어 놓은 문장이 있는데 바로 '만약 여타의 사고가 발생해도 병원에 민형사상의 책임을 묻지 않겠다' 는 내용이다. 싸우기 싫으시면 그냥 확인해줘라. 법 앞에 가면 모두 인정받지 못하는 조항이기 때문이다.

동의서 작성은 다음과 같은 기본 조건을 갖는다

첫째, 수술 결정은 자발적이어야 한다.

둘째, 수술에 대한 충분한 정보를 갖고 있어야 한다.

셋째, 수술 정보와 대안에 대한 이해와 확신을 갖고 있어야 한다.

동의서의 주된 내용은 병명, 수술명, 설명 의사 이름이 기재되고 수술에 대한 설명(필요성, 합병증, 우발적 사고 등)을 의사로부터 들어 이해하며 수술을 요청한다는 것이다. 하단에는 환자의 이름과 서명, 보호자의 이름과 서명을 적는다. 동의서의 서명은 성인은 본인이 직접하며 무의식이거나 정신적으로 부적합한 환자와 18세 이하의 미성년자는 배우자나 가까운 가족이 서명할 수 있다. 동의서에 서명하기 전에는 수술 전 약물을 투여하면 안 되고, 수술 전 언제라도 수술에 대한 동의를 취소할 수 있다.

수술 전 준비와 교육 내용에 대하여
첫째, 수술 전날 준비 사항 : 수술 부위 피부 준비(삭모와 청결), 위장관 준비(금식과 관장)
둘째, 수술 당일 아침 시행되는 간호와 처치의 종류
셋째, 수술 후 합병증 예방을 위한 심호흡 방법, 기침, 조기 이상
넷째, 식이
다섯째, 수술 후 지니게 되는 여러 가지 의료 기구 등에 대한 내용
여섯째, 수술 시간과 수술 의사에 대한 정보

수술 후 교육

수술이 끝나면 주치의는 수술 내용에 대해 설명하게 되고 수술 도중 변경 사항이 있는 경우 시행 전에 보호자에게 즉시 설명과 동의를 구하게 된다. 마취가 깬 후 병실로 오게 되며 수술 후 주의 사항, 심호흡 방법, 활동과 식이 섭취의 시기 등에 대해 설명을 듣게 된다.

응급실 제대로
알고 이용하기

■■■ 먼저 한 가지 알아둘 것!

　몇 년 전 안산에서 외국인 노동자 권익을 위해 애쓰는 친구 한 명을 만난 적이 있었다. 하루는 이 친구가 알고 있는 외국인 노동자가 공장에서 일을 하던 중 손가락이 두 개 잘리는 사고를 당했단다. 급하게 병원 응급실로 데려 갔고, 여느 병원이 그렇듯이 연대 보증인을 요구하기에 자신이 보증을 섰단다. 그런데 문제는 그 다음이었다. 병원비가 무려 1,000만여 원이었다. 그래서 있는 대로 돈을 모아 일단 300만 원을 냈지만 그 다음은 무슨 대책이 있으랴! 결국 남들 하는 대로 일일주점, 일일찻집 등을 하면서 돈을 겨우 모았는데 여전히 300만 원이 모자랐다. 할 수 없이 병원에 사정을 해서 병원비를 깎았단다. 이 친구에게 응급 의료비 대불 제도를 이야기해주었더니 '모르는 게 죄'라는 말로 자신의 심정(?)을 대신했다. 앞에서 언급한 내용이

| 외국인 노동자를 위한 희년의료공제회 |

희년의료공제회는 외국인들의 의료 문제가 법적으로 보장되어 있지 않은 국내 현실로 인해 고가의 의료비 부담과 이로 인한 병원 기피로 많은 문제가 야기되었기에 이에 대한 해소 방안으로 마련된 상호 부조 형식의 의료 보험 제도이다

(1) 가입 절차

• 가입 자격: 국내에 체류하는 모든 외국인(외국인 근로자, 유학생)과 외국 국적을 가지고 있어 의료 보험 혜택을 받지 못하는 재 한국인.

• 월 정액(현 8,000원)을 본부나 지부 공제회 사무실을 통해 납부해야 한다.

회원구분	가입비	월회비
개인회원	10,000원	8,000원
가족회원	10,000원 (가족대표 1인)	7,000원

(2) 혜택의 범위

• 희년의료공제회원은 가입과 동시에 희년의료공제회의 협력 병원을 통하여 의보 수가 100%의 혜택을 받으며, 가입 후 90일 후부터 보험급여액의 50%를 공제 받을 수 있다(단 비급여 부분은 제외, 주요 비급여 항목 : 인공유산, 보철, 스켈링, 미용을 위한 성형외과진료, 병실차액료, 자기 과실로 인한 교통사고, 자해, 상해, 수술시(분만시) 무통주사, 마약중독, 한방물리요법, 한방첩약 등).

• 희년의료공제회는 의료 보험 수가 100%(통상 일반 수가의 50% 수준) 적용과 특진비를 받지 않는다는 조건으로 협력 병원을 모집하여 운영한다.

• 주소 : 서울특별시 금천구 시흥대로 151길 32, 2층

• 전화 : 02) 854-7828 팩스 : 02) 861-4394

• 홈페이지 www.jubileekorea.org

지만 중요해서 한 번 더 다룬다.

■■■ 응급 의료비 대불 제도

국민들은 누구나 차별 없이 응급 의료 서비스를 받을 권리를 가지며, 부담 능력이 없는 응급 환자의 경우 기간 제한 없이 본인 부담금 전액을 건강보험에서 대불해 주는 제도가 있는데 이를 응급 의료비 대불 제도라고 부른다.

응급 의료비 대불 제도는 응급 환자의 응급 의료에 소요된 비용 중 본인이 부담하여야 할 진료비(보험이 안 되는 비급여 부담액까지 모두를 포괄한다)를 지불 받지 못한 의료 기관 등이 건강보험심사평가원에 응급 환자를 대신하여 지불하여 줄 것을 요청(대불 청구)하면 건강보험심사평가원이 이 미수금을 응급 의료비 대불 기금에서 대불해 주고 추후에 응급 환자 본인이나 부양 의무자 등에게 대불금을 상환 받는 제도다. 그런데 이 환자가 도저히 경제적인 능력이 안 되어 전액을 상환하지 못하거나 부분적으로 밖에 상환하지 못할 때는 전액 또는 나머지 금액을 결손처리하게 된다. 인간으로서 가져야 할 권리인 치료받고 건강할 권리를 사회가 부분적으로라도 지키고자 하는 의도에서 만들어진 제도다. 위의 예처럼 외국인 노동자 역시 여기에 해당되는 환자이다.

이 제도는 신원 확인이 불가능한 사람, 외국인 노동자, 의료 급여 환자나 건강보험료가 체납된 사람 등 경제적인 능력이 안 되는 사람들이 대상이다. 물론 건강보험 환자라도 돈이 없지만 급히 치료를 받아야 할 상황에 있는 사람도 가능하다.

그런데 이 대불 기금 신청자가 의료 기관과 응급 이송 업자만 신청할 수 있도록 되어 있다는 게 문제다. 그러다 보니 환자가 이 제도를 적극적으로 이용하기가 불가능할 뿐 아니라 그나마도 이 제도를 알고 있는 사람이라도 의료 기관과 싸울 수밖에 없다. 그래서 환자도 이 제도를 적극 이용할 수 있도록 신청자 자격 범위를 환자에게까지 넓혀야 한다.

■■■ 응급실 이용 절차

응급실 이용은 환자가 의사 결정 능력이 없거나, 설명과 동의 절차를 밟으면 응급처치가 늦어져 생명에 위험이 초래될 우려가 있는 경우를 제외하고는 환자의 동의를 받아야 한다. 또한 환자의 치료 중단 요구가 없는 한 치료를 중단하지 않도록 함으로써 응급 환자의 권리를 보호해야 한다.

하지만 응급실의 진료 목적은 응급조치를 통하여 환자의 생명을 구하는 것이므로 생명의 위급한 정도가 낮은 사람은 응급실보다 외래 진료를 이용하는 게 바람직하다.

- 응급실 수납 창구에서 진료 신청서 1부를 작성 후 건강보험증을 제시한다.
- 응급실에서 의사와 간호사가 응급 환자를 문진과 예진을 한다.
- 환자의 상태에 따라 필요한 응급조치가 행해지며, 환자의 진단과 치료가 필요한 경우 임상병리 검사, 방사선 검사(X-선, 초음파, 컴퓨터 단층 촬영, 자기공명 촬영 등)를 하면서 치료가 진행된다.
- 검사 결과에 따라 전문화된 진료과 주치의가 정해지며 입원, 귀가, 관찰 등이 정해진다.

■■■ 많은 사람들이 불만을 가진 응급 의학 관리료

한밤중에 아이가 아프든 어른이 아프든 주변 병원의 응급실을 이용하면 내는 게 응급 의학 관리료다. 많은 사람들이 '이게 도대체 왜 붙나?' 라고 물어본다.

이 응급 의학 관리료는 보건복지부에서 무분별한 응급실 이용을 자제하라는 의미에서 만든 것이다. 그런데 뜻은 좋았는데 결국 병원들의 돈벌이 수단으로만 작용하고 있다. 누구라도 아프면 아침이 될 때까지 참기가 어려운 법이고, 그게 응급이든 아니든 가야만 되는 게 사람인데 응급 환자와 일반 환자를 구분해서 돈을 받으니 그야말로 환자 입장에서는 '덤터기'다. 이 비용은 응급 환자와 일반 환자를 여러 가지 항목으로 구분하는데 응급이 아닌 일반 환자의 경우에는 3만 원의 응급 의학 관리료를 부담하고, 응급 환자일 경우에는 의료보험 혜택을 입어 50퍼센트(1만 5,000원)만이 본인 부담이다.

그런데 문제는 응급 증상과 응급 증상에 준하는 증상 그리고 일반 증상에 대한 기준이 갑갑하다는 것이다. 바로 이 기준 문제로 인해 응급실을 이용하는 환자들의 불평이 많이 제기되는데 어떻든 이 기준은 병원이 마음대로 정한 것은 아니고 법률에 의한 지침이긴 하다.

응급 의학 관리료 적용은 의사가 진료를 시작한 시점이기 때문에 만약 진료 중간에 나가더라도 응급 관리료는 적용된다. 또한 응급 증상 혹은 응급 상황에 준하는 증상일 경우에는 응급 관리료를 내지 않는 게 아니라 보험 혜택을 적용 받아 응급 관리료의 50퍼센트를 부담해야 한다.

그러면 응급 의학 관리료 급여 대상 응급 증상은 어떤 것일까?

첫째, 응급 증상

① 신경학적 응급 증상 : 급성의식장애, 급성신경학적 이상, 구토·의식장애 등의 증상이 있는 두부 손상.

② 심혈관계 응급 증상 : 심폐소생술이 필요한 증상, 급성호흡곤란, 심장 질환으로 인한 급성 흉통, 심계항진, 박동 이상과 쇼크.

③ 중독과 대사장애 : 심한 탈수, 약물·알콜 또는 기타 물질의 과다 복용이나 중독, 급성대사장애(간부전·신부전·당뇨병 등).

④ 외과적 응급 증상 : 개복술을 요하는 급성복증(급성복막염·장폐색증·급성췌장염 등 중한 경우에 한함), 광범위한 화상(외부 신체 표면적의 18퍼센트 이상), 관통상, 개방성·다발성 골절 또는 대퇴부 척추의 골절, 사지를 절단할 우려가 있는 혈관 손상, 전신 마취 아래 응급 수술을 요하는 증상, 다발성 외상.

⑤ 출혈 : 계속되는 각혈, 지혈이 안 되는 출혈, 급성 위장관 출혈.

⑥ 안과적 응급 증상 : 화학물질에 의한 눈의 손상, 급성 시력 소실.

⑦ 알레르기 : 얼굴 부종을 동반한 알레르기 반응.

⑧ 소아과적 응급 증상 : 소아경련성 장애.

⑨ 정신과적 응급 증상 : 자신 또는 다른 사람을 해할 우려가 있는 정신 장애.

둘째, 응급 증상에 준하는 증상

① 신경학적 응급 증상 : 의식 장애, 현훈.

② 심혈관계 응급 증상 : 호흡곤란, 과호흡.

③ 외과적 응급증상 : 화상, 급성복증을 포함한 배의 전반적 인 이상증상, 골절 · 외상 또는 탈골, 그밖에 응급수술을 요하는 증상, 배뇨 장애.

④ 출혈 : 혈관 손상.

⑤ 소아과적 응급 증상 : 소아 경련, 38도씨(℃) 이상인 소아 고열(공휴일 · 야간 등 의료 서비스가 제공되기 어려운 때 에 8살 이하의 소아에게 나타나는 증상을 말한다).

⑥ 산부인과적 응급 증상 : 분만 또는 성폭력으로 인하여 산 부인과적 검사 또는 처치가 필요한 증상.

⑦ 이물에 의한 응급 증상 : 귀 · 눈 · 코 · 항문 등에 이물이 들어가 제거술이 필요한 환자.

셋째, 비응급 환자

앞에서 언급한 응급 증상이 아닌데 응급실을 찾은 경우에 모 두 해당된다.

위에서 이미 말했듯이 아파서 밤늦게까지 참다 참다 병원에 갔는데 의사가 "응급 증상 아닙니다"라고 말하면 그대로 100 퍼센트 환자 부담이 된다. 아파서 왔는데도 말이다. 참 갑갑한 일이다. 다시 말하면 응급 증상이냐 아니냐를 판단하는 기준이 우리를 갑갑하게 만드는 것이다. 이에 응급 상황에 대한 정의와 판단 기준이 달라져야 한다.

그나저나 한밤중에 아프면 왜 꼭 대학병원 응급실을 가게 만드는지 또 한번 갑갑하다. 동네 가까운 곳에 조그만 진료소 하나 문 열고 있으면 안 될까? 한밤중 대학병원 응급실에 가보면 누울 침대가 없어 바닥에 신문지 깔고 누워 있는 아픈 환자들이 꽤 많다. 이런 풍경을 보면 뭘 해야 할지 공무원들은 생각이 안 들까? 허구한 날 환자를 위한다는 의료인들도 예외는 아니다. 물론 이런 이야기를 하면 수가를 현실화시켜서 돈을 더 달라고 하겠지만 말이다.

우리가 꼭 알아두어야 할
10가지 행동 요령

　다른 분야도 그렇지만 특히 의료 분야는 모르면 모르는 만큼 손해 볼 때가 무척이나 많다. 알려주는 사람도 하나 없고, 배우고자 해도 배울 곳도 없는 곳이 바로 의료 분야다. 원래 정보의 독점이 강한 분야는 돈을 내는 소비자가 모두 하나같이 그 권리가 바닥이다. 대표적인 분야가 법조계, 교육계, 의료계다. 되돌아서 한번 생각해보시라. 의뢰인과 학생과 환자가 내는 돈으로 모두 먹고 사는 사람(다른 말로 이야기하면 모두 우리가 먹여 살리는 사람들인데)들인데 정작 돈을 내는 우리들은 제일 밑바닥이다.

　이 세 곳의 공통점은 바로 '정보가 공급자에게 독점되어 있다' 는 것이다. 이렇게 정보의 독점과 전문성은 곧, 공급자에게는 시장을 유지시키는 힘으로 작용한다. 그래서 이런 정보의 독점성을 막기 위해 이야기하는 것이 '환자의 알권리' '공급자의 고지의무' 등이다.

'아는 게 힘이다' 라고 하는데 다른 곳은 몰라도 의료 분야 역시 아는 게 힘이다. 생활하면서 크든 작든 의료 기관을 이용하게 된다. 이럴 때 우리가 꼭 알아두어야 할 10가지 행동 요령을 알려드린다. 꼭 실천하시기 바란다.

첫 번째, 단골 의원·단골 약국을 정한다. 주변에 영수증과 처방전 2매를 발급 해주는 곳이 있다면 그곳으로 정한다.

일단 의사든 약사든 나의 병력과 건강 상태를 알고 있다면 무조건 유리하다. 그러기 위해서는 단골 의원이나 단골 약국을 정해서 가는 게 좋다. 이때 자발적으로 영수증과 처방전을 발급해주는 의원이면 일단 믿을 만하다고 생각할 수 있다. 그러나 그런 의원은 전체의 20퍼센트 정도에 불과하다. 주변에서 발견하기가 쉽지 않다는 말이다. 그렇다면 친절하게 답해주고, 환자에 대한 자세가 권위적이지 않는 곳을 택해서 가야 한다.

두 번째, 영수증과 처방전에 표현된 단어 중 모르는 말이 없도록 한다. 모르는 말은 병의원이나 건강보험공단, 시민단체에 문의하여 알아본다.

서식에 쓰인 단어들이야 한번만 알아두면 다시 알아볼 일이 없을 것이고, 모르는 다른 내용들이 기재되어 있으면 곧바로 의원 내의 의사와 간호사나 약국의 약사에게 문의하는 게 제일 좋다. 집에 와서 궁금한 것이 발견되면 의원과 약국에 전화를 걸어서 물어보고, 이게 여의치 않으면 건강보험공단(모든 민원이나 문의는 1577-1000)이나 시민 단체에게 문의하시라. 시민단체? 아무 시민단체에나 전화를 하면 모르는 건 매 마찬가지니까 일단 건강세상네트워크(www.konkang21.or.kr 02-2269-1901~5)로 문의한다.

세 번째, 반드시 건강보험법에서 정해준 법정 영수증(또는 법정 간이영수증)을 받아둔다. 병의원은 물론 약국에서도 영수증을 받아야 한다.

연말 정산용 이외에도 의료 서비스를 받을 때마다 영수증을 받아두어야 한다. 이는 만일 발생할지도 모르는 환자의 피해를 구제받기 위한 증거물이 되기 때문이다. 특히 의료 기관에서의 영수증은 진료비 확인 심사 신청을 하기 위해 필요한 서류 가운데 하나이기 때문에 꼭 받아야 한다.

네 번째, 받아온 '처방전—의료 기관 영수증—약국 영수증'을 한 세트로 묶어서 잘 보관한다.

처방전과 영수증의 중요성은 이미 책의 앞의 글들에서 여러 번 이야기하였다. 이 세 가지는 아예 보관 파일을 만들어서 날짜 순서대로 보관해나간다. 나중에 똥닦개로 쓸지언정 보관하는 게 무조건 좋다. 최소 2년 이상을 보관하다가 분량이 많아지면 폐기해라. 물론 폐기할 때는 개인 정보를 알 수 없도록 완전

폐기하여야 한다.

　다섯 번째, 입원 환자의 경우 퇴원할 때 반드시 병원에 '진료
비 세부 명세서'를 달라고 해서 받아라. 외래 환자의 경우에도
진료비가 클 경우 발급을 요구해서 보관해라.
　이 행동 요령은 영수증과 함께 아주 중요한 사항이다. 특히
입원했다가 퇴원하는 환자는 무조건 진료비 세부 내역서를 받
는다. 이 내역서는 입원했을 동안 당신이 진료 받은 모든 항목
들이 자세하게 적혀 있다. 물론 받아보아도 환자는 뭔 내용인
지 알기가 어렵다. 모두 의학 용어나 약물 이름, 그리고 치료 재
료들의 이름이기 때문이다. 그럼에도 불구하고 환자가 보관할
필요가 있다. 일단 한 번 발행한 흔적이 있으면 간간이 발견되
는 나쁜 병원들이 의도적으로 내역을 조작하기가 어렵게 된다.
만의 하나라도 사고로 의료 소송이 시작되면 더욱 필요하다.
진료비가 클 경우 외래 환자도 역시 요구해서 보관한다.

　여섯 번째, 최소한 2년에 1회는 건강보험공단 지사를 방문하
거나 홈페이지를 이용하여 자신과 가족의 진료 내역을 확인한다
('진료 내역 조회' 서비스).
　개인 회원에게 제공되고 있는 '진료 내역 조회' 서비스 기간
이 2007년 7월 26일부로 종전 3개월에서 12개월로 변경되었다.
　진료비 지급이 완료된 최근 12개월분의 진료 내역 조회가 가

능하다. 그러나 갑갑하게도 비급여 항목은 없다. 이용 방법은 인터넷 홈페이지 www.nhic.or.kr로 가서 개인 회원 로그인을 한 후 빠른 찾기의 '진료 내역 보기'를 하면 된다. 이때 공인인 증서가 필요하다. 개인 진료 정보를 아무나 보면 안 되기 때문에 본인 인증을 거쳐야 한다.

일곱 번째, 진료비가 부당하게 나왔다고 생각될 경우 건강보험심사평가원에 '요양급여 대상 여부 확인'을 신청한다. 인터넷 접수(www.hira.or.kr)도 가능하다.

쉽게 말해서 진료비 확인 심사 요청을 하라는 이야기다. 이에 대해서는 이미 '불법 청구된 진료비 되찾는 법'에서 방법을 자세하게 설명했다.

여덟 번째, 처방전에 꼼꼼히 메모를 해둔다.

처방전에 기록되지 않은 채 빈칸으로 남은 게 있으면 의사나 간호사에게 물어서 반드시 기록을 한다. 이때 당신이 의사에게 설명했던 증상과 당신의 설명을 듣고 의사가 내린 진단명을 처방전에 함께 기록한다. 아울러 약을 먹은 후 처방전에 복약 과정에서 발생한 부작용도 기록해두면 좋다.

아홉 번째, 처방된 약의 성분, 효능, 복용 방법, 주의 사항 등을 자세히 알아본다.

일차적으로는 해당 약국에 전화를 해서 약사에게 문의하는 게 먼저다. 그러나 여의치 않을 때는 식품의약품안전청 의약품 정보 사이트를 이용하면 된다. 의약품 정보 제공 사이트 http://ezdrug.kfda.go.kr에 한 번 방문해보시라.

열 번째, 질병으로 병의원을 찾거나 건강 검진을 받게 될 때는 보관해둔 처방전을 가져가서 의사에게 보여준다.

제2부에서 언급했던 처방전 이야기를 참고한다. 당연히 병이 커지지 않아야 하지만 만약에 새로운 질병이 생기거나 기존의 병이 깊어지면 그 다음 치료를 맡을 해당 의료인은 그간 보관해온 처방전이 질병 치료에 매우 도움이 될 수 있다. 처방전이 긴요하게 필요한 시점이다.

'뭐가 이리 복잡하고 할 게 많나?' 라고 반문할지도 모르겠다. 하지만 혹시라도 모를 상황에 대처하기 위해 많은 사람들이 각종의 보험을 들고 있으면서도 이렇게 손쉽게 사고에 대비하는 것에는 매우 취약하다. 나와 가족의 건강을 위해서도 우리 스스로가 먼저 챙겨야 하고, 아이들에게도 이런 교육을 어른들이 시켜야 한다. 그래야 권리를 생활 속에서 배울 수 있게 된다.